Os Templários no Reino de Jaime I

J. M. Nicolau

Os Templários no Reino de Jaime I

Tradução e Organização:
David Caparelli

MADRAS

Publicado originalmente em Espanhol sob o título *Los Templarios en el Reino de Jaime I*.
Direito de tradução para os países de língua portuguesa.
© 2017, Madras Editora Ltda.

Editor:
Wagner Veneziani Costa

Produção e Capa:
Equipe Técnica Madras

Revisão:
Ana Paula Lucisano
Jerônimo Feitosa
Neuza Rosa

Dados Internacionais de Catalogação na Publicação (CIP)
(Câmara Brasileira do Livro, SP, Brasil)

Nicolau, J. M.
 Os templários no reino de Jaime I/J. M. Nicolau; tradutor e organizador David Caparelli.
– São Paulo: Madras, 2017.
 Título original: Los templarios en el reino de Jaime I.

 ISBN: 978-85-370-1072-3

  1. Templários – História I. Caparelli, David.
  II. Título.

  17-05130   CDD-271.7913

   Índices para catálogo sistemático:
   1. Templários: Ordem da Cavalaria : História 271.7913

É proibida a reprodução total ou parcial desta obra, de qualquer forma ou por qualquer meio eletrônico, mecânico, inclusive por meio de processos xerográficos, incluindo ainda o uso da internet, sem a permissão expressa da Madras Editora, na pessoa de seu editor (Lei nº 9.610, de 19/2/1998).

Todos os direitos desta edição reservados pela

MADRAS EDITORA LTDA.
Rua Paulo Gonçalves, 88 – Santana
CEP: 02403-020 – São Paulo/SP
Caixa Postal: 12183 – CEP: 02013-970
Tel.: (11) 2281-5555 – Fax: (11) 2959-3090
www.madras.com.br

Índice

1ª Parte: Templários em Maiorca

Capítulo I - Um rei Conquistador 12
Capítulo II - Causas da Retomada de Maiorca 17
Capítulo III - Preparativos da Conquista................................... 18
Capítulo IV - A Travessia.. 21
Capítulo V - O Desembarque e Primeiras Batalhas................ 23
Capítulo VI - Início da Retomada.. 27
Capítulo VII - Um rei com Toques de Providência 34
Capítulo VIII - A César o que é de César................................... 37
Capítulo IX - A Conquista de Menorca 40
Capítulo X - O Ocaso 44
Capítulo XI - Pergaminhos de História....................................... 47
Capítulo XII - A Ave Fênix 52
Capítulo XIII - Cavaleiros Templários de Maiorca................... 55
Capítulo XIV - A Pedra Sagrada do Templo 58
Capítulo XV - Os Templos Sagrados 60
    A Catedral.. 60
    Santa Eulália 63
    A Igreja de Pollensa 67
    Edificação do Templo 69
    Templo Novo 70
    Mudança da pedra sagrada... 71
    A mudança da pedra sagrada... 71

A Conquista Catalã-Cristã 73
Igreja-Capela do Templo 74
O Mosteiro de Lluch 75
Cova de São Martim 76
O Calvário de Pollensa 82
Castelo do Templo 84
O Forte dos Templários 85
São Martim de Vila Franco 86
    Aspectos medievais do edifício 87
    Arte popular no celeiro 88
    Entorno de proteção 88
Montuiri Templário 88
Manacor, Séculos XIII e XIV 90
Maiorca Islâmica 90
A Divisão 91
Modus Vivendi 91
A Cavalaria 92
Hospitalet Vell 92
Mendia ou Mandia 92
Os Templários em Manacor 93
Lluchmajor 94
Os Moinhos do Templo 98

Capítulo XVI - Os Cartógrafos nas Ilhas Baleares 101

2ª Parte: *Templi Mundi*

Capítulo XVII - São Bernardo de Clairvaux Claraval 115
Capítulo XVIII - De Loa à Nova Tropa 117
    Sobre as Glórias da Nova Tropa
    aos Cavaleiros Templários 117
        Prólogo 117
            Sermão de Exortação aos
            Cavaleiros Templários 118
            A Tropa Secular 120
            A Nova Tropa 121
            A Vida dos Cavaleiros Templários 122
            O Templo 124
            Presépio 127
            Nazaret 128

    O Monte das Oliveiras e o Vale de Josafat 129
    O Jordão 130
    O Calvário 131
    O Sepulcro 131
    Betfagé 137

Capítulo XIX - A Regra Latina 139
    Regras dos Pobres Soldados da Santa Cidade de
    Jerusalém 139

Capítulo XX - As Cores da Tropa 154

Capítulo XXI - O Bausante (Estandarte) 157

Capítulo XXII - A Cruz do Templo 159
    A Cruz Patriarcal 159
    A Cruz das Oito Bondades (Beatitudes) 160
    A Cruz Tau 161
    A Cruz Paté 162
    A Cruz de Torres do Rio 163
    A Cruz como Distintivo 164
    As Cruzes Processionais e de Demarcação do Templo 166
    O *Lignum Crucis* 168

Capítulo XXIII - O Selo do Templo 172

Capítulo XXIV - As Damas do Templo 178

Capítulo XXV - As Cruzadas 181
    A Cruzada de Pedro, o Ermitão 182
    A Primeira Cruzada Oficial 185
    A Segunda Cruzada Oficial 188
    A Terceira Cruzada Oficial 189
    A Quarta Cruzada Oficial 191
    A Cruzada dos Meninos 194
    A Quinta Cruzada Oficial 195
    A Sexta Cruzada Oficial 197
    A Sétima Cruzada Oficial 199

Capítulo XXVI - As Outras Ordens 203
    A Ordem do Amus 203
    A Ordem dos Drusos 204
    A Ordem dos Irmãos do Oriente 205
    A Ordem de São João de Jerusalém 206
    Os Cavaleiros Teutônicos 208
    A Ordem de São Lázaro 209

A Ordem de Montesa 213
Mestres da Ordem de Montesa 215

Capítulo XXVII - Os Grandes Mestres 216
    Hugues do Payns (1118-1136) 218
    Robert de Craon (1136-1149) 221
    Evrard de Varre (1149-1152) 222
    Bernard de Tremelay (1152-1153) 223
    André de Montbard (1153-1156) 224
    Bernard de Blanchefort (1156-1169) 224
    Philippe de Milly (1169-1171) 226
    Eudes de Saint-Amand (1171-1179) 227
    Arnaud de Toroge (1180-1184) 228
    Gerard de Ridefort (1185-1190) 229
    Robert de Sabre (1191-1193) 230
    Gilbert Hérail (1194-1200) 231
    Phillipe de Plessis (1201-1210) 231
    Guillaume Chartres (1210-1219) 232
    Pierre de Montaigu (1219-1232) 232
    Armand de Périgord (1232-1244) 233
    Guillaume de Sonnac (1244-1250) 234
    Renaud de Vichiers (1250-1256) 235
    Thomas Béraud (1256-1273) 235
    Guillaume de Beaujeu (1273-1291) 236
    Thibaud Gaudin (1291-1293) 238
    Jacques de Molay (1293-1314) 238

Capítulo XXVIII - Os Reinos do Aragão e de Valência 240
Reino de Valência (por Irmã+ Carmen Diaz): a Presença da
Ordem do Templo na Comunidade Valenciana 240
    Ares do Mestre 242
    Alcala do Chivert 242
    Atzeneta do Mestrado 242
    Albocasser 243
    Benicarló 243
    Benassal 243
    Penhíscola 244
    Vistabella do Mestrado 244
    L'Orxa 244
    Santa Madalena do Pulpis 245
    Valência 245

Montesa 246
Culla 246
Biar 247
Les Coves do Vinromá 247
Oropesa do Mar 247
Villafamés 247
Múrcia 249
Reino de Aragão 249

1ª Parte: Templários em Maiorca

Capítulo I

Um Rei Conquistador

Iniciaremos este livro falando em primeiro lugar do rei Jaime I, o Conquistador, nome que foi imposto em seu afã de conquistas e pelas que realizou durante todo seu longo reinado. Era filho de Maria de Montpellier e bisneto do imperador de Bizâncio.

Manoel Comneno enviou sua filha Eudoxia para que contraísse matrimônio com Afonso II, de Aragão. Mas quando esta chegou a Montpellier inteirou-se de que aquele que haveria de ser seu marido tinha desposado Sancha de Castilha, filha de Afonso VII.

Mas esse problema pôde ser solucionado graças a um vassalo da Coroa do Aragão, que, além do mais, era senhor do território; estamos falando do conde Guilherme IV, que solicitou a mão da dama, mesmo sabendo que o *status* de seu sangue era inferior ao dos imperadores de Bizâncio.

Pois bem; sua mão foi concedida e, passado um tempo, nasceu a condessa Maria, que contraiu matrimônio com Pedro II, em 1204, na casa que os Templários tinham em Montpellier.

Esse casamento, segundo o cronista Ramón Muntaner, foi desde o começo um completo fracasso. Já no ano 1207, a rainha havia iniciado gestões ante o papa Inocêncio III, a fim de obter o divórcio, e o rei Pedro II não tratava em nenhum momento de impedi-lo, já que ao parecer tinha intenções de casar-se de novo com Maria do Monferrato, filha de Conrado e, portanto, herdeira do reino de Jerusalém.

Durante esse ano (1207), ante a pressa que tinha o povo em ter um herdeiro e aproveitando um longo período no que o rei Pedro esteve na cidade, tramou-se uma conjuração em que participaram não só os cônsules e os mestres de Montpellier, como também todo o povo.

Encomendaram-se a Nossa Senhora de Vallvert, cantaram um sem-número de missas e entoando os sete hinos, a parte de jejuar uma semana inteira, enganou o Soberano fazendo-lhe acreditar que o acompanhavam aos aposentos de uma rapariga cabeça-de-vento, porém o introduziram no de sua esposa.

Enquanto o rei jazia com sua mulher (sem sabê-lo), no salão de entrada se reuniram: 24 homens bons, 12 damas e 12 donzelas, com notários, abades e o oficial do bispo, "e igualmente durante toda a noite estiveram abertas as igrejas de Montpellier, nas quais todo o povo entrava nelas para rezar a Deus".

Quando amanheceu, todos os conjurados entraram na estadia e informaram ao rei a identidade de sua acompanhante para que no futuro não existissem dúvidas. E o rei Pedro "montou a cavalo e saiu de Montpellier". Mas o milagre se havia consumado e depois de nove meses de gestação nascia, embora ignorado por seu pai, o que viria a ser o Soberano da Coroa do Aragão, no século XIII.

Jaime I nasceu em Montpellier no dia 8 de fevereiro de 1208, ou seja, na véspera da festividade de Nossa Senhora.

Conta a tradição que, imediatamente depois de ter nascido, sua mãe quis que fosse levado (segundo o Livro de Feritos) à igreja da Santa Maria, onde se cantavam canções matinais; e aconteceu que, ao entrar no templo, começaram a entoar os clérigos o "Te Deum Laudamus", sem que estes se precavessem da presença do recém-nascido. Logo foi levado a São Fermín e aconteceu que, ao entrar na igreja, se estava cantando o "Benedictus Dominus Deus Israel".

Já de volta a sua casa, a rainha fez cortar 12 círios de igual peso e tamanho e pôs um nome em cada um, prometendo a Deus Nosso Senhor que lhe poria ao infante o nome daquele que durasse mais tempo aceso. Com mais de três dedos durou o de São Jaime e eis aqui o nome que lhe pôs ao recém-nascido.

Entretanto, nem tudo foram rosas e bons augúrios já que o rei Pedro II não veio a lhe conhecer até passados dois anos, e o fez em companhia de Simão de Montfort, estabelecendo um pacto para que este cuidasse do menino, o qual se confirmou dois anos depois, em que além de reconhecer o senhorio de Montfort sobre o Carcasone e Beziers, também comprometia em matrimônio Jaime I com Amicia, a filha do cruzado Simão de Montfort.

Nesse pacto, segundo J. G. Atienza (*A Mística Solar dos Templários*), o rei Pedro desejava que Simão de Montfort retivesse o infante Jaime I na fortaleza do Carcasone até que o menino tivesse 18 anos, data em que se casaria com Amicia.

Com tudo isso, o rei Pedro tratava de evitar uma guerra que dois anos depois ia lhe custar a vida na batalha de Muret.

A rainha-mãe trasladou-se a Roma depois do pacto de seu marido com Simão de Montfort e morreu na cidade papal em 1213, o mesmo ano em que seu marido Pedro II caía na batalha de Muret, lutando contra as tropas que retinham seu filho desde por volta de quatro anos.

Não obstante, Jaime I sempre teve belas palavras tanto para sua mãe como para seu pai, já que deste último em sua crônica diz: "Foi o monarca mais generoso, mais cortês e mais afável que houve na Espanha".

E sobre sua mãe disse: "Foi tanto o que Deus demonstrou amá-la e tanta a graça que lhe outorgou que em Roma e em todo mundo mereceu ser chamada de Rainha Santa". Muitos são os que se curam ao beber o vinho ou a água que brotam da pedra de seu sepulcro. Seu corpo repousa em Roma, na basílica de São Pedro, junto à Santa Petronilla, filha de São Pedro. Considerem isso pois, os que lerem este manuscrito, se não é coisa de milagre.

Depois da morte do Pedro II em combate se produziu uma das mais importantes crises da Coroa do Aragão. O novo soberano – Jaime I – se encontrava em poder do vencedor, ou seja, do cruzado Simão de Montfort, a quem havia sido entregue por seu próprio pai, o rei Pedro II, além de que o reino se achava com muitos feudos em virtude da vassalagem que o rei Pedro II havia emprestado a Roma no ano 1204, do papa Inocêncio III, a vassalagem de que lhe impôs o apelido do Pedro II "o Católico". A parte disso, Maria de Montpellier nomeou um tutor para o novo rei e chamou papa Inocêncio III, a quem solicitou o cruzado para que liberasse o menino. A negativa de Simão de Montfort não se fez esperar e o Papa (que era quem havia pregado a Cruzada Ocitana) ameaçou-lhe, solicitando que pusesse Jaime I sob o amparo e custódia do legado pontifício de D. Pedro de Benevento. Assim se fez, recebendo o menino-rei a comemoração de seus súditos em Narbonne.

Mas, por ser menor de idade, o Papa depois de refletir atentamente sobre o tema dispôs que o rei fosse entregue, para sua custódia e educação, ao Mestre dos Cavaleiros Templários, Fr. Guilherme de Montedron.

Por isso Jaime I foi conduzido a Monção, onde passou os três anos seguintes (1214-1217) em companhia de seu primo, o também órfão Ramón do Berenguer, de Provença, cuja tutela havia recaído até seu falecimento sobre a pessoa do rei Pedro II.

Enquanto acontecia isso, reuniram-se as Cortes na Lérida, onde se nomeou procurador-geral o infante D. Sancho do Rosellón, que era tio-avô do rei Jaime I e irmão de Afonso II, o Casto. Embora esta nomeação desde o começo contasse com a oposição de D. Fernando do

Monte Aragão, que era tio de Jaime I e irmão do falecido Pedro II, além disso, D. Sancho do Rosellón foi admoestado pelo Papa Honório III por ajudar o Conde Ramón IV de Tolousse em sua luta contra Simão de Montfort, que morreu em um dos muitos assédios que sofreu a cidade da Tolousse.

Não foi bem-sucedida ao rei Jaime sua estadia com os Templários, pois um tempo depois de seu primo fugir apoiado por alguns Cavaleiros e Nobres, ele fez o mesmo disfarçado com uma cota de malha e armado com uma espada.

Reflitamos seriamente sobre esses fatos e recordemos que a regra Templária não permitia aos Templários apadrinhar meninos, já que a vida desses monges guerreiros se via muitas vezes truncada por sua morte durante as batalhas (art. 72 da Regra Primitiva Latina).

Assim mesmo, a regra não permitia o ingresso de meninos na Ordem, já que estes não tinham a força necessária para levantar sua espada contra o infiel (art. 14 da Regra Primitiva Latina).

Podemos imaginar em que situação se encontraram os Cavaleiros Templários quando se viram fazendo de babás de dois mocinhos; eles que somente entendiam de orar e de guerrear contra os infiéis.

Assim mesmo pensemos em como se sentiria a mente de um menino de curta idade submetido a uma dura aprendizagem e treinamento, tanto em nível físico como intelectual, por uns rudes professores que pouco entendiam de jogos de meninos e de infâncias.

Uma vez que Jaime I fugiu da Monção com 9 anos (quase 10), reuniu cortes na Vilafranca (1217) e depois de Lérida (1218), onde, forçado, devolveu sua regência ao infante D. Sancho do Rosellón. Aqui se encontrou com o problema de que a nobreza até sendo fiel à monarquia queria relegá-lo a "figurar" de forma tão somente simbólica, com o que o rei não estava disposto.

Por isso, no ano 1219, com a idade de 11 anos, Jaime I assedia os Castelos do Albero e de Lizarra, que consegue tomar, mas fracassa em seu intento de fazer o mesmo com o Castelo do Albarracin (1220), onde residia D. Pedro Fernández da Azagra.

Em 1221 (com 13 anos), contraiu matrimônio com Leonor de Castilha, e pouco depois de casar-se instalou-se um conflito entre dois dos mais poderosos senhores feudais do momento, D. Nunó Sanç (filho do infante D. Sancho do Rosellón) e Guilherme da Moncada.

Jaime I toma parte de seu parente D. Nunó e assedia o Castelo da Moncada (1223), ao qual consegue render.

Este fato teve como resultado imediato a união dos dois bandos que eram contrários ao prestígio real.

Por duas ocasiões, tanto o rei Jaime como sua mulher Leonor de Castilha foram quase feitos prisioneiros, conseguindo por muito pouco escapar; isto aconteceu em Zaragoza e na Huesca.

Também o rei combateu pessoalmente contra Pedro de Ahones ao negar-se este a respeitar os acordos que havia assinado o rei Jaime I com os reis muçulmanos do reino de Valência (Abu Zaid), acordo de trégua e o do Teruel (Ibn Mardanish), que se declarou tributário dele, acordos aos quais se viu forçado a chegar. Não contou com o total apoio dos nobres com os quais se reuniu nas Cortes de Tortosa e, por isso, não dispôs de forças suficientes para a conquista dessas duas cidades.

Depois que os nobres se interpuseram entre as espadas do rei Jaime I e de Pedro, este último fugiu do lugar sendo açoitado pelo rei D. Jaime. Durante a refrega de sua captura, foi morto pela escolta real.

Contando já com 19 anos (1227), o rei Jaime I consegue impor sua autoridade assinando naquele ano o tratado do Alcalá que anulou a liga antimonárquica e trouxe a paz interina ao reino.

Os primeiros anos de seu reinado ele dedicou a submeter aos nobres e a estabilizar a economia de seu reino.

Já em 1228, um ano antes da retomada da Maiorca, o rei Jaime I consegue da Condessa do Urgel um contrato de concubinato em que se compromete à união de seu poderoso condado ao reino do Aragão. Tudo isso aconteceu porque o rei arrebatou o Condado do Urgel ao Guerau de Pastora de cabras e o devolveu a sua legítima herdeira, a Condessa Aurembiaux de Urgel, que autorizou seu matrimônio com Pedro de Portugal, o qual herdará o Condado e o intercambiará por Maiorca.

Rei Jaime I Isabel de Aragão   *Condessa de Urgel*

Capítulo II

Causas da Retomada de Maiorca

Uma vez solucionado o tema do Condado do Urgel, o rei partiu a Tarragona onde se reuniu com a maior parte da nobreza catalã.

Nessa reunião os nobres da Catalunha comentaram com o rei Jaime I os problemas que tinham com o governador muçulmano de Maiorca, o Almohade Abu Yahie, o Raschid, já que este havia apressado umas naves de comércio catalãs e tinha humilhado a Jaime Sanç e sua embaixada, a qual tinha ido solicitar lhe que fossem devolvidos e liberados os navios capturados.

Durante tal reunião, um navegante e comerciante chamado Pedro Martel deu um banquete aos assistentes à beira do mar, no que falou com Jaime I e o restante dos nobres da beleza e importância das ilhas Baleares.

Boas palavras e convincentes tiveram de ser as empregadas por Pedro Martel, já que Jaime I em sua crônica explica que a retomada de Maiorca se decidiu naquela reunião.

Embora Santamaría Arrandez também assinalasse que no banquete não só se falou da retomada da Maiorca, como também se incluíram as distintas ilhas Baleares, já que o compromisso assinado em Barcelona em 23 de dezembro de 1228 e ratificado em Tarragona no dia 28 de agosto de 1229 estabelece com claridade o objetivo: conquistar Maiorca, Menorca, Ibiza e demais Ilhas chamadas Baleares, *"Ad tomadas de assalto inde barbaras nationes"*.

Capítulo III

Preparativos da Conquista

Uma vez recebida a negativa do governador Almohade de Maiorca de não liberar as duas naves catalãs, o rei pede o apoio e a colaboração na retomada de Maiorca das três classes reunidas: Nobreza, Clero e Burguesia. Depois de três dias de deliberações, a proposta real é aceita pela maioria.

Ou seja, Guillen da Moncada pela nobreza, o arcebispo da Tarragona em nome do Clero e Berenguer Girart pela Burguesia. Embora também participaram outros grandes personagens: os bispos de Barcelona e de Girona, o Mestre Templário, o Conde Nunó Sanç, o Conde de Ampurias, Ramón de Moncada e Ramón de Berenguer, entre outros.

O escritor e investigador Xamena Fiol diz que nas Cortes de Barcelona se pactuou repartir as terras conquistadas em proporção à ajuda contribuída por cada um, reservando-se a Jaime I, além da parte que lhe correspondia, o domínio das Ilhas, como Soberano, e os palácios e castelos que nelas houvesse.

O apoio que recebeu o rei Jaime I, segundo Paulo Piferrer e José Maria Quadrado (*História das Ilhas Baleares*), foi o seguinte:
• Guillén da Moncada lhe serviria 400 Cavaleiros.
• O Conde do Rosellón, D. Nunó Sánchez ofereceu-se com mais cem Cavaleiros.
• O Conde de Ampurias ofereceu passar a ilha com mil peões, 20 bestas e cavalos e com 70 Cavaleiros que entrariam para engrossar o número dos 400 que D. Guillén prometeu contribuir por si e pelos de sua linhagem.
• O arcebispo da Tarragona, com sua muita idade e inexperiência nas armas, se desculpou por não assistir pessoalmente à conquista em

seu nome e de sua Igreja Tarraconense, disse ao rei que mandasse e dispusesse de seus bens e de seus homens como se fosse dele e deu licença para que participassem daquela contenda quantos eclesiásticos o desejassem, prometeu contudo lhe socorrer com mil marcos de ouro, 500 cargas de trigo, cem Cavaleiros bem armados e mil infantes lançadores e bestas, todos pagos e providos até que se acabasse a retomada da Ilha.

O bispo de Barcelona ofereceu sua pessoa, cem Cavaleiros, mil peões e socorros do mar.

O bispo de Gerona capitanearia 30 Cavaleiros.

O abade de São Felio lhe deu guias e cinco Cavaleiros.

O reitor de Tarragona ofereceu quatro Cavaleiros e uma galera.

O arcediano de Barcelona ofereceu dez Cavaleiros e os peões que pudesse; e assim outros abades, priores e dignidades, quase todos disseram que assistiriam ao rei com suas presenças.

Ramón da Moncada jurou gastar na demanda quanto tinha e esperava levar consigo 25 Cavaleiros.

Francisco de São Martín e Guilherme de Cervellon, cem Cavaleiros.

Ramón Berenguer, 25 Cavaleiros.

Berenguer da Santa Eugenia e Gilberto de Cruilles, 30 Cavaleiros.

Hugo de Mataplana e Galceran de Pinheiros, 50 Cavaleiros.

Raimundo de Alamany e Guilherme de Claramunt, 30 Cavaleiros.

Ao fim lhes chegou o turno nas cidades das quais somente Barcelona, Tarragona e Tortosa tinham deputados naquelas cortes.

Em nome da Catalunha se levantou o cidadão Pedro Grony oferecendo por então todas as corças, naves e lenhas que houvesse na cidade deixando para depois a relação de outros socorros, pois queria cooperar com esta expedição: "que serão tais que por sempre nos agradecerão isso".

Tarragona e Tulsa se ativeram aos recursos naturais de Barcelona, e enviaram os socorros prometidos, pois a cidade levantou 2 mil infantes e custeou quase todo o armamento naval. Também participaram do armamento naval os provençais e muitos prelados e barões.

Não esqueça o leitor que todos os Cavaleiros traziam seus serventes ou escudeiros, o que triplica ao menos o número de combatentes, já que na assinatura do convênio se mencionam os Cavaleiros com seus serventes.

Contente, o rei agradeceu aos três comandados (Clero, Nobreza e Burguesia) o apoio e o grande amor que lhe proferiram e ofereceu levar 200 Cavaleiros aragoneses, muito bons e valentes e guiados por bons cavalos e ótimas armas, 500 jovens montados, a infantaria que fosse necessária, engenhos de ataque e muitos engenheiros.

Seguidamente se fixou o prazo; mas antes se assinou a ata de compromisso na qual se assegurava a porção da conquista de acordo a participação de cada um. E depois de ter feito juramento sobre o combinado, lembrou-se de que no mês de maio estariam todos em Salou e Tarragona.

Corria já o mês de agosto de 1229 e a fins deste se ratificou em Tarragona o convênio celebrado em Barcelona, que agora se modificou, inserindo em uma de suas cláusulas os Cavaleiros Templários, com quem não se contou a princípio, mas como eram tão religiosos e tão inimigos dos mouros, quiseram estar presentes na jornada e tanta honra lhes fizeram ao rei, que ao Comendador de Mirabete, Fr. Bernardo de Champans, na ratificação do convênio lhes nomeou um dos que deviam cuidar da distribuição da ilha, cuja conquista enviou à Ordem os mais bravos Cavaleiros em um número aproximado de cem como mínimo e uma quantidade indeterminada de sargentos (fila imediata-inferior ao de cavaleiro dentro da Ordem) e escudeiros, o que certamente triplicou pelo menos o número de combatentes.

Segundo os retrais dos Irmãos Cavaleiros e os Irmãos Sargentos do Convento que encontramos na Regra da Ordem, o artigo 138 nos diz:

"Cada Irmão Cavaleiro do Convento deveria ter três cavalos e um escudeiro e um quarto cavalo e um segundo escudeiro, se o tiver...".

E no artigo 140, da mesma regra, nos diz:

"Os Irmãos Cavaleiros terão três alforjas; uma para o irmão e duas para os escudeiros...".

Em 1º de setembro de 1229 havia uma frota congregada nos portos de Salou, Tarragona e Cambrils, formada por distintos tipos de naves, segundo a crônica do Jaime I fala: 25 grandes navios, 18 barcas, 12 galeras e umas cem galeotas que podiam transportar 15 mil infantes e 1.500 Cavaleiros. A frota se dividiu em quatro grupos governados por Jaime I, o bispo de Barcelona, Nunó Sanç e Guilherme da Moncada.

Nessas datas, o rei tinha 21 anos e, embora fosse muito jovem, já possuía grandes dotes de guerreiro, pois havia sido forjado dentro deste padrão, desde tenra idade.

Capítulo IV

A Travessia

No dia 5 de setembro de 1229, partiu a frota com destino a Maiorca. O rei Jaime I embarcou em Salou em uma galera fretada em Montpellier.

Pouco depois de ter partido, a 20 milhas da costa aproximadamente, houve um forte vento que fez aconselhar o capitão da nave real a conveniência de retornar ao porto: "Senhor somos seus vassalos naturais, e por isso obrigados a olhar por sua vida e lhe aconselhar facilmente como melhor saibamos. Este tempo de tormenta não lhe é favorável, nem a sua esquadra; não é propício que poderão abordar o porto em toda a Ilha de Maiorca, pelo qual, em nosso ver, conviria que voltassem à terra; Deus breve lhes dará tempo mais próspero para a jornada".

Mas o rei convencido de que sua causa era justa e que por isso contava com o apoio da providência, tomando aquele fato como uma prova para comprovar sua fé, respondeu:

"Não faremos tal, nem à terra voltaremos por todo o valor do mundo... ainda mais que a esta jornada vamos pela fé em Deus e contra os infiéis, para que estes se convertam; senão vamos aniquilá-los e restituir nesse reino a fé de Cristo, pois em Seu nome vamos; Ele nos guiará".

A nave real foi avançando até ficar à frente da frota. No dia seguinte, quando cessou a tormenta, avistaram a costa da Maiorca e distinguiram a Palomera, Soller e Almalug. (Andraxt, Soller e Escorca). Como não tinham podido chegar a Pollensa, que era onde queriam desembarcar, por culpa da tempestade que tinham sofrido, e como ela retornou impedindo a travessia para esse porto, decidiram então, aconselhados pelo Comitre Gayran, dirigir-se ao porto da Dragonera no qual diz que:

"Tem um poço de água doce onde armazenamos água para mim e meus marinheiros, uma vez que ali estivemos. Mais imediato à Ilha da Maiorca há outra colina, ilha também chamada Pantaleu, que da costa dista um bom tiro de arma".

E puseram vela por volta do vento provençal e, depois de um tempo, se dirigiram ao novo porto chegando a Palomera ou Pantaleau na sexta-feira, 8 de setembro de 1229.

Foi nesse lugar onde tiveram um primeiro encontro com os muçulmanos da ilha, que em número de 5 mil infantes e 200 Cavaleiros saíram ao encontro da frota.

Enquanto descansavam na ilhota da Palomera, um lhéu de nome Alí, segundo a crônica, Alí da Palomera, nadou desde a costa até onde estava Jaime I e pediu para ser apresentado ao rei a quem informou que na Maiorca lhe esperavam 42 mil homens bem armados, audazes e muito valentes, dos quais 5 mil eram da cavalaria, que tinham a missão de não lhes deixarem desembarcar em nenhum lugar da costa maiorquina. Em razão das dificuldades que o rei tinha para desembarcar ali, optou por ir em busca de um melhor lugar tomando rumo a Santa Ponsa, o que produziu que a morisma tentasse segui-los por terra. Dessa forma começou uma perseguição entre a morisma que ia por um terreno abrupto e cheio de condições e as naves que foram por mar, mas como o terreno forçou os muçulmanos a fazer alguns rodeios e os navios remavam com grande brio, chegaram estes antes a Santa Ponsa e começaram o desembarque.

Capítulo V

O Desembarque
e Primeiras Batalhas

Saltou à terra, em primeiro lugar, Bernardo da Argentona e atrás dele desembarcaram 800/200 infantes e duzentos Cavaleiros capitaneados pelo conde D. Nunó Sanç, Ramón de Montcada, Bernat de Campanes, Bernat da Santa Eugenia e Gilbert do Cruilles.

Adiantou-se sozinho D. Ramón de Moncada para observar de perto os sarracenos, e tanto se aproximou destes que os muçulmanos saíram atrás dele, lhe fazendo retroceder ao mesmo tempo que chamava os seus e dava a voz de carga (ver *História das Ilhas Baleares*, Piferrer e Quadrado). Tão forte foi esta, que quando se reagruparam para voltar a carregar, perto de mil sarracenos jaziam no chão, e com a ajuda de alguns barões morreram, segundo Desclot, uns 2 mil muçulmanos.

Desembarcou o rei, e com uns 25 ou 30 Cavaleiros carregou contra uns 280 peões sarracenos, produzindo tal estrago que quando o rei reagrupou seus Cavaleiros, 80 muçulmanos jaziam mortos; outros, vendo já a batalha perdida, fugiram. Por isso o rei retornou à praia, onde foi repreendido pelos moncadas, por ter posto sua vida em perigo.

No dia seguinte, em 12 de setembro, depois de ouvir a missa (como era costume daqueles que entravam em batalha) realizada pelo bispo de Barcelona, aconteceu uma discussão entre D. Nunó e Guilherme da Moncada, já que mutuamente intercambiavam a vanguarda, sabedores do perigo que isso encerrava, e não por medo. Porque entre eles existia uma grande inimizade, decidiu-se que se construiriam duas vanguardas: uma que capitaneavam os moncadas e a outra o Conde do Ampurias, deixando a retaguarda para o Conde D. Nunó Sanç.

Finalmente se encontraram com os sarracenos no Puig da Zaragoza e o *Puig de Seja Ginestra*, lugar que hoje é conhecido como o *Coll de Seja Batalha*.

Neste momento chegou um peão e informou ao rei que uns 6 mil peões carregavam contra o morisma, pelo que o rei montou a cavalo e se dirigiu à vanguarda desse grupo, sem amparo algum, e o admoestou, já que sem apoio da cavalaria se dirigia ao que seria uma morte segura.

Aos poucos apareceram os moncadas, o Conde do Ampurias e os Templários, e juntos prosseguiram o avanço; porém, deixemos que o mesmo rei D. Jaime I nos conte o acontecido (crônica e feitos). Ficou o rei com o Rocafort, já que não ia devidamente protegido para a batalha por causa da pressa para deter os peões, que carregavam contra a morisma e, quando se dispunha a dar ordens ao restante das forças que foram chegando, ouviu um grande estrondo produzido pelo fragor da batalha. Por isso deu ordem a um troteiro (mensageiro) para que fosse comunicar a D. Nunó o que acontecia, para que este se dirigisse em seguida ao campo de batalha com as reservas e forças que trazia da Santa Ponsa.

Mas tanto demorava D. Nunó e, como que o tiroteiro não voltava, o rei disse a Rocafort:

"Vão vocês lá, lhes dê pressa e digam a D. Nunó que em má hora se demora hoje, tanto que, porventura, tal dano nos conduzisse sua tardança que sua comida nos fará mau proveito, porque não deve a vanguarda ir tão longe da retaguarda, nem esta daquela".

Mas Rocafort se negou a partir deduzindo que isso supunha deixar o rei sozinho.

Enquanto isso, na vanguarda se formaram duas grossas divisões; mas deixaremos de novo que o rei Jaime nos conte a importante participação, decisiva quase diria eu, que tiveram os Templários na retomada da Maiorca. Desta forma, se houver alguém ficam dúvidas, que se leia a crônica do *Llibre dels Feyts*:

"Investiram contra os Ampurias e os Templários com o campo mouro, que vinha a ser sua esquerda, e pela parte da Santa Ponsa carregaram os moncadas a sua direita".

Os primeiros (Templários-Ampurias) entraram com toda a força e esfaquearam até as forças inimigas que se retiraram sobre o centro; mas a providência não assim favoreceu a sorte dos moncadas. Três vezes desalojaram a defesa de uma colina que dominava o campo e outras tantas recuperaram os infiéis a posição.

As filas destes se engrossavam com tropas de reposto; os cristãos eram inferiores em número, estavam rendidos de cansaço e feridos, e não havia nenhum sinal de que a Santa Ponsa lhes viesse em socorro.

Ampurias – Gerona

Em tão terrível transe, já um pouco desordenada estava a gente; reuniram os moncadas os bons, que até durava o valor, e picando esporas se lançaram pela quarta vez contra a altura tão tenazmente disputada e romperam os batalhões inimigos. Mas seu denodo foi sua ruína; porque tão adiante passaram e uma grande turba fechou com eles, que cercados por toda parte somente puderam pensar em vender caras suas vidas.

Conta a crônica que nesses momentos chegaram o rei D. Nunó, Lope do Jiménez da Luesia e D. Pedro Pomar com outros nobres e toda sua gente. E que, ao lhe ver desarmado, o nobre Beltrán da Naga lhe fez desmontar, e tirando-se este sua couraça a pôs ao rei, que também se colocou um perpunte e uma *capellina* que certamente lhe trouxeram.

O rei, informado da crítica situação dos moncadas, saiu em sua ajuda, mas o impediram D. Nunó, D. Pedro Pomar e D. Ruiz Jiménez de Luesia, e apoderando-se das rédeas, o detiveram mediante notáveis reflexões.

O rei protestou, sentindo que essa ação podia lhes prejudicar, e quis Deus que essa hipótese se cumprisse, já que nesse momento caíam os moncadas.

Uma vez reagrupados os restantes das divisões que enviassem os moncadas, dispuseram-se a vingar a morte de seus valentes capitães enquanto o Conde do Ampurias e os intrépidos Templários (como assim lhes denomina o rei em sua crônica) seguiam desalojando o inimigo e empurrando-o para a serra de Levo-pi. Sobre este particular existem várias discussões, porque Quadrado afirma que era a Serra do Bendinat, e Ribas Dente diz que está equivocado, já que a Serra de Porto-pi era o que hoje se denomina a Bonanova e Gênova, porque o rei em sua crônica diz que se dirigiam a Levo-pi, por isso é evidente que as tropas se dirigiam à Serra de Levo-pi e, nessa direção, para a cidade.

Chegados aqui produziu-se o que poderíamos qualificar como a "carga geral", já que o rei, o qual tinha reunido toda sua gente no que hoje se conhece como o *Coll do Rei*, carregou à frente de suas hostes produzindo uma encarniçada batalha e, em seguida, se fez geral a retirada dos mouros que fugiram para Burguesa e se cravou na colina a bandeira do rei, que era metade vermelha e metade branca, de acordo com a crônica do Jaime I.

Temos de fazer notar a semelhança que há nesta bandeira com o bausante ou estandarte da Ordem dos Cavaleiros Templários, já que esta última também esta composta por uma bandeira bicolor em branco e preto; não obstante também temos que mencionar que o uniforme dos Cavaleiros Templários é de cor vermelha (sacrifício) e cor branca (pureza), como o estandarte do rei Jaime I.

Depois, o exército acampou perto de Levo-pi e ao terminar de jantar, o rei, no campo de Oliver de Termens, foi visitar os valentes e malogrados moncadas. Conta a crônica que o rei chorou desconsoladamente sobre o corpo dos falecidos até tal ponto que tiveram que tirá-lo do campo onde estavam os mortos. No dia seguinte, se fizeram trincheiras para fortalecer o acampamento e ele procurou dar boa sepultura a quase todos os falecidos (os moncadas foram enterrados no dia seguinte) e, ao anoitecer, a armada saiu de Serra Porrasa, seguindo muito próximo à costa, entrando em Levo-pi onde capturaram os navios árabes que ali se encontravam, depois os navios cristãos ancoraram, metade no porto e a outra metade diante da cidade da Maiorca.

Na sexta-feira, 14 de outubro, deu-se o sepultamento dos valentes moncadas, ao amanhecer, tal como marca a tradição, ao pé de um pinheiro velho e solitário, árvore que muito abunda na ilha. E a duas milhas do campo de batalha.

Capítulo VI

Início da Retomada

Nesse mesmo dia continuou o exército a ida para a cidade, chegando muito próximo à porta do Kahi, que era uma zona desértica. Certamente esta porta seria a do Esvahidor ou, como mais recentemente se conhecia, a de Santa Margarida.

As lojas se colocaram muito perto da muralha, onde se produziram desde o começo muitos assaltos. De fato, D. Nunó teve de refazer sua força, já que tão próxima a levantar a muralha que os tiros dos sitiados a destroçaram.

Logo se decidiu que era melhor situá-las em Real, para mais segurança delas.

Continuaram os assaltos mostrando em todo momento os Templários um jogo sem par, prova disso é a generosidade com que o rei Jaime I lhes recompensou, como assim pode ver-se no *Libre del Repartiment*.

Passaram os dias nos quais os sitiados viam a clara disposição dos cristãos de tomar a cidade, e como as coisas não deviam funcionar muito bem no interior da cidade, foi enviado o xeque árabe até o emissário para "parlamentar" com D. Nunó, acessando este a petição e contando com o beneplácito do rei D. Jaime.

O xeque árabe ofereceu a D. Nunó que em cinco dias os satisfariam de todos os gastos ou lhes seria entregue a indenização que pedissem, ao que D. Nunó respondeu:

"Nosso rei não conta com mais de 21 anos e como com esta façanha se estreia, saibam que daqui não partirá, até ter conquistado a cidade da Maiorca: embora nós lhe disséssemos o contrário, sabemos que desejaria nossos conselhos, assim me falem de outra coisa, porque desta é em vão".

Assustado, o xeque ofereceu cinco besantes por pessoa que houvesse na praça; temos de ter em conta que um beijem ou bisancio valia três salários e quatro dinheiros, moeda de Barcelona, e dessa maneira oferecia por cada pessoa R$ 8, quantidade muito elevada naquele tempo.

D. Nunó já de volta ao acampamento cristão deu conta disso a D. Jaime e este convocou os prelados. Embora em princípio tenha sido a proposta do xeque árabe, sobretudo pelo rei, finalmente se desatendeu em honra aos moncadas e demais bravos Cavaleiros que ali, naquela arriscada empresa, tinham perecido.

As lutas se iniciaram e acentuaram; repetidamente se tentava tomar a muralha para assim poder passar à cidade, mas a obstinação e a firmeza dos sitiados não permitiam este fato, não obstante as tropas cristãs aumentadas em tamanho não retrocediam em seu intento.

Continuavam os trabalhos de mineração, abrindo continuados túneis para produzir o desmoronamento das muralhas ou torres e se levantavam "castelos" de madeira para tomar a muralha, mas os sitiados realizavam também trabalhos de mineração para cortar os túneis que os cristãos faziam, e com as máquinas e com o fogo destruíam as torres que os cristãos levantavam.

No dia 1º (sábado) do mês de dezembro de 1229, sucedeu algo que sem dúvida era o prelúdio do que uns dias depois aconteceria. Ao amanhecer, os cristãos se encontraram a sete palmos do muro que caiu por causa dos trabalhos de escavação que tinha realizado o Conde de Ampurias.

No dia seguinte, 300 soldados iniciaram o assalto da brecha, provavelmente perto da porta do Bebalcofol (Santa Margarida), mas os sitiados concentraram ali todas suas forças e conseguiram rechaçar os cristãos.

Não obstante, esta ação custou caro aos muçulmanos, já que no rechaço morreram 300 sarracenos, mais 200 que caíram feridos. Somente uns dez cristãos caíram mortos; certamente foi um desnível incrível.

Na segunda-feira, dia 3, durante a noite, caiu outra torre escavada, mas o assalto cristão foi mal secundado e dirigido, e dos 200 que o iniciaram pereceram 33, e foi finalmente rechaçado.

Na terça-feira, dia 4, conseguem com as máquinas (catapultas, bailistas, etc.) derrubar o arco do portal e as portas de ferro caem abrasadas ao fosso. Por outra parte, tanto o Paborde de Tarragona como D. Nunó colocam em cada um dos caminhos minas com as quais conseguem derrubar a primeira das dez colunas do muro principal, e o segundo com 14 mais, mas os sarracenos com outro contra-ataque lhes obrigam a abandonar.

Durante mais de 20 dias as coisas continuaram como o descrevemos, chegando-se a diminuir em grande medida a solidez dos muros e as torres, tanto era isto visível que todos começaram a se preparar para o assalto final...

No dia 27, fizeram todos um juramento ante a Bíblia e o Cristo Crucificado de que ninguém se deteria em seu avanço, "vir cair ao que for" e que ninguém se deteria nem por dor, nem por feridas, e que aquele que fugisse ou se retirasse da batalha seria tratado como um inimigo e castigado como um "Covarde" (traidor em supremo grau).

Nesse dia e para evitar que à cidade pudessem chegar reforços que fizessem perigar sua luta, se decidiu criar três fortes grupos de cem Cavaleiros cada um e se colocaram: o primeiro nas trincheiras, o segundo diante da porta do Barbolet ou Beb-Albalech, hoje de Santo Antônio, que está próxima ao Castelo que receberam em doação os Cavaleiros Templários, e o terceiro diante da porta de Levo-pi, hoje de Santa Catarina.

Chegado o dia 30, decidiu-se a data seguinte para o assalto geral.

Amanhece o 31 de dezembro de 1229, os trompetistas tocam a se armar, e após celebrar o Santo Ofício todos os homens se aproximam para comungar; de novo se formam os guerreiros, os estandartes se luzem e ondeiam ao vento e no campo de batalha se observam as afiadas pontas das lanças.

Os inimigos ao mando do Saib-Ben, o Haken, se preparam para o que sabem que será o assalto final, a batalha decisiva, e o xeque sobre um cavalo branco e coloca seus homens sobre a muralha.

D. Jaime I, rei do Aragão dá a voz de ataque, e formando a primeira fila uma muralha de bronze com os escudos, iniciam o ataque final.

Foi no segundo intento em que, por fim, conseguem chegar corpo a corpo ao grito da "Santa Maria", carregam os soldados cristãos contra a morisma, os mouros rechaçam o ataque, mas os cristãos, ao grito de "vergonha, Cavaleiros, vergonha", e elevando a voz em grito para entoar o nome da "Santa Maria", arremetem contra os infiéis com a maior fúria possível, tentando rebater o choque daquelas massas de ferro impenetráveis a seus ataques. Nas ruas se defendiam palmo a palmo. Em todas as partes se podiam observar homens lutando a braço partido; a batalha era terrível.

A vizinhança apavorada pelo que estava ocorrendo optou por fugir para as montanhas, e em número de 30 mil saíram pelas portas do

Barbalet encabeçados sob o chefe, um tal Ibn Sheyrí, que veremos mais adiante, foi quem formou a resistência nas montanhas.

Tão concentrados na batalha estavam os cristãos, que não se deram conta dos que fugiam; por fim, a batalha se decantou pelos cristãos e os mouros fugiram para a Almudaina, que era a cidadela fortificada da cidade. As comportas se fecharam antes de hora, ficando várias centenas de sarracenos à sorte das armas cristãs que já haviam cobrado 20 mil pessoas em sua vingança.

Enquanto o rei preparava as condições de rendição dos que se refugiavam em Almudaina, chegaram dois Cavaleiros de Tortosa e lhe disseram que o recompensariam se ele lhes entregasse Wali. O rei lhes deu mil besantes, e com D. Nunó Sanç os seguiu até uma casa onde encontraram Wali sentado com três fiéis pagens esperando o fatídico final.

O rei D. Jaime lhe fez muita cortesia, não como alguns escritores que dizem que o agarrou pelas barbas, ou que inclusive o esteve torturando durante 45 dias até que finalmente morreu, isto somente são falsas grosserias de pessoas que não sabem ver a nobreza de caráter e cortesia que tinha o rei Jaime I.

O rei disse a Wali que não temesse, já que estava em seu poder e, por isso, sua vida não perigava, e ordenou a dois bons Cavaleiros que o custodiassem, voltando o rei para a Almudaina pactuando ali a rendição desta.

Iniciou-se então um período de partilha que durou até a Páscoa, coisa que desgostava em grande parte a D. Jaime, conhecedor do fato de que para as montanhas tinham fugido uns 30 mil muçulmanos e que se aumentassem as fortes chuvas, muitas vidas custaria depois para lhes vencer. Durante esse tempo houve pelo menos dois motins importantes na cidade produzidos pelos mesmos cristãos, e ambos relacionados com que os vencedores não queriam aceitar como pagamento o que lhes dava, se não pagassem a eles o que acreditavam ser justo.

Teve o rei que proteger todo seu haver no Castelo dos Templários, pois temia ser roubado, antes de ir reprimir os motins.

Isso demonstra a grande confiança que o rei tinha por dita Ordem para lhe deixar em custódia toda a riqueza de que dispunha.

A cidade estava cheia de cadáveres e isso podia supor um sério problema, pois se poderia ocorrer uma epidemia. Dessa forma, os prelados e sectários decidiram no conselho prévio que se realizou oferecer mil dias de perdão por cada cadáver que se tirasse fora da cidade, e tanto foi o zelo do exército por conseguir tanta indulgência, que em poucos dias a cidade ficou limpa e os cadáveres foram enterrados e queimados no campo.

Logo lhe tocou o turno à partilha e assinalamento das porções. Como os moncadas haviam falecido em combate, foram substituídos por D. Ramón Berenguer e D. Ramón Alemany, e ao primeiro número se adicionaram D. Jaime da Urrea e D. Pedro Cornel.

Sobre este tema nos ateremos nada mais às porções que couberam ao rei e aos Cavaleiros Templários, pois o restante das repartições se podem encontrar no *Llibre del Repartiment* (Livro da Partição) e não é nossa intenção escrevê-lo de novo.

Pois bem, deram ao rei 15 casas maiores e algumas a seus funcionários, os Templários. Ao rei mesmo lhe coube 1.482 casas habitadas, 494 inabitadas, 24 fornos, 17 hortas, 320 ateliês ou lojas e dois dos melhores banheiros públicos. Uma rica porção da que também teve de recompensar os Templários.

Resumindo e para que compreendamos quão agradecido estava o rei D. Jaime I com a Ordem dos Cavaleiros Templários, tão somente dirão que além da fortaleza, casas, fornos e demais que coube aos Templários na cidade, o rei lhes concedeu desde o Soller até a Alcudia, em total 122 alqueires, 525 Cavalarias, 365 casas e 54 ateliês.

Podemos imaginar por isso qual teve de ser o valor e jogo de tão valentes Cavaleiros, bem como a grande mortandade que causaram entre a morisma para que o rei os premiasse como o fez.

Sobre a retomada, acrescentaremos que esta não se finalizou formalmente até um ano depois, no total de 14 meses, já que se combateram os muçulmanos que se refugiavam principalmente nos Montes do Soler e Almaluig (alguns na Arta), onde havia mais de 3 mil soldados escolhidos com 30 Cavaleiros ao mando de Xuard ou Xuaip, até que finalmente foram mortos ou feitos prisioneiros.

Sobre este ponto, Desclot estima que a retomada da Maiorca custou aos muçulmanos 50 mil mortos e 30 mil prisioneiros, no mínimo.

Nenhuma outra Ordem participou tão ativamente como o fez a Ordem do Templo durante a retomada. Não obstante mencionaremos dois pontos que considero de importantes:

1) Entre Palau e a porta do Templo havia uma porta que recebia o nome de "Calatrava"; diz-se que recebeu dito nome porque entraram os cristãos por essa parte com seu Capitão e que, por ser este Mestre daquela religião, lhe puseram esse nome.

2) Sobre a Ordem dos Hospitalários ou de Malta, diremos que depois da retomada se apresentaram ditos Cavaleiros ao rei e lhe solicitaram que, para evitar a vergonha de não ter participado da conquista da Ilha, tivesse a bem lhes doar algo, e o rei, movido pela falta

de Cavaleiros ou por seu bom coração, lhes concedeu a igreja de São João e a Praça de Arsenais, assim como algumas hortas para sua manutenção.

Escudo da Ordem dos Cavaleiros Hospitalários

A respeito, encontramos na *Miscelânea Pascal VII*, p. 48:
"Fundaram também nesta capital os Cavaleiros da religião de São João (Malta) no Arsenal, lugar que lhes deu para dito efeito o rei D. Jaime, por não ter chegado a tempo da retomada (em 14 meses) com algumas alquerias, para sua manutenção".

Também vemos na *História das Ilhas Baleares*, vol. 12 – escrita por Paulo Piferrer e José Maria Quadrado, p. 198:
"Mas enquanto isso não se deixava vagar o grande ânimo de D. Jaime. À frente das poucas forças que haviam permanecido corria o interior da Ilha; acolhia e herdava dos Cavaleiros Hospitalários (Malta), que vieram a lhe oferecer suas espadas".

Também vemos o que J. G. Atienza, em seu livro *A Mística Solar dos Templários*, na página 312, nos diz a respeito:
"Os Hospitalários chegaram tarde e tiveram que mendigar prendas que não ganharam na luta".

É tudo o que encontramos a respeito desta Ordem que tanto soube beneficiar-se da Ordem do Templo, quando chegou a supressão desta.

A partir do ano 1232, tomou posse da fortaleza da Gomera o comendador da Ordem do Templo, Fr. Ramón Serra, e a partir daí vemos que o Templo foi Fortaleza e Arquivo dos reis maiorquinos. Grande teve de ser, pois era enorme confiança que o rei Jaime I tinha depositada em dita Ordem, tal como diz J. G. Atienza;

"Encontramo-nos ante um fato surpreendente; um rei que deveu virtualmente toda sua existência à Ordem do Templo, um rei que recorreu aos Templários em cada instante crucial de seu reinado, um rei que seguiu passo a passo e durante toda sua vida o ideário dos freires que lhe educaram nos anos cruciais de sua infância, um rei que se comportou tal qual – ou quase – como os Pobres Comilitones do Templo do Salomão esperavam".

Como também aponta Engrasia Alsina Prat, em *Jaime, o Conquistador, e sua Relação com os Santos Lugares*:

Não podemos esquecer a infância e juventude do Conquistador, educado pelos Templários; conheceria perfeitamente a História das Cruzadas sucessivas que levaram a tantos reis, magnatas e cavaleiros a lutar pela conquista de Jerusalém.

Pessoalmente penso que o rei estaria diretamente condicionado por eles, prova disso é que lhe acompanharam durante toda sua vida e a cada uma das conquistas que realizou (Menorca, Valência, Múrcia, etc.).

Um último apontamento, a de Balear figurava já na lista das províncias Templárias que se estabeleceu imediatamente depois da oficialização da Ordem do Templo, no Concílio do Troyes (1128) quando faltavam mais de cem anos!

Capítulo VII

Um Rei com Toques de Providência

Durante virtualmente toda a vida do rei Jaime I se vieram produzindo feitos e acontecimentos um tanto insólitos que, em boa medida, refletem toda uma série de elementos maravilhosos ou sobrenaturais que resultariam já insólitos no contexto sociopolítico de outros reinos da Espanha e da Europa.

Vamos tentar recordar todos esses fatos estranhos que marcaram a vida desse rei, um por um e de forma cronológica durante sua infância, adolescência, até a retomada da Ilha da Maiorca:

1) Já em sua crônica nos comenta a forma inabitral de como sua mãe ficou grávida dele, e nos já diz "que o milagre se havia consumado", pois nove meses depois nasceu aquele que teria de ser o soberano rei de Aragão.

2) Imediatamente ao nascer, sua mãe o levou à igreja da Santa Maria, onde estavam cantando matinatas, e ocorreu que, ao passar pela soleira, começaram a cantar o "Te Deum Laudamus".

3) Se por acaso isso não bastasse, quando foi levado à igreja de São Fermín, ao chegar ali ocorreu que estavam entoando o "Benedictus Dominus Deus Israel".

Logo que exposta a campanha da Maiorca e nas Cortes de Barcelona, o monarca começou seu discurso dizendo:

"Como sabem, nosso nascimento foi milagre de Deus", e que estava cheio de conotações salvadoras e de petições de ajudas morais e econômicas.

4) Sobre a forma tão insólita com a que foi eleito seu nome "Jaime" (com o círio que ficou mais tempo aceso).

5) Sobre a Santa Rainha (sua mãe), o que dizer senão o que se acha dito já (ver primeiras páginas do livro).

6) Conta a lenda que em Monção, indo certo dia pelos arredores de "Alegria" com seus mentores, os Templários, o menino rei se encontrou com um pobre ermitão que lhe augurou a maior glorificação do mundo; tomou a espada que levava no cinto o Mestre dos Templários, Fr. Guilherme de Montredó, e que havia pertencido a Cid, e em um remanso do rio a temperou, para depois oferecer-lhe a Nossa Senhora. Esta era a Espada.

Recordaremos também como em tempos da conquista de Valência o rei Jaime I escreveu aos Templários de Monção e lhes disse que solicitava aquela espada, "que havia não só e que era muito boa e venturosa para aqueles que a portavam".

Possivelmente por isso conquistou Valência em quatro semanas, tempo muito curto se o compararmos com o empregado por Cid...

7) Tinha o rei Jaime pouco mais de 10 anos quando se encontrava em Barcelona em companhia do Dominicano catalão Ramón de Penyafort e Pedro Nolasco, quando, segundo conta a tradição, apareceu aos três a Virgem, pedindo que conjuntamente colaborassem na criação de uma Ordem exclusivamente dedicada à redenção de cativos. (A Ordem da Mercê, fundada no ano 1218 por S. Pedro de Nolasco e protegida pela intercessão do Dominicano São Ramón de Penyafort, que a introduziu no reino de Aragão, onde era rei D. Jaime).

8) Estando nas Cortes da Tarragona e enquanto escuta ao Mercado Pedro Martell, sente uma súbita inspiração que o leva a sentir a necessidade de conquistar as Ilhas Baleares, porque "a vontade de Deus não pode torcer-se".

Havia talvez uma chamada subliminar que impulsionou o rei a realizar aquela empreitada?

9) Quase por milagre poderíamos tratar o fato de que encontrando-se somente a 20 milhas da costa e aconselhado pelos encarregados das galeras a voltar para a costa (como resultado de um forte vento do Sudoeste que se havia levantado), o monarca diz:

"Se em nome d'Ele partimos é justo que n'Ele tenhamos depositado nossa confiança para que nos guie".

Quando o vento cessou, e contra todo prognóstico ao amanhecer, a costa maiorquina estava à vista.

10) Já ante os muros da capital de Maiorca, os sitiadores cristãos arremetem contra a cidade com catapultas. Os muçulmanos, para evitar o bombardeio de que eram vítimas, colocam prisioneiros cristãos com os braços em cruz sobre as muralhas e almenas os disparos com as máquinas de guerra, mas não se chega a ferir nem sequer levemente a nenhum dos prisioneiros.

11) No Ano 1230 se afundaram duas galeras nas Praias da Tarragona quando o rei havia justamente terminado de desembarcar; por aquele fato, que ele entendeu milagroso, nomeou a paragem como a praia do milagre.

Berenguer Capotxa tranquilizou-se dizendo:

"Senhor, tanto você ama Deus que em galochas (sapatilhas) poderias andar pelo mar".

12) Mas o maior prodígio ocorreu durante o assalto final à cidade da Maiorca, mas deixaremos que nos conte isso o autor do livro:

"Conforme nos contaram depois os próprios sarracenos, o primeiro a quem viram atacar a cavalo foi um cavaleiro vestido de branco, sobre um cavalo branco e que também levava brancas todas suas armas; por onde estamos na firme crença que aquele deve ter sido São Jorge".

Ele, conforme nos contam as histórias, apareceu repetidas vezes em outras muitas batalhas entre cristãos e sarracenos.

A veneração por São Jorge fixou-se por toda a ilha recém-conquistada; como prenderam os territórios adjudicados aos Cavaleiros Templários quem foi a escolher aqueles enclaves, que tinham sido em tempos muito anteriores zonas de muito especial veneração, e em muitos desses lugares levantaram altares a São Jorge.

Acredito que o leitor estará de acordo comigo em minha observação sobre que à vida do rei D. Jaime seguiu uma série de acontecimentos místicos e paranormais. Também manteve uma estreita relação com os Templários e não só durante a conquista da Maiorca ou o período prévio a esta, como também depois; sem mais, basta recordar uma ocorrência que houve quando o rei se dispunha a atacar a cidade de Valência em companhia de seus fiéis Templários e os Nobres que lhe acompanhavam quando, de repente, um morcego pousou sobre o estandarte real; por isso o rei tomou aquele sinal como um bom agouro. Tenhamos em conta que morcego em árabe se escreve: KHUFFASH e esta palavra é derivada da raiz K.H.F.S.H., que significa derrocar, avassalar. E seu significado sufi é "tutelada que só se ve de noite".

Possivelmente, o rei D. Jaime tinha conhecimentos iniciáticos adquiridos de sua relação com os Templários, talvez não, mas é estranho que justamente um morcego vá pousar no estandarte real com o imenso estrondo que haveria ali naqueles momentos justo antes de começar a tomada da cidade, não lhes parece? Porém, mais estranho resulta saber que em cima do rei lhe pareceu algo fantástico, maravilhoso diria eu.

Capítulo VIII

A César o que é de César

Falou-se muito, bem e mal, do rei Jaime I, que tratamos no momento neste livro: sua infância, adolescência, dotes de guerreiro e sua condição mística e religiosa. Acredito também que teríamos de tratar de uma parte dele que considero vital para arrancar essas teias de aranhas de dúvidas que com o tempo se podem ter formado nas mentes de algumas pessoas, por falta de tempo ou simplesmente porque se conformam com o primeiro que lhes expõem, aceitam tudo sem comprovar sequer a veracidade do texto ou dos feitos que ali se expõem, além de ser algo que considero vital para aprofundar no argumento deste livro: estamos falando do Cavaleirismo.

Acredito que, como já tratamos em um compartimento anterior deste livro, existiram alguns cronistas que trataram de nos mostrar o rei D. Jaime I com certos ares de agressividade e crueldade mais próprios da mente retorcida de um fanático obsessivo que de um nobre e cavaleiro.

Tal é o caso de alguns escritores que nos falam ao citar um caso de seu cruel comportamento com o chefe de Maiorca, justo depois da conquista, mas nós não podemos fechar este capítulo do livro sem demonstrar, ou quando menos deixar perseverante nossa desconformidade ante alguns testemunhos que a nosso entender são falsos.

O primeiro que temos de ter em conta é que tendo sido tomada a cidade, derrotado o líder e todo seu exército e lhe havendo confiscado tudo que possuía, que necessidade tinha o rei Jaime I de torturar o líder durante 45 dias?

Pela morte dos moncadas, talvez?

Penso que ele ter visto morrerem 50 mil muçulmanos já era suficiente pagamento para 50 ter de torturá-lo, mas a meu favor, devemos pensar que quando se vai à guerra a possibilidade de morrer em combate é muito alta e esses Cavaleiros eram conscientes disso em virtude de sua experiência em outras batalhas.

Além disso, estamos falando de um rei que sempre teve gestos de nobreza e humildade com todo aquele que o necessitasse e que, em muitas ocasiões, demonstrou ter um grande coração ao tratar ou ao falar de pessoas que possivelmente, e a nosso entender, não mereciam essa deferência. Citaremos, por exemplo, a forma em que recorda e fala de seu pai em sua crônica "Os Fatos":

"Foi o monarca mais generoso, mais cortês e mais afável que tivesse havido na Espanha".

E recordemos que Pedro II teve um comportamento nefasto com seu filho, já que este foi de abandono total, para não falar já da disposição de entregá-lo em custódia a Simão de Montfort e de arrebatar-lhe a sua mãe, Maria de Montpellier.

Também foi Jaime I um rei que jamais sentiu uma inimizade obsessiva ou ódio contra os judeus ou os muçulmanos, sempre levando o melhor que pôde para uns e outros, possivelmente "dando uma de cal e outra de areia", mas recordemos, por exemplo, sua boa relação com o hebreu Azac ou o fato de que permitisse e protegesse a um gueto justo ao lado da Casa do Templo em Maiorca (o bairro de judeus), ou seu comportamento com o muçulmano Ben Afeet, aquele árabe que proporcionou comida aos cristãos enquanto sitiavam a cidade de Maiorca e ao qual logo chamou de "Anjo".

Ou seu apoio e intercessão pelo judeu Nahmanides, cérebro importante do *Call* de Girona, quando o rei D. Jaime recebeu a bula papal *Turbato Corde*, que lhe mandou o Papa Clemente IV exigindo que castigasse o rabino por haver-se expressado livremente.

E não esqueçamos que embora finalmente atacasse e tomasse a cidade de Maiorca, ele, rei Jaime, estava disposto a aceitar as condições que lhe ofereceu o xeque árabe de R$ 8 por pessoa que houvesse dentro do lugar sob a condição de que voltassem para Barcelona, para evitar o descontentamento e a discussão com D. Nunó e o restante de quantos nobres esse dia se reuniram com ele para tratar o tema e que estavam desejosos de vingar os Moncadas.

Prova de seu querer em dar-se bem com os muçulmanos foi a forma como o conquistou a Ilha de Menorca, já que não se derramou sangue e permitiu que sua gente vivesse nela, como o tinham feito até a data do prévio pagamento de tributos e rendas anuais.

E por último recordaremos o fato de que Jaime I navegou e combateu com homens de origem ocitana, com os quais manteve sempre uma estreita relação de amizade. Para citar alguns deles recordaremos:

• Berenguer Durfort, de linhagem albigense, que figura como Battle de Maiorca no ano 1239.

• Berenguer Martí que era soldado do Conde do Bearne e parente próximo do bispo Cátaro Bernat Martí (que foi queimado pela inquisição no ano 1240), a quem lhe foram entregues terras na comarca de Soller.

• Também encontramos ao padre Arnau de Barberá, Jordá de Caramany, marido de Ciurada de Caramany, que foi imolada no Camp dels Cremats do Montsegur, um Dalmau da Barbera e um Jaspert.

Estudando a história de Maiorca, deparamo-nos com uma particularidade que nos dá o que pensar; já que nos encontramos com o sobrenome ocitano Escafre, o qual se documenta na ata a partir da retomada no XIII, e faço insistência neste fato que um Bernat d'Escafre era procurador da Casa do Templo no ano 1180.

Também temos um Amiel do Rieusech que ingressou nas filas do Templo, e não podemos nos esquecer do primeiro Comendador pela Casa do Templo em Maiorca, que era Fr. Ramón Serra, parente do padre Serra, natural de Montpellier.

Por último, devemos recordar que durante muito tempo e em muitas igrejas e povos de Maiorca, sentiu-se uma especial devoção pelos santos: Santo Cabrit e Santo Bassa, heróis mitológicos que impregnaram fundo em muitas partes de Maiorca conquistada e sequer bispos, como João Diaz Guerra (1773) puderam fazer valer sua opção bolandista, já que os maiorquinos haviam escolhido seus intermediários e santos celestiais.

Penso que fica claro que tanto o rei Jaime I como o Templo não só tiveram uma muito estreita relação e convivência, como também além disso, tiveram ideais sociopolíticos-religiosos idênticos, embora ao rei as circunstâncias políticas e certamente sua missão transcendente levassem-no a uma série de conquistas territoriais. Também resultam muito evidentes sua simpatia, tolerância e suas boas relações humanas com muçulmanos e judeus ao longo de todo seu reinado, além de um profundo respeito para com os membros das outras religiões, coisa que também ocorreu com a Ordem do Templo.

Acredito que ficou claro e demonstrado que o rei era Cavaleiro, religioso e um excelente guerreiro, e penso que com essas três facetas existiram em muitos Cavaleiros da Casa Sagrada do Templo, para não dizer nem todos.

Capítulo IX

A Conquista da Menorca

Não podemos terminar esta parte do livro sem falar de como foram conquistadas outras ilhas do arquipélago Balear.

Consideramos que ao dar a conhecer estes fatos, sobretudo no que a Menorca se refere, entenderemos mais claramente por que, ao tratar do rei Jaime I, fazemos uma clara perseverança de seu Cavaleirismo e de que não só era um bom combatente, como também um bom estrategista.

Ao conhecer as técnicas que empregou para a conquista da Menorca nos precavemos de forma imediata de sua capacidade como rei, que amava a seus súditos e, acima de tudo, preferia as boas relações, antes de ter que desembainhar a espada.

Corria o mês de maio do ano 1232 e, por essas épocas, o rei Jaime I se encontrava em Barcelona quando recebeu a visita dos dois caudilhos que tinham deixado na Ilha de Maiorca para que a governassem em seu nome.

Ambos os caudilhos comunicaram ao rei que um grupo de uns 2 mil sarracenos, que se refugiavam e resistiam nas montanhas de Maiorca, tinha prometido render-se, mas essa rendição só aconteceria ante o próprio rei Jaime I.

Persuadido o rei de que devia voltar a Maiorca, para conseguir a total rendição da Ilha, decidiu fazê-lo, e partindo do Porto de Barcelona embarcou com destino à ilha, à qual chegou em três dias com uma pequena frota composta por três galeras, entrando pela parte de Levo. Ao chegar à terra, o esperava toda a população da cidade.

Conforme diz o historiador e escritor Marsilio, com respeito aos 2 mil sarracenos que tinham sido entregues ao rei, este dispôs que alguns ficassem para povoar a terra, embora em qualidade de cativos do Soberano, dispersou outros pondo-os em pública venda, outros cedeu a todos aqueles que tinham ganhado sua avaliação, por seus serviços ou pelos fatos de armas.

Muitos desses árabes se submeteram naquele momento e aqueles que o fizeram, em princípio, foram os que se batizaram e que com o tempo se emanciparam e mesclaram-se com as classes mais pobres do povo, chegando a desaparecer seus restos por mais de um século, pois os escravos que o século XIV se empregavam tanto no cultivo como em ofícios mecânicos, por serem arrivistas.

Depois da entrega ou distribuição dos 2 mil árabes que se renderam, Fr. Ramón Serra, que era o Comendador da Ordem do Templo, propôs ao rei Jaime I que, aproveitando as três galeras com as quais tinha chegado a Maiorca, podiam tentar a conquista e rendição da Ilha da Menorca.

O rei aceitou, não sem antes consultar D. Pedro Maça e D. Assalit de Gudal e o de Santa Eugênia. Todos acharam genial a ideia e engenharam um plano para valer do espanto que causariam aos menorquinos para assim conseguir sua rendição.

Preparou-se uma carta para o almoxerife da Menorca, carta que escreveu em árabe ao judeu Salomão que era irmão do D. Bachiel; depois de escrevê-la embarcou para Menorca junto a D. Berenguer, Comendador do Templo, Ramón Serra e D. Assalit.

Enquanto isso, o rei se dirigiu ao cabo de Pêra, para cumprir com sua parte do plano e esperar notícias da embaixada que tinha partido a Menorca.

A embaixada do rei Jaime chegou no dia seguinte à cidadela onde foram bem recebidos pelo almoxerife (uma espécie de prefeito que governava toda a ilha, embora ao que parece Menorca estava dividida em quatro distritos que eram governados por quatro xeques menorquinos, *Sahibs* ou prefeitos dos respectivos distritos do Hasn-Ao-Fuda-Torre Llejuda, Benifabin, Benisaida e Alcayor, conhecido hoje como Alayor; estes quatro distritos outorgavam sua vassalagem à cidadela, que era a população principal da ilha e onde residia o almoxarife ou prefeito e demais autoridades).

Acomodados em uns divãs que os menorquinas tinham colocado na praia, procederam a ler a carta do rei Jaime I, em que solicitava a rendição da Ilha e o pagamento de um tributo anual. Depois de escutar o escrito no mais profundo silêncio, responderam os mouros que tinham de meditar a resposta e solicitaram um dia de prazo.

Os embaixadores do rei foram convidados pelo almoxarife a entrar na cidade, mas se desculparam e o almoxarife não quis insistir e lhes enviou dez vacas, cem carneiros e 200 galinhas, além de pão e vinho e tudo aquilo de que pudessem necessitar as tripulações.

Chegou a noite e de repente na escuridão desde a Menorca se viam acendendo umas enormes fogueiras no Cabo de Pera da vizinha Ilha da Maiorca.

Os menorquinos sentiram ansiedade pela grande quantidade e intensidade das fogueiras e mandaram ao acampamento cristão que estava na praia dois anciões para que perguntassem aos embaixadores reais se sabiam algo daqueles fogos.

Os embaixadores, depois de recebê-los e escutá-los, responderam que eram as tropas reais que estavam acampadas no Cabo de Pera e que impacientes esperavam a resolução dos menorquinos para saber se tinham que tomar ou não a cidade.

Essa resposta espantou os ilhéus, já que os fogos confirmavam o escrito na carta e se deram conta de que somente havia de escolher entre a rendição ou a guerra e esta última opção não lhes parecia muito acertada, tendo em conta a sorte que sofreram no assalto seus irmãos de Maiorca.

Os menorquinos se apressaram em suas deliberações e no dia seguinte, depois das rezas da manhã, saíram o prefeito da cidade, de nome Said Ben Alhakem Abu Otmán, o Korasi, o almoxerife, o conselho e 300 dos principais.

Depois das apresentações, os mouros começaram a comentar sobre a pobreza da ilha, seguidamente reconheceram por seu senhor o rei Jaime I, e seus sucessores, e após comentar o pouco que a terra lhes dava, disseram que a compartilhariam com o rei e prometeram entregar cada ano, a modo de tributo, 3 mil maços de trigo, cem cabeças de gado maior e 500 de menor. Além disso, os embaixadores acrescentaram uma cláusula em que os menorquinos se comprometiam à entrega da praça e demais agrados sempre que o rei os pedisse, estendeu-se e assinou a ata do convênio ao que D. Assalit fez incluir dois quintais de manteiga e 200 estrados para o transporte do gado, depois que todos os mouros principais fossem jurando sobre o Corão seu compromisso de cumprir o convênio. No dia seguinte, as três galeras voltaram para o Cabo de Pera onde se encontrava o rei Dom Jaime I com tão somente seis Cavaleiros, cinco escudeiros, dez de sua servidão e os troteiros. Este era todo o exército que o rei Jaime I tinha ali e não aquele grande exército que tinha feito acreditar, embora para isso se dedicou a pegar fogo em mais de 300 paragens e matagais e continuou acendendo fogueiras inclusive nos dois dias seguintes, já que demoraram para voltar as galeras que lhe traziam as boas novas.

Em pouco tempo chegaram os enviados dos menorquinos à Ilha da Maiorca e, ratificando o convênio, prestaram juramento e comemoração ao rei.

E dessa forma tão engenhosa se deu por finalizada a conquista da Menorca. Isso deve demonstrar e ratificar nossa afirmação ao dizer que o rei Jaime I, longe de ser um guerreiro sanguinário e sem escrúpulos, era um grande estrategista e gostava de respeitar seus súditos, inclusive sendo estes de outras civilizações, embora sua religião fosse considerada como de "infiéis" pela religião católica e, portanto, inimigos da cristandade.

Na Ilha de Menorca tão somente temos perseverança de duas possíveis casas que pertenceram à Ordem Templárias; são:
• Santa Catarina.
• Curniola.

Capítulo X

O Ocaso

Quando em Maiorca a Ordem do Templo estava em seu pleno apogeu (já reinando Jaime II, filho do Jaime I), chegaram umas cartas procedentes da França que acusavam os Templários de apostasia, blasfêmia, heresia e idolatria, entre outras coisas. Essas cartas enviadas por Felipe IV, o Belo (rei da França), chegaram para turvar a honra e o poder daqueles Cavaleiros. Além do que, o rei Felipe IV exortava ao rei Jaime II (rei de Maiorca) que seguisse seu exemplo e fizesse com os Templários de Maiorca o mesmo que fazia com os da França.

Mas Jaime II, pouco convencido das razões que lhe expora o rei da França, respondeu por carta a este dizendo que em modo algum procederia à detenção dos Templários de seu reino e que somente tomaria iniciativas nesse sentido se lhe ordenasse o Papa.

Não obstante, sabemos que o rei de Maiorca, Jaime II, tinha tomado já suas precauções algum tempo antes de se produzir a detenção dos Templários da França, pois já em janeiro de 1306 se preocupou em nomear Pedro Vive como Bailio do rei no grupo dos Templários, tudo isso em um intento de separar de forma preventiva a Ordem do Templo da administração de bens e jurisdição. Poderíamos assegurar que a Ordem do Templo nessa época e ante sua comprometida situação obedeceu à vontade real sem opor objeção alguma, procurando permanecer na expectativa de tudo o que acontecia na França.

A Ordem entendia que não era o momento de ser arrogante nem de reivindicar seus direitos, já que o rei Jaime II dava a entender por suas ações e comportamento que estava de parte dos Cavaleiros Templários e isso lhes dava segurança, além de que estavam convencidos de que todo esse "embrulho" ao final se clarificaria de forma favorável com o tempo, mas não sabiam que sua sorte já estava arremessada.

Chegado o dia 22 de dezembro do ano 1307, o Papa Clemente V tinha escrito a todos os soberanos da Europa, dando recomendações claras para que em cada reino se procedesse à detenção dos Templários e que todos seus bens fossem expropriados até que finalizasse o processo.

Quando Jaime II recebeu o escrito do Papa Clemente V, viu-se obrigado a seguir as instruções que indicava o documento e teve por isso que fazer a Ordem de detenção contra todos os Cavaleiros do Templo de seu reino.

Os bens dos Templários foram expropriados e todos seus privilégios anulados, tudo aquilo de que eram possuidores em Maiorca passou a ser de custódia real, enquanto os Cavaleiros acusados daqueles falsos delitos eram capturados e encarcerados em várias fortalezas da Ilha.

Não tiveram a mesma sorte os Templários de Maiorca, Catalunha, Aragão e Valência, como seus pobres confrades da França, já que estes últimos foram tratados com sanha e lhes aplicou tortura sem contemplação. Por sorte a causa dos Templários do Reino do Jaime II foi submetida por causas de jurisdição às decisões do Concílio provisório da Tarragona, convocado em 1312, para decidir e elucidar sobre a inocência ou culpabilidade dos Cavaleiros. Depois de escutar uma e outra vez os interrogatórios e depois de muitas deliberações, no dia 4 de novembro de 1312, o Concílio reunido em sessão plenária e presidido pelo senhor arcebispo de Tarragona Guillén do Rocaberti declarou que depois das investigações realizadas tinham encontrado os Templários inocentes de todas as acusações e crimes imputados, dando ordem para que fossem postos em liberdade e fosse dado asilo nas mesmas dioceses onde antigamente haviam possuído bens e durante o tempo que o Papa determinasse.

Todos os Cavaleiros do Reino do Jaime II foram postos em liberdade, mas a sentença exculpatória do Concílio da Tarragona não interferiu em nada na decisão adotada meses atrás no Concílio de Viena sobre a dissolução da Ordem.

Em Portugal também foram encontrados inocentes e foram absolvidos de seus cargos, criando uma nova Ordem de tipo religioso-militar que acolheu a todos os Cavaleiros Templários daquele país. Essa nova Ordem ficou conhecida como a Ordem dos Pobres Cavaleiros de Cristo (primeiro nome que receberam na história os Templários), que contou com o apoio e o beneplácito do rei Dionis (de Portugal).

No Reino da Navarra, os bens da Ordem passaram à Ordem de São João de Jerusalém (Hospitalares e Malta); em Castilha saíram beneficiadas as Ordens do Santiago e Calatrava; em Aragão se repartiram os bens entre os Hospitalários e a nova e recém-fundada Ordem da Santa Maria de Montesa.

No Reino da Maiorca, o rei Dom Sancho, sucessor de Jaime II, fez entrega dos bens Templários à Ordem do Hospital (Malta), no dia 20 de abril de 1314, mediante um documento de "transação e concórdia" outorgado pelo notário do rei Dom Sancho, Dom Lourenço Plasencia, ao Comendador do Caspe da Ordem do Hospital, Fr. Arnaldo Revesti.

A Ordem dos Hospitalários deu acolhida no seio de sua Ordem à maioria dos Cavaleiros do Templo que ficaram pulverizados pelo mundo ocidental (embora não devamos nos esquecer de que na Alemanha muitos Templários ingressaram em outra Ordem muito similar, a do Templo, e esta era a Ordem dos Cavaleiros Teutônicos). Na Espanha, em troca dos bens recebidos, se comprometeram a pagar rendas anuais à coroa e exercer as mesmas funções de tipo militar que vinham desempenhando até a dissolução da extinta Ordem do Templo.

Dessa forma se fechou em Maiorca um período histórico de quase 80 anos em que os Templários tiveram domínio de grande parte de Maiorca. Da história dessa Ordem e do legado que nos deixou já não fica muito, para falar a verdade, pois o passo inexorável do tempo e o pouco zelo e cuidado demonstrado por muitas pessoas quase destruíram grande parte do que um dia foi propriedade de tão maravilhosa Ordem.

Capítulo XI

Pergaminhos de História

Não obstante e porque tal região pertenceu por inteiro ao Templo, na Pollensa é possivelmente onde mais testemunhos encontraremos dessa interessante Ordem, além de uma riquíssima documentação, contida no Arquivo Municipal desse belo povo que nos traz a fiel lembrança e o cotidiano daquela época dos Cavaleiros do Templo.

No Arquivo Municipal da Pollensa podemos encontrar alguns documentos antigos que datam do ano 1298, que se tenham compreendidos no livro de atas da Cúria do Templo e fazem referência a redenções, compras, vendas, censos, pagamentos, etc.

Também encontramos um pergaminho do ano 1305 que nos dá testemunho de algo que mencionamos anteriormente: o transpasse de umas propriedades que pertenciam ao Templo e a uns particulares.

Todavia, temos de mencionar que houve um tempo em que esses arquivos foram ainda muito mais ricos no que há de documentos do Templo, mas a mão desgovernada do homem, por desgraça, e como esta acostumado a ocorrer, em muitas ocasiões foi minguando e destruindo seus estoques. Tampouco esqueçamos que a má conservação e o efeito da umidade e as goteiras deixaram ilegíveis muitos desses documentos. No ano 1910, conforme assegura Jaime Lladó em seu catálogo da seção histórica, que nos fala da Cúria dos Templários e dos Hospitalários do Arquivo Municipal da Pollensa, o arquivo sofreu uma imperdoável perda:

"Um mau dia ao anoitecer cerca de 12 (!!!) carros foram apostados perto da janela da dependência onde havia o arquivo e por ela foram arrojados livros e papéis até enchê-los; não se soube nunca nem com que ordem, nem onde foram parar aqueles livros e papéis".

*Soberana Ordem Militar e Hospitalar
de São Lázaro de Jerusalém*

Graças a Deus isso é parte seja de uma lamentável história, seja de que na atualidade esses arquivos são motivo de uma especial e cuidada atenção por parte da prefeitura e dos organismos oficiais, valha de exemplo dizer que hoje um grupo de peritos profissionais procede à ordenação, classificação e colocação da imensa maioria dos documentos que ali se encontram.

Não podemos nos esquecer de que a consciência dos cidadãos e as formas de pensamento trocaram ostensivamente e para bem, tal é o caso de muitos particulares que possuíam documentos de grande importância e valor por sua antiguidade e tiveram a amabilidade de doá-los aos arquivos existentes em distintos povos da ilha, como, por exemplo, o acontecido na vila de Manacor, onde uma pessoa fez entrega de uns cem documentos escritos pela Casa Sagrada do Templo.

Essas ações são as que nos ajudam a conhecer, mais e melhor, muitos aspectos daquela agitada história e a entender mais o comportamento dos protagonistas deste livro, os Cavaleiros do Templo.

A meu ver, já em muitos dos documentos da metade do século XIII, como o assinado pelo Capelão do Templo, "Capellanus pró domo Templi", indica-nos que os Templários intervinham nos assuntos paroquiais, que, como é lógico, estão intimamente ligados aos civis. Isso originou muitos problemas com os temas de jurisdição episcopal e, consequentemente, com seu representante, o Pároco.

É por isso que o bispo D. Ramón de Torrella delegou ao professor Pedro Cônego para que tratasse esses temas com o Fr. Pedro do Montoliu, que era o Lugar-tenente da Pollensa (quem controlava Pollensa em nome do Comendador que residia em Palma) sobre os dízimos que cada um devia perceber, chegando ao final até aceitável acordo para ambas as partes.

É graças a esses documentos que sabemos que em Maiorca procedeu-se com mais prontidão que em Aragão a prisão dos Templários, já que o rei Jaime II separou preventivamente os processados da administração de seus bens e do exercício de sua jurisdição. Isso, ao que parece, originou sérios enfrentamentos no início das capturas, pois em novembro de 1306 o Vigário Fr. Ferrer de Seja, que estava à frente da Paróquia da Pollensa, comentou em um jornal:

"*Fonc deposat l'ordre dels Templers e moriren a major part a má mort e degollats, per o grande pecat que ab ells era*" (*VI Idus novembris – 1.306 – Asecuravit R Cerdani filius R. Cerdani do Valig Domino Fri. Ferrario de Seja Vigário Ecclesie Pollentie quod ipse solvet dito vigário vell illi vel illis cui vells quibus ipse vicarius cognoscet illas omnes injuria in quibus dictus vicarius scit teneri Mariam etc.* (Livro de Inquisições do Templo).

Embora da mesma forma temos que indicar, como também comenta o escritor Pere March, sem descartar alguma morte violenta dentro de algum foco isolado de resistência nos primeiros dias de confusão, a grande maioria dos Templários Maiorquinos se entregaram, foram aprisionados e sofreram torturas (seguindo as diretrizes do Papa), porém não conseguiram qualquer confissão de nenhum dos pecados que lhes imputavam, por isso não se acendeu nenhuma fogueira expiatória e inocentes foram absolvidos, e, assim, puderam reintegrar-se em outras irmandades, sob a condição de somente realizar em trabalhos de tipo religioso e não militar.

Ainda que não se acenderam fogueiras em nosso reino, como aconteceu na França, a avareza de nossos monarcas foi similar à de Felipe IV, o Belo, já que se reservaram uma terceira parte dos bens do Templo, até tal ponto estavam obcecados aumentando o patrimônio real que em um documento datado em 15 de julho de 1313, o Papa Clemente V, teve de "perdoar" o rei Sanç da Maiorca por ter retido posses templárias em prejuízo dos Hospitalários e indiretamente do Bispado.

Prova de que não foi tão mal aos Templários da Maiorca como os da França e de que o rei Jaime II sentia simpatia por essa Ordem é o fato de que em 1309 o rei da Maiorca pediu ao de Aragão que fosse trasladado a sua Ilha o Lugar-tenente Geral do Mestre de Aragão e Catalunha Fr. Raimundo Zaguardia, que, depois de haver-se rendido no Castelo do Miravet, havia ficado detido nele, depois conduzido a Lérida, dali outra vez a Miravet e, por fim, a Barcelona.

O rei de Aragão pediu licença ao Papa e, conseguida, acessou logo a petição de nosso monarca, fundada em que tinha sido Comendador do Masdeu, encomenda de Rosellón e, por isso, pertencente ao Reino da Maiorca.

Graças aos arquivos existentes tem-se podido verificar que um sacristão da Igreja de Maiorca de nome João de Burgundi foi o encarregado de averiguar que delitos tinham cometido os Templários em Maiorca e que, por esta razão, lhe mandaram pagar algumas dívidas.

Como este reino era feudo de Aragão, os Templários Maiorquinos ficaram sujeitos à disposição e sentença do Concílio da Tarragona de 1312.

O Papa Clemente V convocou para o Concílio de Viena nosso bispo, mas, não podendo acudir este no início do chamado Concílio, delegou poderes sobre a pessoa de Simão de Saxano, que era Cônego de Gerona; isso aconteceu em 14 de maio de 1311.

Chegando o dia 22 de março de 1312, o Papa Clemente V suprimiu a Ordem dos Cavaleiros Templários com 99% dos prelados que foram a esse Concílio contrários a que a Ordem fossa suprimida, já que dos 300 que acudiram somente três votaram pela dissolução da Ordem, (dois franceses e um italiano).

Todos os bens que possuíam os Templários em Castilha, Aragão, Portugal e Maiorca passaram à disposição em um primeiro momento da Santa Sé, embora, como já havíamos dito, em Portugal logo passariam à Ordem dos Cavaleiros de Cristo e na Castilha e Aragão se repartiram entre as Ordens de Montes, Calatrava e Hospitalaria. Esta última foi beneficiária, ao final, dos bens que o Templo tinha no reino de Maiorca, não obstante teve que litigar muitíssimo a Ordem dos Hospitalários para receber em Maiorca o que a Santa Sé lhe tinha outorgado, já que o rei D. Sancho seguiu administrando pelo procurador Jaime Saig (o mesmo que administrava esses bens quando reinava Jaime II, que faleceu em 1311) os bens do Templo em Maiorca; quando os Cavaleiros Hospitalários (atual Ordem de Malta) solicitaram-lhe a entrega desses bens acolhendo-se à decisão da Santa Sé, o rei se negou alegando que tais rendas perteciam à coroa, já que eram bens reais que tinham sido entregues como pagamento dos serviços feitos durante a retomada à extinta Ordem do

Templo, por isso entendia que, ao ficar a Ordem extinta, esses bens passavam de novo à mão da realeza. Assim mesmo compreendia com as baronias que os Templários tinham de Ramón Alemany, Guilherme de Claramunt e de Moncada, ao ser feudos da coroa por e não ter nem o selo ou a assinatura nem seu consentimento, também lhe pertenciam por ter tido em confiscação e que o mesmo ocorria com outros prédios, alquerias e enclaves que a extinta Ordem do Templo tinha em Maiorca.

Por outra parte, o Comendador da Ordem dos Hospitalários alegava que os Cavaleiros do Templo obtiveram os citados bens por concessão real e por graça e doação do rei Jaime I, e que o mesmo ocorria com as baronias citadas anteriormente, já que estas tinham sido entregues ao Templo com assentimento real, e que tudo isso aconteceu aos "idos de junho de 1242". Além disso, todos os bens foram entregues à Ordem do Templo com franqueza e imunidade, e como tudo o que possuía o Templo pertencia à Santa Sé, por ser esta a quem prestava contas, era direito do pontífice dispor desses bens a favor da Ordem dos Hospitalários.

Esses litígios finalizaram com um pacto de concórdia entre o rei de Maiorca, D. Sancho, e o Comendador dos Hospitalários *Fr.+ Arnaldo de Estar,* acostumado (Comendador do Caspe) a 12 das Kalendas de março de 1314.

Não obstante, temos de fazer constar que existiram alguns problemas, mesmo depois da assinatura do pacto de concórdia, pois a 16 das Kalendas de outubro de 1314 (que é o mesmo ano em que se assinou o pacto), ainda vemos como o Procurador Real Bernardo Saig formalizava públicos instrumentos de vendas de alguns bens que os Templários tinham em Maiorca:

"*Bernardus Saig procurator Ilmi Domini Sancti Dei Gratia Regis Maioricarum qui hec laudamus salvo jure ipsius domus Templi quondam o successorum ejusdem in onibus et per omnia*" (Pergaminho do Arch. Mimic., 1ª gaveta, 2ª divisão).

Capítulo XII

A Ave Fênix

Dessa forma se extinguiu o poder dessa ilustre Ordem em Maiorca e virtualmente no restante do mundo, embora não quiséssemos finalizar esse assunto sem apresentar nossa alegação por uma revisão do processo que se seguiu contra a Ordem do Templo, já que entendemos que, embora se acolhesse aos princípios jurídicos vigentes, seus fundamentos jurídicos eram tudo, menos concludentes.

Em toda regra o processo que se seguiu contra os Templários foi um atropelo ilegal e um assassinato jurídico, já que não foi revisto o processo prévio e também a causa infringia todas as normas do direito eclesiástico.

O doutor Andreas Beck, em seu livro *O Fim dos Templários*, nos apresenta ao menos 15 considerações que demonstram claramente a ilegalidade desse processo, permitimo-nos refletir sobre algumas delas a seguir, para que o leitor compreenda nosso ponto de vista:

1) Ilegal foi a investigação da Ordem efetuada por oficiais reais e pela Inquisição francesa. O Papa assumiu o procedimento, extinguindo-se dessa forma a jurisdição de órgãos subordinados. Por isso o inquisidor não tinha nenhum direito a entremeter-se em uma atuação papal.

2) Por isso foi ilegal a detenção dos Templários, já que o inquisidor da França carecia de poder para acusar as províncias inteiras da Ordem e, muito menos, para capturar a seus integrantes. Como bem diz o doutor Andreas Beck, ainda quando

Rei Filipe IV, o Belo

a Inquisição francesa tivesse podido levar ante um tribunal indivíduos acusados de heresia, inclusive membros de uma Ordem isenta, o mesmo não era aplicável em nenhum caso a uma Ordem em seu conjunto (temos de ter em conta que somente na França encontram-se culpados). O Grão-Mestre do Templo e o restante do governo da Ordem não eram súditos do rei Felipe IV, da França, senão senhores de um instituto soberano, por isso nem o rei, nem a Inquisição podiam prendê-los.

3) Foi ilegal o primeiro interrogatório efetuado pelos agentes reais, já que se a detenção se realizou em nome da Inquisição (ainda sendo ilegal), tinha poder esta para interrogá-los, e não devemos nos esquecer de que as declarações que realizaram os Cavaleiros Templários ante os juízes foram feitas aplicando-lhes a tortura.

4) Foi ilegal a intromissão da Polícia Real, em um procedimento eclesiástico, principalmente se tivermos em conta que os oficiais reais induziam e obrigavam os Templários a realizar confissões em falso.

5) Foi ilegal a atuação do Papa Clemente V, já que permitiu ao inquisidor Guilherme Imbert fazer durante muito tempo.

6) Foi ilegal que o Papa deixasse atuar o sr. Nogaret, já que este tinha sido excomungado por três Papas (!!!). Como podia eleger-se então como defensor da Igreja???

7) Foi ilegal que o Papa Clemente V não interrogasse pessoalmente o Grão-Mestre Jacques de Molay.

8) Foi ilegal que se nomeasse Aycelin de Narbone ou o arcebispo de Bourges como juízes na causa que se seguia contra os Templários, já que esses juízes jamais podiam ser imparciais, pois eram inimigos declarados da Ordem.

9) Foi ilegal julgar a Ordem só na França, quando o normal era havê-lo feito em sua totalidade, já que em seguida a sentença assim foi aplicada.

10) Foi ilegal a atuação da Igreja ao não permitir a defesa dos acusados. A Igreja tinha a obrigação de ouvir ambas as partes, acusados e acusadores.

Essas e algumas outras acusações foram editadas pela primeira vez em 1992 e são parte de um livro do doutor Andreas Beck, que foi reeditado na Espanha em 1996, sob o nome *O Fim dos Templários*.

Pensamos que a todo o exposto terei de acrescentar que em setembro do ano 2001, encontrou-se um documento em que o Papa Clemente V considera a Ordem do Templo, seus Cavaleiros e seus altos dignatários INOCENTES e os absolvia de toda a acusação de heresia. Esse documento foi escrito e assinado em 1308, mas Clemente V se viu obrigado a dissolver a Ordem do Templo pelas pressões que contra ele exerciam a Igreja e o rei Felipe IV, da França, que lhe ameaçou dizendo começar com o "tema" do Bonifácio VIII, e inclusive provocar um cisma na religião cristã.

Por isso e como mal menor, o Papa recuou e se viu obrigado a dissolver a Ordem do Templo.

Por todo o exposto consideramos que já é hora de a Igreja Católica nos dar um exemplo do que é a justiça e a verdade de Cristo, algo que nos prega continuamente, como também nos prega o fazer o bem; pensamos que o certo é pregar, porém com exemplos. Pois bem, agora sabendo o que pensava Clemente V e quais foram os motivos que o levaram a dissolver a Ordem do Templo, o que esperam? Ou acaso a palavra escrita de punho e letra de Clemente V é suficiente? Acaso todas as injustiças e atrocidades que se cometeram durante esse assassinato jurídico não lhes bastam? Acaso esperar uns 700 anos não lhes bastam?

O nome da Ordem do Templo deve ficar impoluto para que os cristãos sigam acreditando na verdade da Igreja Católica, no Cristianismo e em seus representantes.

Não solicitou a França a reabilitação de sua heroína Joana d'Arc, queimada como herege, à Igreja Católica, e a obteve?

Não pediu Paulo VI perdão aos cristãos de confissão evangélica?

Não foi Pio VII quem aboliu os decretos de Clemente XIV e restabeleceu a Ordem dos Jesuítas?

Não pediu João Paulo II perdão pelos crimes cometidos pela Inquisição e também reconheceu que a verdade e a razão estavam em poder de Lutero?

Por isso e diante desses precedentes, entendemos que o crime perpetrado contra a Ordem do Templo não prescreveu e que esse assassinato jurídico clama por justiça. Aqueles que seguem fiéis aos ensinamentos de nosso Senhor Jesus Cristo devem saber o sentido da palavra de justiça, e que essa justiça está em sua lei, além do reconhecimento da verdade e da inocência da Ordem do Templo.

FIAT JUSTITIA FIAT PAX

Capítulo XIII

Cavaleiros Templários de Maiorca

É graças aos arquivos existentes que podemos ter perseverança de quais foram os nomes daqueles Cavaleiros que viveram em Maiorca, assim como do período em que o fizeram. Acreditamos que é um tema de interesse a todo aquele estudioso da Ordem do Templo, por isso, a seguir, indicamos o nome, o cargo e os anos que estiveram em Maiorca, embora seja certo que nos aproximaremos mais dos Cavaleiros da zona de Pollensa por ser essa a vila onde mais arquivos sobreviveram e porque temos certeza que de Pollensa pertenceu por inteiro à Ordem.

Templários Comendadores de Maiorca no ano em que governavam a Encomenda:

* 1234 – Frei Arnaldo de Cursavel.
* 1240 – Frei Dalmacio de Fonollar.
* 1252 – Frei Pedro Daguer.
* 1253 – Frei Pedro de Agramunt.
* 1254 – Frei Pedro Sanz.
* 1258 – Frei Garcia Xanxo.
* 1260 – Frei Pedro de Montpalau.
* 1262 – Frei Ramón Dê-Bach.
* 1270 – Frei Ramón Bestida.
* 1274 – Frei Bernardo de Rocamora.
* 1279 – Frei Bernardo de Montoliu
* 1284 – Frei Arnaldo de Torrella.

* 1290 – Frei Ramón de Bell-Lloch.
* 1294 – Frei Guilherme Abeyllarz.
* 1298 – Frei Ramón de Miravayls.
* 1299 – Frei Bernardo de Fons.
* 1300 – Frei Pedro de Sant Just.
* 1304 – Frei Bernardo Fesfons.

Lugares tenentes que residiam em Pollensa:

* 1239-1250 – Frei Pedro de Montoliu.
* 1250-1265 – Frei Raimundo de Tayada.
* 1265-1275 – Frei Alberto de Nicolau.
* 1284-1302 – Frei Domingo Algaire.
* 1303-1305 – Frei Martín de Oscha.

Párocos da Pollensa Templários.

* 1252 – Frei Guilherme, reitor da Igreja de Pollensa.
* 1255 – Frei P. Thomas.
* 1257 – Frei Bernardo, Vigário da Igreja de Pollensa.
* 1270 – Frei João.
* 1294 – Frei Berenguer Carbonell.
* 1300 – Frei Ferrer de Seja.

Cavaleiros Templários residentes em Pollensa.

* 1240 – Frei Antônio (capelão).
* 1240 – Frei Bertrán de Boupí.
* 1241 – Frei Raimundo de Montblanch.
* 1241 – Frei Pedro de Sto. Toma.
* 1252 – Frei Jaufre (capelão).
* 1252 – Frei Guilherme (obteve a paróquia).
* 1252 – Frei Guilherme Goure.
* 1252 – Frei Bernardo de Pollensa.
* 1252 – Frei Guilherme de Pastora de cabras.
* 1252 – Frei A. Ramón.
* 1260 – Frei Berenguer de Tayada.
* 1260 – Frei Bernardo da Tayada.
* 1260 – Frei Lope de Cortês.
* 1260 – Frei Bernardo (capelão).
* 1290 – Frei Exameno Périz.
* 1290 – Frei Dalmacio Sacrominato.
* 1303 – Frei Bernardo de Puigvert.

Bailios de Pollensa pela Casa do Templo:
* 1254 – João Company.
* 1260 – A. de Bone.
* 1299 – Bernardo Saig.
* 1304 – Bernardo Vidal.

Bailios pelo senhor rei no tamanho do Templo:
* 1306 – Pedro Vive.
* 1308 – Bernardo Saig.
* 1313 – Guilherme Arsat.

Capítulo XIV

A Pedra Sagrada do Templo

De todos os estudos da matéria, é sabido que na Idade Média se criaram irmandades de construtores que tinham adotado técnicas arquitetônicas de caráter tradicional. Mas que se tentava dar ao modelo do Templo Cristão uma majestade e trascendência que fizessem o adepto sentir que podia ter a opção de entrar em contato com o transcendental e o espiritual.

A fórmula era incluir na construção do Templo todo o simbolismo e a sabedoria oculta que o ser humano vinha acumulando ao longo de sua existência, tentando expressar a síntese de tudo aquilo que, com o passar do tempo, havia ajudado o homem a descobrir a razão profunda de seu existir, assim como as chaves de uma realidade mais afastada do mundo das aparências e irrealidades que constituem nosso viver cotidiano.

Isso se conseguia incluindo em sua estrutura, em todos e cada um de seus detalhes a essência da sabedoria divina, expressa em uma simbologia que somente o sábio poderia revelar. Uma sabedoria suprema que era a prova convincente de que a divindade estava presente em toda a estrutura arquitetônica.

Já nos livros do Antigo Testamento encontramos provas irrefutáveis de que em todo momento se tentou criar esse edifício adequado, com fins apropridos, com materiais e medidas concretas, para conseguir conectar o homem com sua própria transcendência e com o ser sagrado em quem essa transcendência se concretizava:

"Yahve havia dito que habitaria na escuridão. Eu edificarei uma casa para que seja sua morada, o lugar de sua habitação para sempre" (Salomão, 2; Reis, VIII, 12-13).

Possivelmente seja esta a causa pela qual os Templários procuraram entre as ruínas do Templo do Salomão os restos do que deveu ser o segredo de sua remota construção. Localizar, estudar e entender esse segredo seriam compreender algo também da ciência divina que permitiria acessar o grande saber do universo a que aspiram todos os iniciados de todos os tempos, com a intenção clara e manifesta de exteriorizar e utilizar esse conhecimento em sucessivas construções arquitetônicas, para conseguir que o Templo seja algo mais que uma simples edificação piedosa.

Sendo conhecedores da força que esconde em suas vísceras a Mãe Terra, procuraram naqueles lugares as forças telúricas que estivessem presentes, para criar, unificando todo o já mencionado enclave graálico por excelência.

A seguir, vamos detalhar alguns desses enclaves Templários, lugares onde, fazendo uso de um mapa, poderemos observar a presença de construções de origens e de formas religiosas que precederam à eclosão do Cristianismo, tanto no Oriente como no Ocidente, construções que em muitos casos serviam antigamente para dar culto ao Deus Lug ou o Deus Mitra. Pretendendo talvez com isso conectar mais profundamente com a sabedoria divina de um Deus Universal, com a intenção de instaurar uma sinergia mundial por meio dessa divindade, para conseguir terminar com o caos mundial existente.

Vamos separar em três grupos as construções Templárias existentes na Ilha da Maiorca e que pertenceram à Ordem dos Cavaleiros Templários ou às Lojas Maçônicas de construtores que dependiam da Ordem do Templo. Em primeiro lugar, falaremos das construções religiosas, como catedrais, igrejas, etc. Em segundo lugar, mencionaremos as construções fortificadas, como casas fortificadas, castelos, etc. E por último, falaremos de hospitais, casas, prédios, hortas, moinhos, etc.

Capítulo XV

Os Templos Sagrados

Já que principalmente centramos nosso livro na Ilha de Maiorca, local onde existem mais raízes da tradição Templária, começaremos pelo edifício, ou melhor dizendo, o Templo mais importante da ilha para depois ir descendo gradualmente de categoria em nível de construção, deixando claro que todos os enclaves da Ordem tinham sua importância por um motivo ou outro, embora consideremos como mais relevantes os dedicados à oração e ao encontro com o espírito divino.

A CATEDRAL

Resulta importante repetir que a Catedral de Palma de Maiorca é o volume primário de todo o conjunto urbano, impondo-se por sua massa não revestida à cidade, se não à própria baía de Palma, de onde

A Catedral de Palma de Maiorca

a catedral oferece toda sua poderosa imagem. De seu flanco sul, a não ser por seus potentes *contrafortes e arvoredo que a perfilam* como obra de arquitetura humana, pode-se interpretá-la como se fora um natural acidente da paisagem da Ilha.

O Cristianismo chega logo a essas ilhas mediterrâneas, testemunhando veneráveis restos de basílicas paleocristãs, mas a história da diocese de Maiorca começa com a conquista da ilha pelo rei D. Jaime I, o Conquistador, em 1229.

Sinais e mistérios na entrada da Catedral

Não obstante, transcorreram ainda uns anos até ser promovido o primeiro bispo, D. Raimundo de Torrelles, a quem o Papa Gregório IX autorizou construir o primeiro conselho de catedral, composto de 12 cônegos (1240), fazendo depender da nova igreja a administração da Santa Sé diante dos pretendidos direitos jurisdicionais que reclamavam sobre ela os bispos de Barcelona, Gerona e Tarragona.

Sabemos que durante esse período se efetuaram obras na Catedral de Palma, e que foram feitas entre 1230 e 1256, assim como de consagrações parciais feitas pelo segundo bispo de Maiorca, D. Pedro de Morella, entre 1269 e 1271. Entretanto, umas e outras se referem a atuações que se fizeram no velho corpo da mesquita, da qual nada sabemos sobre seu tamanho e disposição.

Desse modo, como aconteceu em outras cidades hispano/muçulmanas, como Sevilha, Granada ou Córdoba, se utilizou imediatamente a mesquita islâmica como igreja maior cristã, introduzindo leves mudanças em sua orientação, no que a organização do culto se refere. Logo viriam as construções de altares, capelas e outras obras em geral de pouca importância, até que, por fim, chegaram a vontade e os recursos econômicos para iniciar a reforma e construção de tão magnânima obra e lhe dar um novo perfil cristão. Tudo isso acontecia ante a morte de Jaime I, que repartiu seus estados entre seus filhos, Pedro III (Aragão) e Jaime II (Maiorca). Este, em seu testamento (1306), teve desejo de ser enterrado dentro de uma capela que se construiria sob a devoção da Mui Santíssima Trindade, na Catedral de Santa Maria:

"*Item volumus et mandamus quod in dita eclesia Devota Maria sedis Majoricarum, in louco decentis constructur uma capella, intitulada Santa et individuae Trinitaris et ibi sit spacium sufficiens ad sepulturas ubi volumus sepelire*".

À morte do monarca em 1311, a obra já devia estar iniciada, mas não estava, pois durante vários anos seus restos mortais estiveram em um lugar provisório entre a nova catedral que começava a ser construída e a velha mesquita, que de uma vez ia sendo derrubada.

Quer dizer que a princípios do século XIV começa a construção da catedral por esta capela da trindade junto ao anexo prebistério que foi renomeado na documentação como *Cap Nou*, e conhecemos sob o nome da Capela Real.

Essas obras se fizeram já sob o reinado do rei D. Sancho e de seu sucessor no trono D. Jaime III, de tal maneira que em 1327 essa cabeceira, composta pelas duas capelas citadas, estava muito mais adiantada que a da Trindade tinha interesse estar concebida como uma capela funerária de dois novelos, uma alta aberta à igreja e com arcos preparados para colocar os restos reais, somente lavrados e colocados ali no ano 1946, pelo escultor Frederico Mares, e outra baixa que utilizada hoje a modo de sacristia deve ter sido pensada para ser um panteão.

A história da construção da catedral maiorquina esteve muito condicionada nos primeiros anos pelas lutas que existiram entre os reis de Aragão e de Maiorca, pois o rei Jaime III perdeu a vida em 1349 diante de Pedro IV de Aragão, a cuja coroa se uniria a partir daquela data no reino *Maioricarum*. Reinicia-se assim uma segunda e importante etapa de nas obras da catedral que coincidem com a segunda metade do século XIV, quando se abandona o primeiro projeto, conforme Durliat, de uma nave única a favor das três, que hoje em dia conhecemos.

O primeiro lance da nave *central sem coluna* foi feito por volta de 1370 e não se reunia à grande aventura de um dos maiores templos góticos da Idade Média, pois seus professores abordaram com grande risco uma estrutura que não tinha antecedentes, ao menos de tal magnitude e beleza.

Nesse primeiro plano estava já exposta a catedral toda, embora isso levasse à subtração daquela centúria seguinte, pois até 1592 não ficou pronta a primeira pedra da fachada dos pés.

O resultado final foi uma formidável igreja de três naves com capelas entre contrafortes e uma de cruzeiro, situado sobre o quinto lance e muito perto da fachada. Sua original cabeceira de forma telescópica, pelo modo como seus tamanhos saem uns de outros, não tem, tampouco, comparação com outras igrejas de seu estilo e tempo, sobretudo pelo salto de alturas que se produz entre ela e as naves, salvo com três enormes mirantes que aumentam grandemente a luminosidade da catedral.

Mas o mais surpreendente resulta ser o elevado interior dessas três naves, de uma grande altura, a do meio muito bem sustentada pelas duas laterais sobre as quais estão colunas duplas estribadas em potentes pedestais. Assim ficava assegurado o equilíbrio transversal de cada um dos lances, arrancando todas as abóbadas quadripartidas, centrais e laterais, de esbeltos pilares oitavados que transmitem sensação de fácil leveza e transparência especial, fazendo que tenhamos de levantar a vista para alcançar os 44 metros de altura que acariciam as abóbadas da nave maior.

Em seu interior e exterior, podemos observar as claras marcas das lojas maçônicas dos trabalhadores de pedreiras pertencentes à casa sagrada do Templo, que fincaram seus símbolos e cuidaram amorosamente do traçado transcendente de suas estruturas. Basta contemplar o pórtico norte dessa catedral, com o profundo simbolismo de suas figuras contrapostas, para adivinhar a mão de seus construtores que tinham muito claros os limites sagrados de sua obra.

SANTA EULÁLIA

Entre os monumentos ogivais existentes na Ilha de Maiorca, destaca-se, depois da catedral, que leva a primazia, o Templo Paroquial da Santa Eulália de Palma, tanto pela harmonia de suas linhas como por sua capacidade e seu traçado de três naves.

A igreja de Santa Eulália aparece com *grande unidade de plano*. A nave principal de seis lances e de 40 metros de comprimento, 12 de largura e 23 de altura tem em ambos os lados outras duas simples, com largura de seis metros e 12 de altura, que se prolongam para o exterior por capelas estreitas da mesma altura que as naves e dispostas entre os contrafortes. Este coro formado por um semicírculo, em cuja cúspide se unem os nervos que arrancam dos capitéis das colunas e se juntam em uma preciosa *chave* com a imagem do rei Jesus, rodeia a abside de cinco lados, por isso a igreja chega a ter uma longitude de 60 metros. Em torno do preâmbulo se abrem as capelas radiais, três poligonais e duas retangulares, as quais têm abóbadas ogivais, enquanto as demais as naves laterais, exceto a de Cristo e as duas mais próximas ao *portal-mor* as têm apontadas.

As capelas poligonais da abside se comunicam por uma passagem aberta nos contrafortes.

As colunas das naves adotam uniformemente o plano octogonal bem estriado, e todos os capitéis apresentam talhes muito belos, particularmente os das colunas que fecham o coro, adornadas de folhagens

Fachada de Santa Eulália

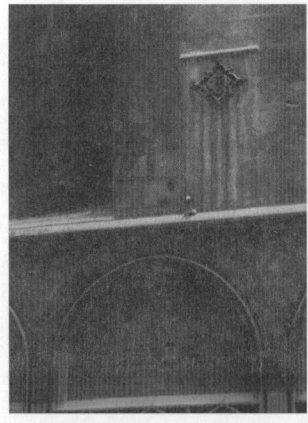

Detalhe da fachada    *Lateral-fachada de Santa Eulália*

e de animais que se enfrentam e se devoram, tratados em um estilo arcaico. Merecem assim mesmo especial menção as chaves, as quais oferecem características diversas segundo a época da construção ou a advoção da capela.

Cabe assinalar aqui uma teoria sem se apoiar em documentos originais que se supõe igual ao passo com outras igrejas: o templo atual deve ter antecedido outro muito reduzido e situado em sentido transversal, possivelmente existente durante a dominação muçulmana e dedicado ao culto pelos moçárabes. Esse oratório ocuparia parte da nave e do prebistério atual. Ocorre-nos pensar se a atual rua do sino se prolongaria antes da conquista até comunicar-se com a chamada hoje da previsão e antes de Juevert e correria com o passar do lado sul do presente oratório.

Pensamos assim mesmo que desde essa suposta rua até a praça denominada atualmente Santa Eulália e ocupando por certo a parte sul da igreja atual, ou seja, da capela da piedade, até a porta principal e a escalinata havia uma quantidade de casas que se foram derrubando à medida que se construía a igreja. Sua data da construção é difícil de deduzir, mas o nome dessa igreja já se cita em certa doação outorgada em 23 de outubro de 1230 por D. Jaime I a favor dos homens da Marselha, relativa a seis casas situadas:

"IN CARRERIA RETRO ECLESIAM STA, EULALIA".

Assim mesmo se cita no *Llibre del Repartiment* na relação das *casas da Almudaina* "em *occident* de Sta. Eulália, algumas não são casas, mas, sim, albergues", e também em uma transação celebrada em Maiorca em 15 de julho de 1232 entre D. Jaime e D. Nuno Sanz sobre os limites entre suas respectivas porções em que se consigna, o Plano da Ilha Santa Eulália. Em seguida, pôde começar a construção das capelas absidais do templo atual, por certo na ornamentação dos capitéis *da Giro-a* muito diversos das colunas da nave central levam impresso o selo característico do primeiro período ogival, pois nos primeiros se entrevem as figuras das folhagens, enquanto nos segundos dominam estes.

À parte da grande quantidade de capelas, encontramos peças de imagens que pertenceram (no caso das capelas) ou pertencem a alguns dos Santos que citamos a seguir:

• São João Batista.
• São João Evangelista.
• Santa Catarina da Alexandria.
• São Cristovão.

- Santa Ana (a Grande Mãe).
- A Madalena.
- São Bartolomeu.

Plano de la iglesia de Santa Eulália

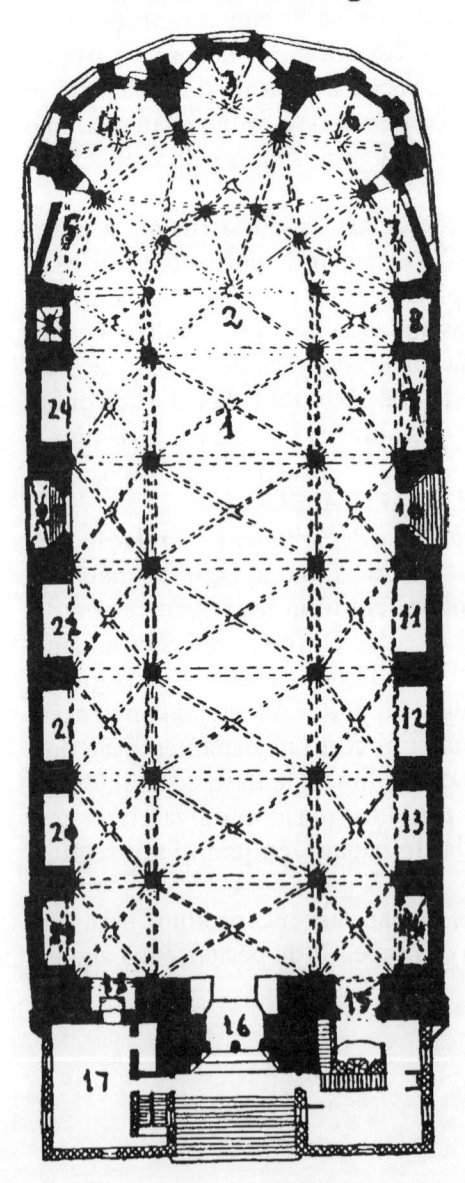

1.—Altar Mayor
2.—Coro
3.—Capilla Ssmo. Sacramento
4.—Capilla Gonfalón
5.—Capilla Inmaculada Concepción
6.—Capilla San José
7.—Capilla Ntra. Sra. del Carmen
8.—Ex-capilla Santa Ana
9.—Capilla Sto. Cristo
10.—Portal del Este
11.—Capilla Ntra. Sra. de la Piedad
12.—Capilla San Luis
13.—Capilla Sta. Catalina
14.—Capilla San Blas
15.—Baptisterio
16.—Portal Mayor
17.—Sacristía Mayor
18.—Antigua capilla Purísima
19.—Capilla San Vicente Ferrer
20.—Capilla Sagrado Corazón
21.—Ex-capilla Almas
22.—Capilla San Bartolomé
23.—Portal del Oeste
24.—Capilla San Eloy
25.—Escalera primer campanario

Também encontramos as marcas habituais dos grêmios de pedreiros que realizavam essas magnificas construções, como o Malhete (Maço) e o Esquadro, e que pertenciam à Loja Maçônica de Construtores da Casa Sagrada do Templo, já que Santa Eulália era seu lugar habitual de residência.

Por último, diremos que existe um histórico crucifixo conhecido sob o apelativo da conquista, usado por Jaime I em sua nave quando da retomada, que tinha sido doado pelo papa Inocêncio III a seu Pai, o rei Pedro I.

A IGREJA DE POLLENSA

Pollensa, com todo seu termo, pertenceu desde sua conquista no ano 1230 à Ordem dos Cavaleiros Templários, e nela governou um Lugar-tenente que inclusive realizou funções que teriam de ter sido próprias do conselho, por um lado, como a nomeação de párocos e ajudantes e, por outro, de funcionários reais, como a administração de justiça, que o Templo se adjudicou conseguindo que seus bailios substituíssem os designados pelo rei.

Fortemente protegida por uma grande muralha se erige a igreja do povo; em cima do pórtico de entrada ao interior da igreja existe uma bela roseta, que remete a uma margarida de 12 pétalas.

Em uma lateral da igreja pode-se ver uma pequena janela preta, que, ao olhar com atenção, observa-se uma cruz Templária de cor negra; por último destaca-se também uma das portas pequenas que se comunicam com o interior da igreja (porta que o pároco esta acostumado a usar para entrar e sair dela), e em sua parte superior podemos observar três grandes rosetas, todas com a forma de trevos de cinco folhas.

Fachada exterior do Calvário de Pollensa

Gostaríamos de poder fotografar o interior da igreja, pois por todos é sabido do culto Mariano existente na zona da implantação do Templo (de fato destacar que a 400 metros da igreja existe um pequeno oratório de Santa Ana, o qual permanece aberto todos os dias para aqueles que desejem lhe pedir alguma graça). Mas, por não encontrar o pároco, não pudemos entrar no recinto; não obstante, nos comprometemos todos que compõem o grupo, que alguns de nós irão fotografar tanto o interior da igreja como o interior do oratório.

Altar da Igreja de Pollensa

A história dessa igreja é muito especial, por isso pensamos que seria digno mencionar como ocorreu sua criação.

Surgiram desvanecimentos, alargaram-se as discussões, até que, no dia 25 de maio de 1257, o bispo reinicia o direito dos dízimos e os Templários se comprometem a pagar dez morabetines a cada ano, no dia de São Miguel. Sem mais dificuldades fica ereta, graças aos direitos do dízimo (impostos) sobre as torres dos Templários. E canonicamente ergue-se a paróquia.

Os Templários dirigiram Pollensa por 74 anos, até a suspensão da Ordem no Concílio de Viena, em1314. Deixaram-lhes uma comunidade pequena, mas crescente, uma pequena igreja mais estrita e culta que a atual e o casa de campo da Ordem, edificada justamente diante do portal da igreja, dentro de um solar grandioso, que se alargava desde a rua do Templo até a casa da Tereu por uma parte, e pela rua do Jonquet,

Entrada da Igreja de Pollensa

pela outra; e onde havia, além das habitações e salas para a administração, armazém, pátio, jardim, forno, horta e cemitério.

A casa da Ordem era o centro político e eclesiástico de seu governo. Os Templários, confiando na benevolência do rei e com o amparo do santo padre que tantos privilégios lhes tinha dado, procuravam mais ou menos declaradamente obter a isenção da jurisdição episcopal alegando a condição de ordem religiosa-militar que dependia diretamente de Roma. O bispo, Ramón de Torrella, obrando com todos os poderes e a confiança do Papa Inocêncio IV, concedeu aos Templários a paróquia da Santa Maria de Pollensa, em agosto de 1240, com as seguintes condições que se formalizaram diante do notário Bernardo de Artes, as quais foram aceitas pelo Comendador Templário, Fr. Dalmaci de Fonollar: o bispo nomearia o reitor perpétuo da paróquia, o qual tinha de prometer obediência e reverência do cônego ao prelado. O bispo se reserva à jurisdição e à repressão plenária, ao conhecimento das causas matrimoniais.

Edificação do Templo

Terminada a conquista e logo após a distribuição, os Templários levantaram uma pequena igreja no centro do povoado. Quatro paredes lisas reforçadas fechavam um espaço retangular, oficina de sutil madeira sobre a qual ficavam as mesas. A fachada principal estava voltada para a rua do vento, não tinha nenhuma porta de entrada para os fiéis e estava coroada; na cabeceira eram formadas as duas vertentes da mesa por uma espada, um sino pequeno, três arcos, um mais amplo, onde punham o sino grande chamado sinal, e dois balaústres nos outros dois. A anterior, de uma só nave, quatro ou cinco arcos apontados, que sustentavam as vigas altas, reforçava toda a madeira, dava ao recinto o aspecto de estilo gótico rudimentar. O presbitério, o altar-mor e a sacristia estariam situados entre o que são hoje as capelas de São Sebastião e o Encargo. A uma e outra parte do presbitério, existiam duas portas laterais: à praça velha e à rua do templo. Não havia capelas.

Para entender a orientação do edifício, precisa haver um conceito que, antes, eram ilhotas (*Illetes*) desde a rua do vento até o calvário, estavam revestidas sem urbanizar, e que a praça de Pollensa não era a atual, a não ser a velha praça de hoje.

Mais estreita e mais curta que a atual, esta era a igreja que construíram os Templários. A negligência, a escassez de recursos e outras causas produziram tais imperfeições em todo o edifício, que ameaçava ruir:

havia goteiras por todo lado, até em cima do altar-mor, quebradas as vigas, gretado o chão, imperfeições nas mesas. Começa uma reparação larga, difícil e custosa, que dura desde 1393 até 1500.

A vila crescia; os vizinhos eram já mais de 5 mil. Ou aumentá-lo ou fazer um Templo novo: eram as duas opções que se apresentavam aos jurados. E decidiram pela ampliação. Veio à cidade um mestre de obras, acompanhado dos pedreiros Guilherme Vilaslar e Pedro Crespí, os quais traçaram o plano, como exemplo. As obras duraram cerca de dois anos. Das consultas entre o conselho e o Bailio, saiu outro plano que tampouco se levo a cabo.

E assim, com mudança de planos, restaurações malfeitas, demolições, obras desnecessárias, paralisações, passaram-se mais de 50 anos.

Templo Novo

Um século e meio depois, pensou-se seriamente na necessidade de construir um novo Templo, e no dia 28 de novembro de 1709 começaram as gestões longas e complicadas, diante do Grão-mestre de Malta, o priorado da Catalunha, o bailio de Maiorca e o bispo da diocese. Intervieram Fr+. Jaime Cánavas (*pollensino*), naquele tempo Prior do convento de Malta, o Comendador da Maiorca, Fr+. Nicolau Cotoner. Mas foi decisiva a gestão do jesuíta P. Gabriel Alvorada, reitor do colégio Montesino da Pollensa. No dia 28 de outubro de 1713, reunido, em sessão extraordinária, o conselho, dentro da igreja de São Jordi, o P. Alvorada apresenta a autorização do bailio da Maiorca para começar uma nova igreja. Em 26 de agosto, finca-se a primeira pedra. Estavam o prefeito real de Pollensa D. Gabriel March Aixartell, jurado Major de honra Jaime *Cifre de Colônia* e o Vice-prior, doutor Miguel Rotger.

Os pollensinos começaram as obras com entusiasmo e construídas as quatro paredes mestras; seguiram com os trabalhos no seu interior. Por circunstâncias que não se pode detalhar, suspenderam-se as obras. Por determinação do engenheiro João de Aragão, derrubaram tudo o que se havia edificado dentro do recinto. O Vice-prior acreditou ser necessário pôr outra vez uma primeira pedra. Era o dia 26 de setembro de 1730.

Seguindo o projeto de João de Aragão, reativaram-se as obras. Em 28 de outubro estavam terminados a abside e o arco toral que fecha o presbitério; em abril de 1731, fincavam os fundamentos da primeira capela. A metade da nave central estava pronta no mês de maio. Logo destruíram tudo o que restava da igreja primitiva.

Mudança da pedra sagrada

No dia 21 de agosto de 1742 se faz a translação da pedra sagrada, quer dizer, o Ara, do altar, que estava no meio da igreja, até o altar-mor que presidia o presbitério atual. *O Livro de Memórias* o descreve com simplicidade, mas é divino o sentido de responsabilidade que dá testemunha do ato: "foi arrancada uma pedra do altar, sem lesão nenhuma, cuja pedra inteira", *ab inmemoriali*, tem-se e tinha-se para o altar sagrado. Em presença de D. João Rull, administrador da nova igreja, D. Montserrat Amengual, sacristão da atual paróquia, e minha, o abaixo-assinado, e por mãos do Antonio Llompart, Rafael Llompart e Antonio Toxa, pedreiros e outros operários. No mesmo dia se coloca com sorte a mesma pedra ou altar sagrado, pelos mesmos mestres, no altar da nova igreja.

Combatendo o lugar e a direção do altar-mor, fica configurado definitivamente o interior do templo: a abside ou presbitério semicilíndrico, com altar elevado 30 centímetros ao nível do pavimento central e dois camarotes ou tribunas laterais sobre os portais da sacristia, ficavam talheres por um arco em forma de ampla e elegante concha. Três entradas dariam acesso ao recinto: a da fachada principal (que estava voltada para a praça atual) e duas laterais, a da praça velha e a da rua do templo, que lhe chamavam de Portella, diante da casa do Prior. Sete arcos davam acesso a cinco capelas em cada lado, sobre as quais se via uma cornucópia reforçada que sustentava as voltas correspondentes aos vitrais. O espaço que havia depois do presbitério destinava-se à grande sala de mobiliário litúrgico, reuniões da comunidade, armazéns, etc.

A mudança da pedra sagrada

Os paroquianos estavam cansados de sujeitar-se em dar esmolas, de que se gastavam os materiais, cansados de esperar uma igreja mais acondicionada, mais cômoda, por isso, instalado definitivamente o altar-mor, disposto o presbitério e dignamente ordenada, mais da metade da igreja, a comissão encarregada acreditou que era chegada da oportunidade de benzer e inaugurar o novo templo. Foi em 26 de setembro de 1742.

O revdo. Antonio Artigues, prior do Santuário de Lluch, delegado do bispo Fr+. Benito Planellas, em presença do mui revdo. vice-prior de Pollensa e os outros reverendos, às 8 horas da manhã, efetuaram a bênção litúrgica e foi celebrado ofício solene que acabou com o canto do "Te Deum". Pela tarde do dia 28 transladou-se o Mui santo e a antiga imagem da Padroeira ao novo presbitério.

No amanhecer fizeram a procissão pública, que teve de ser suspensa, pela chuva que caía. Primorosamente a descreve o cronista-arquivista: "desde a praça velha e pela rua da Maiorca, até a fonte de São Isidro, vão se aproximando, em linha reta, as igrejas do convento, São Jordi e Monte Sião, com a assistência de todos os aldeões, o prefeito, os religiosos e grande grupo, assim estava a vila, como muitas e diferentes deste reino. Os 50 carabineiros que continuaram foram atirando, comportavam-se em trono e tabernáculo ao Cristo sagrado e, em tabernáculo, à imagem de Nossa Senhora dos Anjos. Joga a capa o prior de Lluch e as cerimônias com a acostumada harmonia". Mais tarde, duas representações dramáticas na praça, e as festas acabaram com grandes fogos que se pagaram com um galo e três frangos pertencentes à vila. Festa magnífica, diz o cronista, memória *in perpetuum*, e destaca a assistência popular, a colaboração das autoridades civis e a participação das três comunidades religiosas da vila, os responsáveis pelas quais pregaram em distintos atos da solenidade. Em 1º de outubro, em lembrança dos mortos, cantaram um ofício religioso, como é costume em tais comemorações. Os organizadores foram D. Miguel Rotger, prefeito real, o jurado-mor, Jaime de Colônia, e João Rull, os três, administradores da fábrica.

Mas as obras não estavam acabadas. Os entornos, o coração, as capelas, desde os portais laterais até a fachada, estavam pela metade. Era especialmente perigoso o possível desequilíbrio das paredes laterais que não tinham o suporte necessário com a fachada.

Por iniciativa dos regedores da colônia alemã e com a autorização do bispo Despuig, resgatou-se um capital de 700 libras, e em janeiro de 1770 (20 anos depois da bênção), renovaram-se as obras que durariam 20 anos mais e culminariam com a estrutura do recinto. O mestre de obras, natural de cidade, casado com a pollensina Joana Llitrá, chegou a terminar a construção da última curva, com a qual ficava assegurada a estabilidade do imóvel principal, bem como de todo o edifício. Era o dia 10 de julho de 1790.

A CONQUISTA CATALÃ-CRISTÃ

Em 1229, o exército de Jaime I incorporou a ilha ao mundo cristão e à cultura catalã. Tudo aponta que é nesse momento que nasce a vila de Pollensa.

As terras do distrito muçulmano da Bulansa, que incluíam a atual Pollensa, Alcudia e parte de Escorca, ficaram em mãos do grupo real. Mas logo o rei cedeu boa parte desse território, que a grandes rasgos corresponde ao atual município da Pollensa, aos Templários, aos Cavaleiros Dartusa (tortosa), ao bispo da Maiorca e a outros barões. Em poucos anos, os Templários foram adquirindo quase todo o domínio senhorial das propriedades de Pollensa, o que significava não só um grande poder econômico (percepção de rendas), mas também jurídico e religioso (o bispo Ramón de Torrella lhes cedeu a paróquia). O Puig do Templo, o atual calvário, elevou-se como símbolo deste domínio, já que no alto se instalaram os patíbulos.

Ao mesmo tempo que os Templários fortaleciam seu poder, Pollensa crescia demograficamente e a incipiente vila se ia formando, primeiro com ruelas estreitas e arredores, depois de forma mais retilínea. Em 1236, já havia uma paróquia reconhecida e, em 1248, a bula do Papa Inocêncio IV a reconhece. No final de século era uma das vilas mais importantes da parte forânea, e começam a evidenciar-se incipientes sintomas de organização municipal, à parte das instituições reais e senhoriais preexistentes (*batlius*). Logicamente, à medida que a vila foi crescendo, o enfrentamento do povo com os Templários foi também aumentando, já que esses não respeitavam as franquias outorgadas por Jaime I.

Em 1314, os bens e privilégios dos Templários de Pollensa passam aos Hospitalários. A partir deste momento assistimos também a uma ofensiva do poder do rei, que quer recuperar, por meio de seu prefeito, parte da jurisdição cedida. Por este motivo os pleitos eram frequentes nesses anos, para acabar impondo-se a coroa. De todos os modos, os Hospitalários seguiram recebendo as rendas de suas terras e seu prefeito seguiria conservando a pouca justiça.

Os próximos anos após a peste negra (1348) foram uma época de expansão, tanto econômica como populacional. É exemplo dessa expansão a prematura confirmação de uma estrutura municipal própria. Em 1330, a universidade de Pollensa já está plenamente formada, com um conselho de mestres e quatro jurados. Além disso, a vila no primeiro momento será uma das maiores da ilha e, por isso, terá direito a dois representantes no sindicato de fora. Parece que até o ano 1348 não se detém o repovoamento, mormente protagonizado por catalães, embora tampouco faltaram os escravos sarracenos nessa época. Desse modo chegou a 1329, com um pouco mais de 3 mil habitantes.

A peste afetou gravemente Pollensa e agravou a crise que já era evidente por outros fatores, como, por exemplo, os maus cultivos. Neste contexto se produziu o enfrentamento dinástico entre Jaime III e Pedro, o Cerimonioso. Por causa do refúgio das tropas do Jaime III, no castelo de Pollensa do rei, a fortaleza foi assediada em 1343 e posteriormente houve saques no povo, já que parece ser que os pollensinos foram partidários do rei Jaime.

Certamente por causa das penalidades desses anos, o bispo Berenguer, prefeito, deu permissão aos jurados da universidade para edificar no Puig de Pollensa uma pequena capela edificada a Santa Maria de Negocie. Era a origem do que se converteria em um importante mosteiro de monges clausurados.

Mas Pollensa, como Maiorca, ainda não havia se recuperado plenamente da crise do jugo medieval, agravada pelos conflitos entre países e habitantes da cidade. Por isso instala-se a primeira revolta externa, em 1391, e em 1450 se inicia "o grande *Aixecament forá*". Neste último tiveram grande presença os pollensinos. Por exemplo, do segundo assédio à cidade participaram uns 50, e no mesmo ano construíram uma galera no porto de Pollensa para interceptar as comunicações marítimas dos cidadãos.

Todos esses fatos, longe de recuperar a vila, aumentaram mais a crise e Pollensa não pôde recuperar ainda os níveis anteriores à peste negra.

IGREJA-CAPELA DO TEMPLO

Atrás do grande edifício do Templo, para a muralha, existe a capela dessa ordem com dois arcos ogivais e uma curvatura sobreposta. Antes de chegar ali se encontra à esquerda um velho arco envelhecido, e à direita um arco rebaixado um pouco pontudo, que está murado. Penetrando por debaixo dos arcos antes mencionados se encontra um átrio cujo teto está sustentado por um poderoso arco pontudo. Três portas neste ponto dão entrada ao Templo: duas pequenas laterais e uma central formada por um arco de grandes peças esculturadas.

O interior com teto de madeira é sustentado por quatro arcos vazios, tão fortes como o do átrio.

São notáveis as duas capelas laterais que se encontram junto à porta, embora seus arcos sejam apontados.

Sua arte tem uma forte ressonância bizantina, sendo certamente a mais antiga edificação de Palma.

As duas seguem a mesma ordem, se diferenciam apenas por sua cornija que, na capela esquerda formada cubos grandes ressaltados, e outros menores embutidos. Na direita há rosetas e torneiras rampantes.

As cornijas estão sustentadas por duas colunas livres, embora unidas à outra redonda como formando outra coluna dobrada, mesmo sem base nem capitel.

Mais tarde foram construídas à direita duas pequenas capelas barrocas, e seus retábulos são também barrocos, a sacristia é também muito singela.

A simbologia é muito variada e, depois da imagem de um Cristo Crucificado, podemos observar que a parede está adornada de folhagens de uma cor verde pálida, também encontramos em relevo sobre suas colunas algumas cruzes próprias da ordem do Templo e uma delas, sobretudo, abraçando a coluna se destaca possivelmente sobre as restantes, por sua raridade.

O MOSTEIRO DE LLUCH

Tomando a direção de Palma para a Alcaldia e nos desviando pelo povo maiorquino conhecido por Inca, chegaremos a uma estrada que nos conduzirá ao Mosteiro de Lluch.

Poucas preciosidades artísticas contêm sua igreja e a mesma franqueza com que estas se acostumam faz mais sensível que não tenha de exercer-se sobre maior número.

São uma custódia gótica belamente filigranada e enriquecida com pequenas gárgulas e imagens de santos e anjos e uma inscrição que diz: *"OU BEIRA DIGNA OSTIA PER QUAN SONT TANTARA"*, e no pedestal de uma pequena figura do altar há esta: *"ANCUSCUS DIZ... FICIT"*. Também encontramos algumas estatuetas de alabastro de estilo gótico já adulterado, mas até puro, que estão no altar-mor e as quais possuem umas letras antigas, um crucifixo de marfim, alguns quadros, a figura da virgem e uma parte do vestido com o qual dizem ter sido encontrada. Assim mesmo são breves as notícias de sua história. A de seu achado (1239) não discrepa do caminho desta classe de lendas; resplendores sobrenaturais que descobrem a efígie a um singelo pastor, translação desta à igreja de São Pedro da Escorca, volta milagrosa ao primitivo ponto expressando sua vontade e conseguinte levantamento do Santuário; intervém um abade premonstratense de quem não existe notícias.

A figura, que é de pedra e de três palmos de altura, se acredita que permanecia enterrada dos tempos anteriores à dominação sarracena, igualmente a cinco ou seis mais que em Malorca se veneram. O menino Jesus leva no livro aberto o Alfa e o Ômega.

Lluch (ribeira) soa no distribuição como *alquería (que significa alquería?) tampadas* e quota aos Templários, com os quais compartilhou o rei aquele distrito das montanhas, tão abundante em fontes como arvoredo de bosques. Durante o século XIV, o santuário foi usado por santeiros ou devotos da Virgem do Lluch, pois ele foi concebido para a implantação do culto Mariano na zona. A gênese de sua veneração se deu desde o dia em que um pastorzinho a descobriu milagrosamente, pois contém todos os elementos esotéricos que tanto contribuíram à implantação de tantos outros cultos a virgens negras pela Europa, pontos de recuperação dos cultos ancestrais.

Alguns restos dos Templários encontramos no Baphomet que está na capa claustral debaixo do relógio que posteriormente se colocou ali, Cronos furioso de perdidas superstições.

Um curioso calvário no recinto sagrado nos mostra rasgos dessa tradição oculta e obscura que tanta relação tem com a ordem do Templo, belas imagens que representam a virgem, os apóstolos, a crucificação e posterior ressurreição de Jesus.

E um sem-fim de imagens que normalmente se veem representadas em todos aqueles calvários que conhecemos e cuja semelhança é claramente manifesta.

Também podemos observar várias cruzes claramente relacionadas com a Ordem do Templo e a algumas delas se antepõe uma figura emblemática de Loja Maçônica, de construtores que pertenciam à Ordem do Templo, uma representação clara de um compasso, o mesmo que vemos no exterior no pedestal da Virgem que em seus braços leva o menino Jesus representando, em um livro, o Alfa e o Ômega.

Por fim, dizemos que no escudo da Escorca, a população a que Lluch pertence, se vê claramente representada uma Cruz pertencente à Ordem dos Cavaleiros Templários.

COVA DE SÃO MARTIM

Localizada-se no Porto da Alcudia, no Puig de São Martim; encontramo-nos com o meu parecer uma chamada Cova de São Martim, e digo isso me apoiando em que no lugar existem dois altares, sendo o primeiro dedicado a São Jorge.

Santo que desfruta da admiração dos Templários e dos maiorquinos, depois de passar dois anos se construiu outro altar dedicado a São Martim, e este santo está também dentro dos que poderíamos chamar como prediletos da Ordem, por isso considero que, já que o primeiro altar foi de São Jorge, a cova deveria denominar-se Cova de São Jorge.

Tem forma abobodada com um poço já cego no centro, onde instalaram uma grande cruz erijida ao céu, uma parede em cuja parte baixa existe uma espécie de muro em forma de banco para sentar-se e que em sua parte superior podia ser observada uma esplêndida coleção de grafites medievais e mensagens indecifráveis sobre o mar e os navios.

Esta cova é protegida por um cerca, mas isso não evita que mais de um desprevenido a pule, para acampar dentro de suas grandes proporções. No interior da cova, o desaparecimento progressivo que sofrem os grafites é prova disso e, por outra parte, existem pessoas que, conhecendo a adoração que os Templários professavam a São Jorge ou São Martim, estão levando os "souvenirs" de dito altar para fins esotéricos ou simplesmente como talismãs; já na cova se pode observar o "bom estado" em que se conserva o altar a São Martim, de cuja escultura foram arrancados os dedos das mãos e algo mais.

Mais ao lado está o altar dedicado a São Jorge; todo mundo gosta de lhe tirar pedacinhos, como forma de amuletos, sobretudo estrangeiros, que pelo solitário e afastado do lugar atuam desta maneira com total liberdade; também tenho de dizer que a citada cova goza de um grande vigamento de covas, algumas delas de uma grande profundidade (+ de 100 metros). Normalmente essas covas estão formadas por pedra e barro, e em algumas podemos observar formações de estalactites e estalagmites porque a água se encontra presente no interior e por debaixo das covas, algo habitual em muitos enclaves da Ordem onde as forças telúricas estão presentes.

O pároco da igreja da Alcudia, o encarregado da cova, nos disse que a igreja não podia manter o lugar e o agrupamento; como a zona pertence à igreja não se pode intervir. Como diz o refrão "uns por outros e a casa (cova) segue sem varrer".

Voltamos a ir à Cova de São Martim e tudo seguia mais ou menos igual, exceto o retábulo de São Jorge que encontrei mais deteriorado "que antes". O motivo dessa visita era localizar:

1) Os dois Baphomets grandes.
2) O grupo do Baphomets pequenos.
3) Os grafites.

Introduzimo-nos no interior da cova e começamos uma busca exaustiva; em seguida, demos com algo que resultou ser os dois Baphomets grandes, um deles muito deteriorado, parecem duas caras como as de monges e se encontram justamente no vértice de duas paredes e a quatro ou cinco metros do chão. Sua forma é similar a isto:

Continuamos procurando e localizamos em uma parede e na parte saliente que formam as pedras dos degraus que descem para a cova o grupo do Baphomets pequenos que tem esta forma:

E já somente nos faltava localizar os grafites, mas conseguimos encontrá-los já chegando a noite e fazendo uso das lanternas, pois estavam no lugar mais insuspeitado e iniciático da cova, local que não vamos revelar. Para evitar que se passe o mesmo com o restante dos grafites que estavam também nessa cova e que desapareceram pela ação dos incautos. Sua forma é a seguinte:

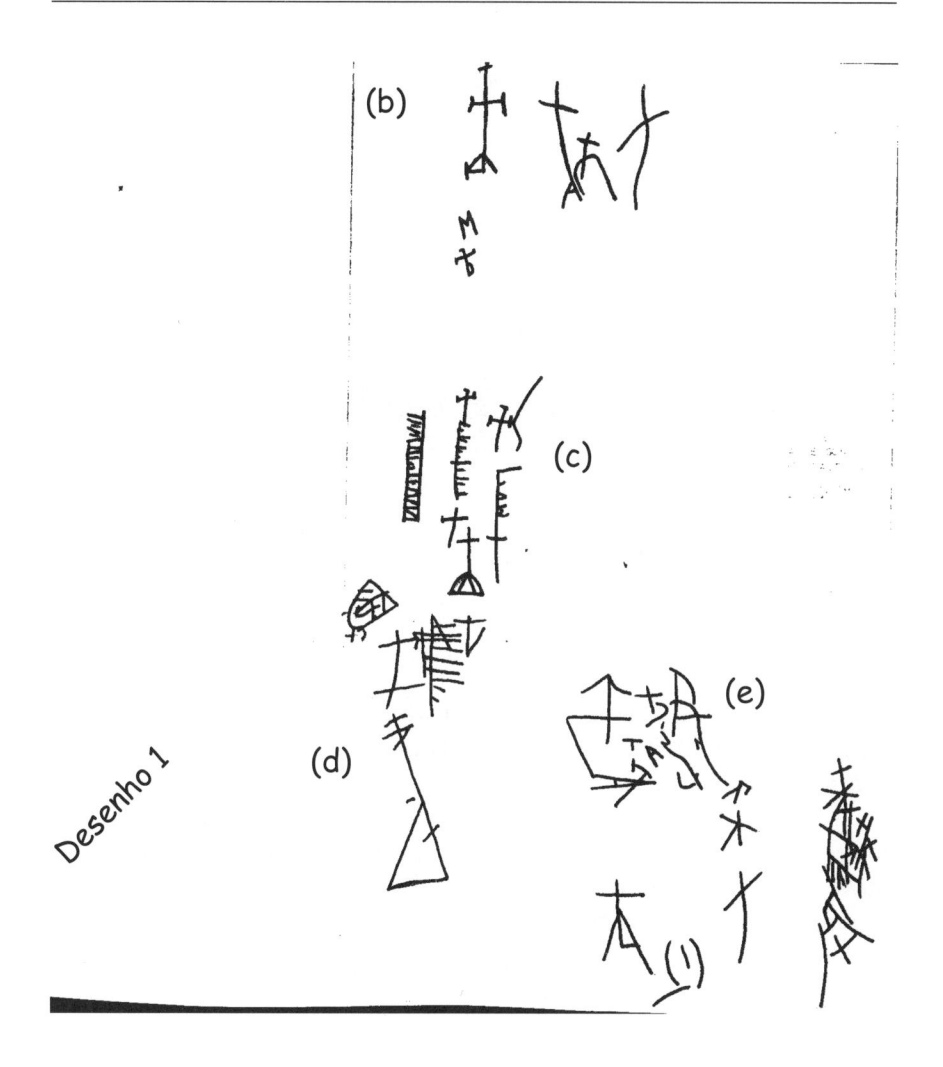

Desenho 1 – delimitaram-se sete grupos de gravuras na cova, à parte de outro que esta em uma espécie de cisterna ao lado da cova.

Os grupos *b*, *c*, *d* e *e* representam quase sempre sobrecarregados de uma cruz potenciada de pé longo.

No grupo *a* encontramos todo tipo de grafismos com representações diversas; desde uma casa com uma cruz no alto de seu teto até sinais caligráficos de estilo romano-gótico.

Também encontramos algumas cruzes com o pé da base triangular as quais, ao que parece poderiam representar o "Lignum Crucis", cruzes latinas com base triangular e sinais em forma de escadas, algumas letras como a "p" invertida ou "m", vários riscados que terminam em uma "m". Também observamos sinais que nos recordam o famoso pé de ganso e tampouco esqueçamos a significação que o triângulo tem para os Templários.

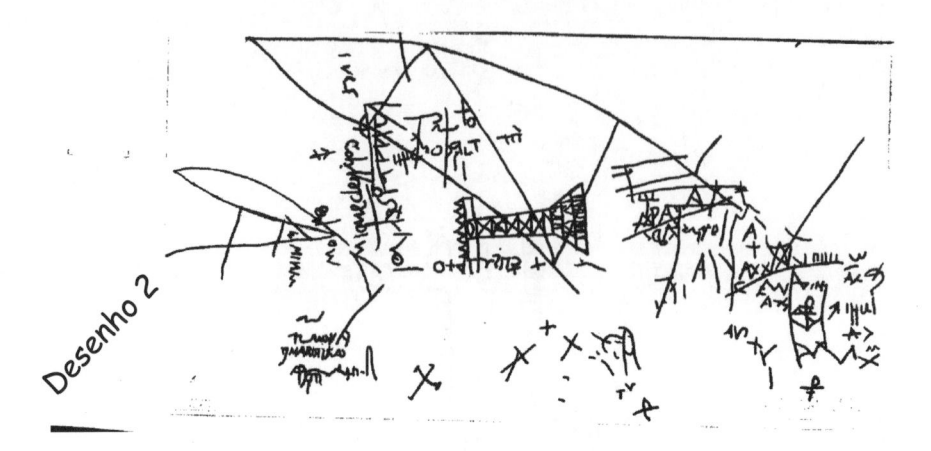

No desenho 2, há uma série de gravações, os quais, se os lermos da esquerda para a direita, o primeiro é claramente uma inscrição de difícil leitura com caracteres latino-góticos; não obstante quero destacar que a meu parecer e debaixo do que seria a primeira linha se faz alusão a "Maria" precedida do que poderia ser uma "e" grega, logo há uma cruz potenciada, outra sem acabar, já que parece que a intenção era de fazê-la com a base triangular, logo vemos outras cruzes e traços diversos.

A primeira inscrição da esquerda parece ilegível e a segunda tem um nome ou palavra pouco clara; a terceira parece que faz referência a São Miguel, que mantém uma relação simbólica com São Jorge e a tradição mitológica que vem do Deus Apolo e seu correspondente culto solar com o cavalo, inclusive, logo segue outra frase ou nome próprio e já não encontramos mais inscrições neste sentido.

Em seguida, encontramos no centro uma grande "Cruz Tau", conhecida como "crux commissa" ou "patibulata"; segundo os eruditos, costuma-se encontrar nos sepulcros dos mártires.

Levavam-nas os comandatários da Ordem do Santo Antônio, sobre o peito e a capa e a Ordem de São João.

Seu significado simbólico é "eleito de Deus", tem um pé triangular dividido em três estrados, seu elemento vertical se divide em seis espaços retangulares com o sinal "x" no centro e seu elemento horizontal esta dividido em outros três espaços (3-6-3 – casualidade?), tendo o do centro um círculo, em cima há sete triângulos flamígeros com dentes de serra.

O conjunto tem fortes conotações herméticas, principalmente pela última "cruz Tau", que vimos.

O sinal do Tau tem chamado a atenção e uma proclamação do secretismo ocultista dos Templários, que além disso tem sua correspondência com o número 9 e a teth hebreia, fazendo alusão à fundação. Por isso é representativo da árvore da ciência e da serpente.

Além disso, na Cabala cristã é um símbolo de resistência e de amparo e esta sob a custódia da eremita, que quer dizer iniciação superior; é um símbolo fundamental dos Templários.

Os elementos rituais e religiosos que existem na cova cumprem perfeitamente com a tradição Templária de orientação de altares, etc. Sobre a "cruz Tau" há uma inscrição que parece feita da direita à esquerda, e mais acima temos duas inscrições, mas com símbolos em forma de crucifixos. À direita da "Tau" segue um grupo de símbolos e caligrafias formando palavras que possivelmente podem ser interpretadas em um estudo epigráfico, além das inscrições latino-góticas e das de tipo hebreu (como fazem pensar certos caracteres), todos eles feitos com o ponteiro o que implica uma lenta execução.

Também quero destacar a semelhança do sinal que há embaixo à direita com o que há na coluna que ampara o pequeno altar do Oratório de Santa Ana:

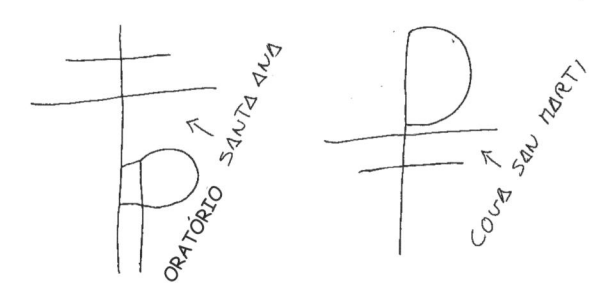

Por último, diremos que existem três atas notariais dos anos: 1266, 1284 e 1507 sobre um Cristo que foi transportado em procissão a essa Cova de São Martim de Alcudia, e de acordo a essas atas, uma vez no interior da cova o Cristo suou sangue.

O CALVÁRIO DE POLLENSA

Sobre o topo de um poético montículo situado ao centro de Pollensa, tema de infinidade de obras pictóricas, eleva-se o Oratório do Calvário.

Tem uma escadinha prolongada ladeada de ciprestes que se precipita retinileamente até a rua de Jesus. Diante aparece o Puig de Maria, onde está o monastério com sua torre e muros encrustados, em cujo templo de pedra, há uma imagem sorridente da Maria.

Em todas as direções é possível ver cordilheiras e montanhas de abundante vegetação, desde seus mirantes podemos observar o imenso vale d'No March, à esquerda cheio de oliveiras milenares, de carvalhos e alfarrobas.

Do outro lado, o porto com sua linda baía; a Baía de São Vicente e o Cavall Bernat (¿) com sua quebrada serra; há ainda o Formentor, um lugar maravilhoso, como já disse Miguel do Unamuno: "A lembrança mesmo da morte canta vida, ou melhor, imortalidade... sente-se a comunhão dos vivos com os mortos no estremecimento luminoso da terra que comunga com o céu".

A história nos conta que quando Jaime I conquistou Maiorca deu o Monte Comuna (¿)l à Ordem dos Templários, passando a denominar-se Monte do Templo, sendo destinado como lugar de execução dos delinquentes.

Em sua parte mais alta se elevava o aparelho fúnebre conhecido como "os Forques" (os Patíbulos) como sinal do império e lei que os Templários quiseram impor em Pollensa.

Muitas foram as penas, com ou sem justiça, executadas no Monte do Templo, ante a imagem do Crucificado, que os pollensines não se atreviam nem a olhar, nem sequer o montículo, pois ao ver, lhes horrorizava o trágico e funesto cenário "dos Forques".

Dissolvida a Ordem, em 1314 pertenceu depois à de São João de Jerusalém que, por acordo da Santa Sé, substituiu os Templários em Pollensa, passando a denominar-se "Monte de São João"; sob essa Ordem continuaram as execuções, embora atenuando-se, depois de desaparecer também, passou a ser propriedade do Estado até que ele, pela legislação feita por Isabel II, foi vendida ao sr. Guilherme Cerdá pela soma de R$ 61.500 que se dividiram em 20 parcelas, sendo que a primeira se pagou em 1860 e a última em 30/12/1879. O terreno media cinco hectares, 68 áreas e 24 centenas de áreas. O sr. Guilherme Cerdá cedeu generosamente o terreno para a construção do caminho das cruzes onde foram colocadas e benditas as 14 de corte singelo e severo lavradas em pedra do Binissalem. Até hoje se conservam, medem 2,90 metros de altura e substituem os deteriorados azulejos que repartidos em dita rampa em zigue-zague e nas partes das ruas da vila serviam para o exercício da "Via Crucis". A imagem de Cristo e a Virgem conhecida com o nome de "La Verge Peu de la Creu" mede 1,60 centímetro. De uma só peça, segundo os peritos, data do século XIII. Sua aparência tem uma expressão marcada pela tristeza que convida à meditação. Tem uma inscrição que, segundo P. Fidel Fita, é ele título hebreu mal traduzido do original que se conserva em Roma, e em sua segunda linha reta se lê *Jesus Rex Nazarenus*, embora em 1821 o paleógrafo e pai da Ordem de São Domingo, Frei Domingo Canpamar (de Pollensa), acreditou ler a data de 1252.

Sobre essa imagem conta a tradição que foi achada por uns pescadores na Baía de São Vicente, há centenas de anos. Ao apontar a alvorada de um dia intensamente claro, uns pescadores foram recolher suas redes; ao preparar-se a realizar a tarefa, deram-se conta inexplicavelmente surpreendidos de que suas forças não eram suficientes e tiveram que pedir ajuda de outros pescadores residentes na baía. Somente assim conseguiram subir as redes levando a surpresa de que nelas não havia peixes, mas uma imagem esculpida em pedra de Cristo crucificado e a Virgem ao Pé da Cruz, tudo isso feito em uma só peça.

Com a permissão do Bailio, os pescadores colocaram tão apreciada joia no alto do Monte Comunal. Isso aconteceu antes de o monte passar a pertencer à Ordem dos Cavaleiros Templários.

Eleva-se a imagem sobre um suporte prismático em que figura gravada uma inscrição atribuída ao Beato Ramón Llull que diz:

OU MON FILL CAR, SUPLIC-TE PERDONEU
AO QUALSEVOL QUE VENHA PER ORAR
NO AQUET LLOC E US VULLA ONTEMPLAR
DEVOTAMENT, CLAVAT ALT NA CREU.

Na face posterior também figura igualmente e em caracteres góticos o seguinte:

ABSIT MIHI GLORIARI
NISI CRUCIS ANTE o LIGNUM
IN QUO CHRISTUS SACRO MUNDUM
REDEMIT SUO SANGUINE

No princípio, a imagem esteve durante séculos à intempérie, e em 7 de janeiro de 1795 decidiu-se construir um oratório no topo do monte e no dia 20 de outubro de 1799 se benzeu o oratório pelo reitor de Campanet, D. Rafael Salvem, por ordem do Ilmo. Rmo. Senhor bispo D. Bernardo Nadal e Crespí.

Quem determinou construir o Oratório foram os senhores Rvdo. José Cánaves e o Honorável Bartolomé Marimón.

Apadrinharam a cerimônia D. João Martorell e Landivar, regedor perpétuo da cidade de Palma, e Dna. Margarida Costa e Bennasar, da família de nosso insigne escritor e poeta Miguel Costa y Llobera.

Em 1950, sob a direção do arquiteto José Ferragut Pou, se iniciaram diversas obras e reformas em virtude do estado ruinoso que apresentavam diversas dependências do Santuário.

Por último e como anedota, diremos que a escadinha que sobe ao oratório tem 365 degraus, um para cada dia do ano. Será mera coincidência?...

CASTELO DO TEMPLO

Forte cidadela conhecida na época da Conquista com o nome de Gomera e que foi posta sob a custódia do P. Miguel da Fabra, Dominicano, serve de depósito à imensa bota de cano longo recolhida pelos conquistadores, quando o exército cristão se revoltou contra os magnatas.

O plano de Palma publicado em 1644, pelo matemático Antonio Garau, dá uma ideia exata do estado de degradação em que se achava este castelo. Rodeavam-lhe 12 elevadas torres quadrangulares, coroadas de graciosas *almenas* e encadeadas de altos muros, também almenados.

Tinha duas portas, uma dentro do povoado e outra que dava ao campo, esta última embora meio sepultada pelo novo aterro da nova muralha de Palma, oferece até restos seguros de sua construção arábica. Esse castelo se deu na distribuição dos Templários e, após, tomou o nome de Castelo do Templo. Fr. Ramón de Servera, comendador daquela religião de Maiorca, o habitava em 1232, com os religiosos Perelló do Pach, Bernardo Champagne, e outros Cavaleiros. Nessa fortaleza tinham seus arquivos os Reis da Maiorca, como se prova pelos traslados de vários privilégios e instrumentos antigos e, particularmente, o do livro geral de distribuição feito por G. Ferrer, notário, nos idos de abril de 1269, em cujo final se lê: *"Assó é trellat fielment feu dos cabreus, escrits em paper, e comanats per o senyor rei d'Aragó na casa do Templo, de Maiorques, etc."*.

Quando da expulsão dos Templários, em 1311, residiam nessa casa os Cavaleiros dessa religião: Fr. Arnaldo Duyl de Molins, Fr. G.

de Muntanhans, Fr. Martín Pérez d'Áspera, Fr. Pedro Martorell, Fr. Marcos Capaller, etc. E esse castelo e outros bens que possuíam os mesmos religiosos na ilha, os doou o rei Sancho, com instrumento das Kalendas de Maio de 1314, à Ordem Hospitalária de São João de Jerusalém, com cujo motivo Fr. Arnaldo Solerio, Bailio de Maiorca, na mesma Ordem começou a habitar o Templo, com seus Cavaleiros, naquele ano.

Em 1345, servia de uma vez esse castelo de cárcere de Estádo, pois nele estiveram detidos o infante D. Sancho de Maiorca e outros personagens principais da corte do rei D. Jaime III, de onde fugiram para passar ao exército que reunia aquele desgraçado monarca com o objetivo de procurar a recuperação de sua coroa e estados. Em uma ordem real de 9 de junho de 1344, recomenda o rei D. Pedro ao Comendador dos São-joanistas de Maiorca a conservação dos muros e torres do Castelo do Templo.

Os Bailios D. Fr. Melchor Dureta, que o era em 1652, D. Fr. Lorenzo Despuig, D. Fr. João de Puigdorfila e Dameto e D. Fr. Manuel do Montoliu e Eril, que foi o último (1805), fizeram grandes e custosas obras nesse castelo, como se prova pelos escudos de suas armas que se veem tanto nas paredes interiores e como nas exteriores. No ano 1820, quando o governo expropriou os bens dos São-joanistas, o castelo foi vendido a D. Pedro Suau e Dna. Manuela Gallard, esposa do D. José Dezcallar, herdeira daquele comprador que o vendeu ao comerciante D. Manuel Palmer, que aproveitando grande parte do terreno perdido fez edificar numerosas casas, fazendo desaparecer quase por completo a importância arqueológica de tão precioso edifício; de sua antiguidade se conservam alguns vestígios de suas torres e muros, e em sua igreja várias sepulturas góticas e duas capelas bizantinas.

O FORTE DOS TEMPLÁRIOS

Além dos centros administrativos, religiosos, penais e assistenciais que existiam na Pollensa Templária, também temos que nomear outro tipo de construção da Ordem de grande importância, e isso por duas razões: porque devia tratar-se de um enclave de alto valor estratégico e porque as ruínas arqueológicas estavam até estão intactas. Estamos falando da torre ou Forte dos Templários, localizado bem perto do cruzamento de Seja Povoa em direção a Alcúdia, ou o que é o mesmo ali onde do caminho real penetrava-se nos domínios do Templo.

Hoje, sua função fica bem clara, que era por uma parte inspecionar a toda pessoa ou mercadoria que ia para a Pollensa. Por outra, controlar os habitantes dos arredores e lhes fazer respeitar os limites do termo e, finalmente, manter longe os bandidos dos bosques de Crestaig e a salvo as pessoas, pois desde tempos imemoriais e até quase o presente século se dedicavam a roubar os peregrinos e viajantes.

De fato, atualmente, alguns donos das posses contam histórias de mais de 700 anos, quando os Cavaleiros da capa branca e cruz vermelha impunham sua lei pelos arredores.

Por certo que um dos mais antigos do lugar até recorda ter visto, quando menino, os restos de uma escada, hoje coberta pela terra, que subia até a montanha em forma de pequeno calvário de outra ascensão ao patíbulo; de fato a hipótese não é absurda, pois havia costume em pendurar os delinquentes ou algum membro talhado deles (segundo os sádicos costumes medievais) em um sítio bem alto e visível do cruzamento de caminhos, já que assim seria a melhor advertência para os habitantes que procuravam fortuna dentro das terras do Templo.

Este enclave se encontra por um caminho que remonta à ladeira do pequeno monte chamado o Puig de Som Vila, para a Masia da Seja Torre.

Capítulo nº 27, 1º de março de 1990
ANEXO I

SÃO MARTIM DE VILA FRANCO

As antigas casas de São Martim têm sua origem como parte de uma importante cavalaria que, durante os séculos XIII e XIV, pertenceu à importante Ordem dos Templários (até o ano 1314). A cavalaria englobava um conjunto de terras compostas por *alquerías* e "*rafals*", das quais as mais conhecidas são, por seu genérico muçulmano, as do Alanzell e Albadellet. Por outra parte, a antiga origem da zona está avaliada pelos restos arqueológicos pré-históricos, românicos e árabes.

A cavalaria pertenceu aos Santjust e posteriormente aos Sureda; nos finais do século XIV, constituiu a base econômica, política e social que alavancou a majestade das casas. O esplendor medieval de São Martim reflete-se ainda na estrutura do palácio-castelo que observamos em seu conjunto.

Aspectos medievais do edifício

Uma parte do claustro, no lado do poente, é dessa época com pequenos portais em arco do meio ponto de caráter fortificado. A fachada data certamente do século XIV e se avizinha com escassos exemplos rurais como o de "tocador do rei Sanxo", no Teix, e o ruído claustro de Som Catlar do Mancor.

As casas, durante a Idade Média, foram aumentadas e dotadas de diversas torres. Uma parte foi adaptada como uma grande residência senhorial com salas e habitações iluminadas por janelas.

Das torres, fica uma completa no lado sul-oriental, onde ainda se veem os arcos fechados por duas janelas em estiloajimez.

No andar de baixo de dita torre há uma sala com um arco escorado, que corresponde ao estilo gótico primitivo típico da época de repovoamento. É uma sala dividida pelo arco diafragma, que não conservou seu teto original, o qual estava suportado por mísulas de pedra que ainda se veem.

Passada a Idade Média, São Martim sofreu as típicas reformas para adaptá-lo ao gosto residencial dos séculos XVII e XVIII, sem descartar a possibilidade de alguma reforma no XVI.

Por exemplo, na entrada da casa dos amos há um teto de vigas ancorado por duas colunas centrais de estilo renascentista. Por outro lado, os famosos arcos do claustro, correspondem a uma tipologia que se implantou no século XVI, apoiada no gótico tradicional, mas que se prolongou até o século XVII.

A princípio, e por deduções comparativas, parece oportuno falar de uma ampla reforma no século XVII. E o aceitamos com apoio ao feito de que as colunas itálicas da entrada de cânhamos (antigo comilão da *payesia*) parecem-se com algumas galerias do século XVII, por exemplos, São Amar ou São Creus da Bunhola. Os arcos do claustro se assemelham, tendo como exemplo o pórtico baixo das galerias de Cão Verí ou da CA, a Grande Cristã de Palma. Ambos os pórticos parecem mais antigos que as galerias superiores, que são de estilo itálico.

A escada principal, com corrimões de madeira esculpida imitando silhueta de barrotes, parece uma obra típica do século XVI. Também convém recordar que os corrimões de madeira são mais frequentes na arquitetura senhorial do século XVI, e não no século XVII, época em que se prefere o ferro.

A capela atual tem seu acesso pelo claustro; o portal pertence ao barroco classisista. O interior destaca pela abside com uma volta estrelada de tradição gótica e um arco (século XVI).

Outros detalhes importantes da capela são: uma porta gótica do século XV (com uma coroação heráldica do século XVIII) e o artesanato de madeira. O portal é uma peça artística importante que data da época de Domingo Sureda, famoso por um duelo cavaleiresco celebrado na Itália.

Na sala da torre situada na planta nobre encontramos também um portal ou janela gótica, que se utilizava para alimentar uma chaminé. Esta peça procede igual à que esta na sala de música de Cão Vivot em Palma, da posse da l'Águia Velha do Llucmajor. Posse que tinha sido propriedade dos Sureda.

No século XVIII, houve uma importante intervenção que se destaca pelas esculturas de Santa Bárbara, na fachada da escada (ano 1746), e de São Martim, que remata o portal de fora. Nessa época foi estucada a fachada, emoldurando geometricamente as janelas e os portais com bandagens brancas. É uma típica intervenção decorativa barroca muito vinculada à arquitetura rural.

A grande galeria de sete arcos que há na fachada do levante se atribui a fins do XVIII. Essa galeria parece inspirada na galeria barroca classicista do jardim de Cão Vivot de Palma, a qual também é de sete arcos.

Arte popular no celeiro

Finalmente, há de se destacar uns "grafites" e dois conjuntos de desenhos populares muito importantes de uma parede do celeiro. Apresentam santos, Cavaleiros, soldados e animais, desenhados em boa medida na parte alta de uma parede. Pode-se assegurar que os "grafites" e os desenhos rendem um impacto decorativo muito notável e que seu estado de conservação é ótimo. Seu valor histórico e etnológico é indubitável.

Entorno de proteção

Estabelece-se uma zona de suporte de 70 metros, desde cada uma das fachadas exteriores do edifício.

MONTUIRI TEMPLÁRIO

No município, a Pré-história e a História Antiga estão documentadas mediante as jazidas arqueológicas encontradas. Do período pré-talaiótico se conservam numerosas covas que foram utilizadas como moradias (São Comeles).

A cultura talaiótica fica bem constatada no povoado de São Fornes, que foi frequentado a partir do ano 900 a.C. até finais do século IV d.C., incluindo três fases: a Talaiótica, A pós-talaiótica e inícios da romanização, encontrando-se também materiais arqueológicos da fase imperial e da romana.

Durante a dominação islâmica, pertencia ao Aljuz de Muntuny, que compreendia os atuais terrenos da Algaida, Campos, Llucmajor e Montuiri. As tribos que habitavam eram os Bahila, Gumara e Umaya. A presença muçulmana havia ficado patente em alguns restos de construções (velar de Seja Torre) e também em topônimos como Alcoraia.

O *Llibre del Repartiment* (1232), depois da conquista catalã, concede o território de Montuiri a Jaime I, que cedeu alguns "alqueires" a seus Cavaleiros Templários.

Em 1300, Jaime II outorgou a carta de povoado ao município, onde se fundou um povo real, que culminou com o traçado urbanístico chamado de Quadrado, área retangular adjacente ao Molinar, núcleo originário. Dentro desse perímetro retangular se realizaram três caminhos e nos séculos posteriores se acrescentaram novas vias, mas a estrutura medieval se conservou até os dias atuais.

A crise geral de Maiorca dos séculos XIV e XV, cujo início coincide com a supressão de Ordem do Templo, afeta a população de Montuiri e durante o século XVIII também houve um perda de habitantes causada pelas secas e pestes.

Durante o franquismo desapareceu o dinamismo cultural e político do período republicano.

O Catolicismo nacional de pós-guerra permitiu que a Igreja se convertesse em elemento aglutinador da vida social e cultural do povo.

Daquela posse Templária que se constituiu no ano 1232 depois da divisão pouco fica, apenas um cruzeiro gótico primitivo na Pedra do Rei parecida com cabeça de piolho, com uma cruz de aspecto espinhoso, sobre um capitel octogonal em que se distingue, entre outros elementos apagados, a figura emblemática do martelo; também apreciamos na parte alta da cruz tal e como acontece com a Cruz Processional Templária da paróquia de Porreres até uma águia dando de comer a suas crias. Pela cara oposta a que está o Cristo crucificado vemos uma imagem da Virgem Maria com um menino nos braços sobre um pedestal unido à Cruz, também há destacar que aos pés do Cristo se observa a figura de uma pessoa que em sua cabeça parece levar um casco (talvez pudesse ser um Cavaleiro Templário).

Por último, diremos que em Montuiri os Templários eram donos de 36 posses e que no *Llibre del Repartiment* (Livro da Divisão ou Partição) sua extensão era de 25 glebas (16 alqueires, ou o equivalente a 11 hectares e 36 áreas).

Tem-se de esclarecer que a gleba se referia sozinha ao campo agrário cultivado, excluindo-se Pinar, Garrigas e, em definitivo, todo o terreno improdutivo.

MANACOR, SÉCULOS XIII E XIV

Quando no último dia do ano 1229 as hostes do rei Jaime I entraram na cidade de Maiorca, depois de três meses e meio de luta, desembarcaram em Santa Ponsa, em 8 de setembro, e quatro dias depois se travava a primeira batalha; a ilha deixava de ser de domínio muçulmano e ficava anexada, mas não submetida, à Coroa de Aragão.

MAIORCA ISLÂMICA

A Maiorca muçulmana estava dividida em 12 distritos, dos quais da capital compreendia às atuais comarca de Ciutat, Calvià, Andratx, parte do Banyalbufar, Estallencs, Puigpunyent e Marratxí, e de Manacor, aproximadamente seu nome atual, mais o do Felanitx, Porreres, São Lourenço e algumas terras.

Os dez distritos restantes eram o da Pedra, aproximadamente, os lados do Sineu, Loret, São João e Vilafranca, e o de Montuïri, com os do Llucmajor, Campos, Santanyí, e É Salines, o da Canarrosa, que compreendia Alaró, Lloseta, Sencelles, Costitx, Binissalem, Santa Maria, Consell e Santa Eugenia, e o do Artà, com São Servera e Capdepera, o de Muro, com a Maria da Salut, Llubí e Santa Margarida, o de Pollença, com a Alcudia, o do Almallutx, com a Escorca, o de Inca, com o Búger, Campanet, Manacor, Seja Povoa e Selva, o do Sóller, com o de Fornalutx, e o de Bunyola, om o Deià, Valldemossa, Esporles e a parte do Banyalbufar que não correspondia ao Ciutat (Rehacer).

Alguns desses topônimos não correspondem, necessariamente, aos núcleos de população atuais, nem têm seus termos recentes, a não ser zonas, onde seus habitantes, dedicados quase exclusivamente à agricultura, viviam dispersos por *alquerías*, abrigos e pequenas aldeias de uma centena de casas. Manacor, possivelmente, foi um deles, onde se podia agrupar a existência de certos serviços comunitários, como poderiam ser os religiosos.

Os alqueires eram as porções de terreno mais extensas e compreendiam diversas casas, agrupadas ou dispersas; os abrigos (*rafals*) eram terrenos mais pequenos, quase sempre de uma só moradia.

Não é de se sentir saudades que a conquista da "cidade" significasse a dominação da ilha, embora esta não se consumasse até o ano seguinte, depois de terem sido submetidos os fugitivos da queda de Madina, Maiorca, que com os habitantes externos, constituíram uma autêntica força de resistência, capitaneada por Ibn Sayri e situada nas serras da ilha, concretamente nas fortificações das montanhas da Capdepera, Alaró e Felanitx.

A DIVISÃO

Imediatamente depois da conquista se produz a partilha combinada nas Cortes de Barcelona; metade para o rei e metade para os quatro que capitanearam a expedição: Berenguer de Palou, bispo de Barcelona, Gastão de Montcada, Visconde de Bearn, Ponce Hugo, Conde de Empurias e Nuno Sanç, Conde de Rosselhão.

Da partilha somente se conserva a notícia detalhada da parte que corresponde ao rei (código latim-árabe do Arquivo Histórico da Maiorca), por isso se desconhece a relação exaustiva das alquerías e "rafals" de Manacor, adjudicadas a D. Nunó Sanç, e que podemos reconstruir parcialmente ao longo dos estabelecimentos, vendas e restos que encontramos em anos sucessivos.

Sabemos que D. Nunó Sanç foi o mais favorecido: de cada 130 cavalarias, tinha a obrigação de contribuir com um cavalo armado à defesa das ilhas, por isso a D. Nunó Sanç tocavam 14.

MODUS VIVENDI

A população do século XIII vivia, essencialmente, da agricultura, cultivava o campo e mantinha uns ofícios adaptados às suas necessidades: o ferreiro, que mantinha as ferramentas; o oleiro, que proporcionava os recipientes; o carpinteiro, que construía carros, arados, botas, etc. Os moinhos estavam situados nos extramuros e fica perseverança de algum era de água, concretamente os situados na "Vale de Nou".

O cultivo principal eram os cereais; mantinha-se uma rotação de cultivos.

A herança arábica do irrigado se manteve e aumentou os canais de irrigação; por falta de água superficial, potencializavam as pequenas hortas, onde se cultivavam verduras para consumo próprio.

O gado estava reduzido também às necessidades do campo; para o trabalho se utilizava um par de bois, enquanto a espécie equina, mulas, éguas, asnos, era utilizada exclusivamente para o transporte. Ao mesmo tempo, o bovino era objeto de produção, junto ao ovino, que subministrava carne, leite e queijo, o produto mais apreciado do século. Conhecia-se também o cultivo da abelha, que proporcionava mel e cera.

Entre outros animais conhecidos figuram os porcos, cabras, galinhas, patos, perus e cães. A caça estava reduzida a cervos, javalis, coelhos, lebres e, em menor grau, perdizes, já que elas tinham minguado de tal maneira que o rei Sancho (século XIV) as fez repovoar.

A CAVALARIA

Foi um conceito paralelo ao de propriedade, já que constituía, além de uma medida de superfície um tanto problemática, certo compromisso de manter um testamento preparado para a defesa das ilhas.

Era obrigação manter um cavalo armado – cavalo, cavaleiro e *arnês* –, correspondia a cada 130 cavalarias. À porção de D. Nunó Sanç, que era a oitava parte da ilha, tocavam-lhe 14 cavalos armados, correspondentes a 1.874 cavalarias.

Posses fortificadas Templárias de Manacor

Em Manacor, podem-se encontrar diferentes tipos de fortificações prediais das casas fortes circulares passando pelas quadradas e a torre-porta do "Rafal Pudent". Algumas delas tiveram, inclusive, pontes levadiças.

Sabemos que em Castela, em certas épocas, para fazer fortificações nas casas particulares era preciso a permissão do rei. O rei Jaime elaborou alguns capítulos sobre as condições que deviam possuir as torres de Barcelona para não incomodar os vizinhos e evitar uma guerra civil.

HOSPITALET VELL

Com o nome de Hospital, designava-se na Idade Média não somente um edifício para a parte de doentes e feridos, mas também algumas ordens militares ou religiosas que as casas as acolhiam.

No ano 1306, encontramos documentada em Manacor a *alquería* da Casa do Hospital de São João de Jerusalém, também parte da Ordem do Templo.

Em 1578, encontramos em Manacor duas posses com o nome de Hospital, uma era do senhor Francisco Ballester, e a outra de D. Jaime Llull, que estava avaliada em 2 mil libras e a outra em 2.200, mas as duas eram do Templo.

No ano 1630 encontramos documentados a D. Jaime Llull do Hospital e seu irmão Pedro, e a D. João Llull do Hospital.

Do Hospital se estabeleceu "*Hospitalet*" que, a sua vez, deu origem a outras parcelas.

MENDIA OU MANDIA

Estranhamos encontrar em Maiorca palavras celtas. No Felanitx encontramos o Castelo do Santueri que, segundo uma moderna etimologia, provém de "Sanchum-eri" (Povo ou Castelo do Sanz) e sabemos que, antes da conquista, o conde Nunó Sanç disse a todos os reunidos na distribuição de Maiorca que se tinha de ter em conta que todo o local era de sua família desde antigamente, antes que os árabes conquistassem a Ilha, e suas palavras foram respeitadas.

Por outra parte temos Montuiri, topônimo que acaba em - eri ou - iri, como o castelo do Felanitx e o mesmo Manacor (chamado Manacorí ou Manaqui), que poderia vir de "pedra grande" (Man-a-hir) ou de "man-a-cori", o povo da pedra grande.

Recentemente, o Instituto de Estudos Menorquinos declarou que o topônimo Maó é também de origem celta.

OS TEMPLÁRIOS EM MANACOR

Como sabemos, a Ordem do Templo foi abolida pelo Papa Clemente V, no ano 1312; os herdeiros de Manacor foram os Cavaleiros do Hospital de São João de Jerusalém.

Mas, em que pese todas essas mudanças de nome e do detalhe que desde de 1312 havia pena de excomunhão ao que se vestisse de Templário ou usasse seu nome, em Maiorca, a fins do século XVIII, era conhecido como "CAVALEIROS DA CASA SAGRADA DO TEMPLO". Conservam-se uns textos no Arquivo Municipal de Manacor, do ano 1761, assinado pela honra de Damião Fullana, "prefeito da Casa Sagrada do Templo de Manacor". São questões de pouca importância, assuntos entre vizinhos ou parentes, igualmente passava na Corte dos Templários em Pollensa, tirados à luz pública com o descobrimento do Arquivo do Templo, no Arquivo Municipal de Pollensa.

Encontramos entre alguns desses documentos que as casas ou albergues existentes em Manacor e pertencentes à Casa Sagrada do Templo eram quatro. A do Hospitalet já citada anteriormente e três mais: São Sayart, São Isidro, São Sayarut.

Como já foi dito, o primeiro Senhor de Manacor foi Cavaleiro de sangue real. Como nos diz o sr. Pedro Adrover Rosello, era segundo tio do rei D. Jaime I que lhe cita em vários documentos: vossos caríssimos primos. Foi quem, depois do rei, mais tropas, armas e provisões contribuiu para a conquista de Maiorca, e por isso foi o que mais benefícios conseguiu, depois do próprio rei. Em 1241 morria D. Nunó Sanç sem descendência, deixando herdeiro único o rei D. Jaime I, Manacor passava a depender diretamente do monarca e seus sucessores.

Por isso encontramos várias posses que pertenceram aos intrépidos Cavaleiros do Templo (como são chamados no *Llibre dels Feyts*) das que foram citadas. Cabe dizer que pouco ou quase nada ficou delas já que em nossa busca encontramos tão somente restos de três daquelas posses.

Entre elas, a parte de S'Hospitalet Vell ou S'Hespital de que já falamos encontramos as ruínas do que foi São Isidro; encontra-se em um terreno baixo, na parte de atrás do que é o Hospital. Cabe dizer que algumas dessas posses eram chamadas de Hospital, mas eram casas de hospitalidade ou acolhida.

Também encontramos os restos que ficaram do que foi São Sayart, já que a casa foi semidestruída e se construiu com o que restou de um chalé forrado em pedra; a parte que pertencia a São Sayart se mantém em pé e é utilizada atualmente como garagem, até podem ser vistos os contrafortes de suas paredes laterais forjados em pedra e que na Antiguidade se empregavam para dar mais força às estruturas das casas.

Da posse de D. Sayarut não pudemos localizar nada, já que, ao que parece, foi totalmente destruída e em seu lugar se construiu um chalé ou casa senhorial, cujo estilo se afasta do esquema das típicas casas de possão maiorquinas.

Por último, diremos que as quatro posses estavam muito próximas umas de outras e dentro do que poderíamos chamar do daquilo que foram. "Na zona Templária" nos encontramos com os restos do que foi uma Basílica Paleocristã, é curioso mas sempre encontramos perto dessas posses Templárias Covas, *Talaiots* ou construções religiosas como neste caso.

LLUCHMAJOR

Conforme vemos nos documentos diplomáticos, logo que o monarca conquistou Maiorca apressou-se em criar um *Maioricarum Unido*, consequência do respeito tido à personalidade de um reino muçulmano maiorquio que incorporava a sua coroa sem adicioná-la ao reino do Aragão, nem ao condado de Barcelona.

"Rei Aragon o reino *Maioricarum, come Barchinone o dominus Montispessulani.*"

Segundo Desclot, estimam-se em 80 mil muçulmanos no momento em que Madina Mayurqa passa a ser a Cidade de Maiorques; do combate restaram 50 mil mortos e 30 mil prisioneiros.

Já no *Llibre del Repartiment*, também chamado livro do rei, "Liber Regis", que data de 1º de julho de 1232 (segundo o tabelião real e notário Pedro do Melio). Em seu códice latino-arábico aparece pela primeira vez documentado Lluchmajor; *Alquería Luch-maior-xxv jo (vatas) est (Raimundo) do Sancto Martino.*

O rei no Lluchmajor reservou terras para si, outras entregou a seu mesnada e outras foram distribuídas entre a casa do Templo, Guilherme de Montcada, Ramón Alaman, Guilherme de Claramunt, Paborde de Tarragona.

Segundo Bartolomé Font Ateliê, a alquería do Lluchmajor teria 400 quarteiradas, tenhamos em conta que a trampada se referia somente ao campo agrário cultivado excluindo-se Pinar, Garrigas e em definitivo todo o chão improdutivo.

A alquería pertencia a Ramón de São Martim.

Sobre seu ascendente, os genealogistas fazem entroncar esta linhagem à de Carlos Magno. Fulcon de Sant Marti, chamado assim segundo Font Ateliê pelo senhorio e lugar de São Martivell no Ampurdán, recebeu esta honra do imperador.

Era irmão do Ramã Folc I, Visconde da Gerona, e ambos filhos de Fulcon, Conde de Anjou da Augencia, irmão do Carlos Magno. Outros nos falam do Geriberto de São Marti, senhor dos Castelos de São Marti, ou seja, Rocha de Penedes da Olerdola e de Barcelona, descendente do Fulcon de São Marti que no ano 844 visitou Carlos, o Calvo, da França, em Tolousse na companhia do bispo de Gerona Gundemaro e do Conde do Ampurias. Casou com a Ermengarda, filha de Borell, conde de Barcelona.

Depois de falar desses testemunhos documentários mais antigos, vamos nos ocupar de alguns outros.

A situação desse incipiente núcleo ao amparo de ventos frios gregários por este alinhamento de colinas que discorre do NW, a SE. Puig de Renda (548 metros) e Puig do Galdent (400 metros). Na encruzilhada entre a cidade e o dilatado território Sul com o de Campos e Santanyi, que já estavam organizando algo igual ao Llucmajor, foi um fator decisivo, sem esquecer seu ponto estratégico interior, longe da costa e por isso de todo perigo inesperado dos muçulmanos.

Segundo Font Ateliê, de 1230 a 1249 o rei sancionou suas leis de caráter judicial, político e administrativo da cidade e reino de Maiorca. Em Valência, ano 1247, é dito o decreto de promulgação da nova moeda de lei de três dinheiros, chamada reais de Valência, com curso obrigado e exclusivo em Maiorca e Ibiza; "*in cuius uma part sit caput regium coronatum et in reliqua parte sit arbor ad modum floris, in cuius sumitate extensa usque ad superiorem circulum ponatur cruz contigua ipsi arbori infra extremum circulum*". No capítulo 3 do privilégio de 1269, outorgou o escudo à cidade e ao reino; "*habeant sigillum Universitatis in quo ex uma parte sit signum regium et ex alia signum castri regu Almudayna Majoricarum*". Todas essas prerrogativas as concedeu com aplicação, benefício e utilidade geral.

O templo da Igreja foi o primeiro edifício que deu sentido de reunião e comunidade às nossas vilas. A sociedade naquele século de contrastes foi de uma espiritualidade brilhante, em que Ramón Llull, contemplativo nas imediatas alturas de Renda é visitado pelo pastor do céu, encontrando naquele seu aglutinante. O fato de que a primeira construção de caráter social fosse a igreja dá ideia da religiosidade dos que fundaram os núcleos de população. Deus era o centro de tudo.

Entre os pobres significados que lhes couberam propriedades em nosso território, destacam-se por sua relevância e distinção o infante Pedro de Portugal, o Conde Nunó Sanç de Roselhão, Cerdanha e Conflent e a Casa Sagrada do Templo, além de Cavaleiros dos mais distintos na conquista dos proprietários da fortaleza de Gomera ou de judeus e do território do Templo da cidade.

Conta-nos F. Ateliê que uma instituição medieval, expressão da alta classe e riqueza de indivíduos e entidades, estabelecida na ilha como consequência da distribuição de terras foi a cavalaria.

Muitos serviços de cavalaria acabaram por emprestar-se em efetivo, destinando-se sua importância à defesa. Também pelos livros das abreviações pode-se seguir o número de cavalarias em todo tempo, embora não seja fácil, por seus dados tardios e dispersos, precisar as do século XIII. No Lluchmajor sabemos que houve sete cavalarias: a do rei, Mosteiro de Santa Clara da Cidade, abade de São Feliu de Guixols e quatro de particulares (A.H.M. Ra (1774) 1,8.) Convém ter em conta nelas a de Nunó Sanç, Infante Pedro de Portugal, Templários, e bispos de Maiorca ou Porção Temporária.

De acordo com o repertório apoiado no A. H. M. Prot. e Ascla Prot. sobre a paróquia ou termo, encontramos entre os proprietários no ano 1232, a casa do Templo (alqueire próximo ao Puig de Renda).

Em 1352, e por um documento, sabemos que Bernardo Mateu, Burgomestre, por uma parte e Romeu Sala, por outra, discutiam sobre os limites de seus alqueires contiguos, situados na Porola, de domínio e poder reais. Ante dito Alqueire (Perola) tinha pertencido à Ordem dos Cavaleiros do Templo, e Pérola se conta entre as terras mais fertéis e ricas do Lluchmajor (A. H. M. Prot. T 1350-3).

Também, ao que parece, o Alqueire da Jusama pertenceu à dita Ordem do Templo.

Existe a curiosidade que entre os escudos procedentes da série Manual do Estado Estrangeiro, A. H. M. Prot. 355, 199, encontramos uma Perola ou Caldeirão que é, às vezes, distinção de homem rico, e outras vezes tem certo significado esotérico sobre conter a sabedoria.

Os Templos Sagrados 97

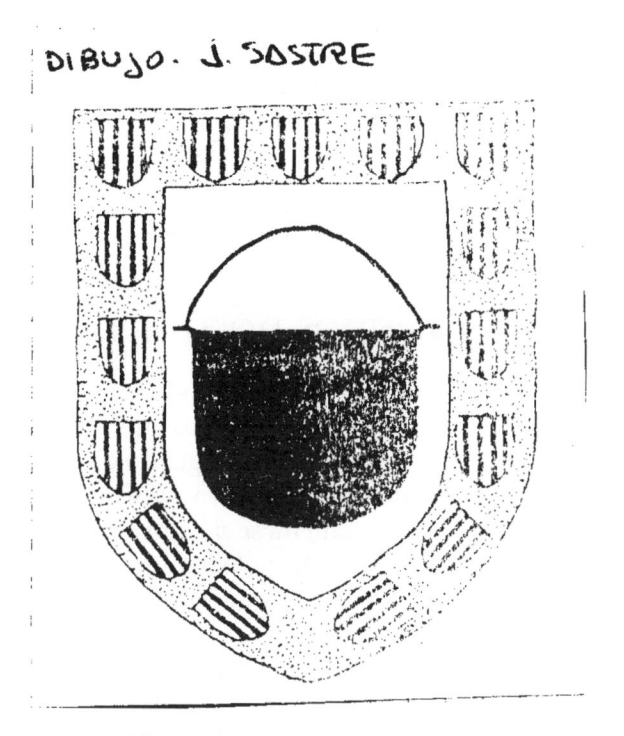

DIBUJO. J. SOSTRE

Luchmajor no Século XIV (marcadas com flechas os Alqueires de "A Párola" e de "Jusama")

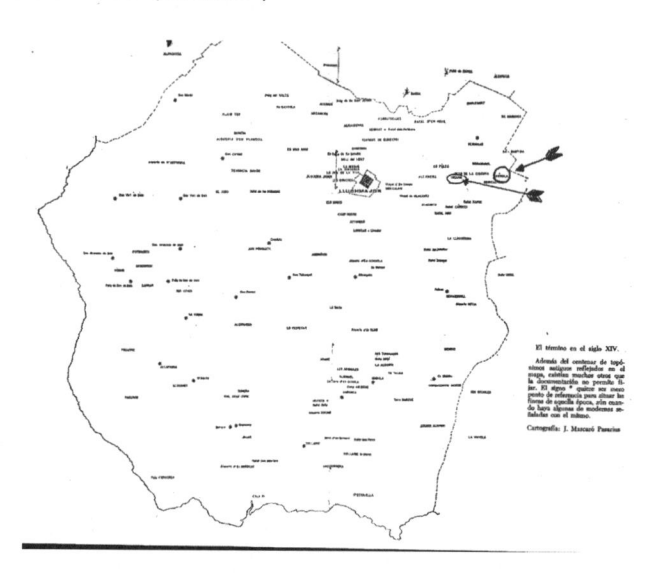

Mapa de Lluchmajor no Século XV

Perola na atualidade até conserva parte de sua estrutura antiga, embora também tenha sofrido algumas modificações nas fotos, como se pode observar a *alquería da Perola* em sua visão exterior; tentaremos em um futuro acessar seu interior, já que uma parte pertence ao agroturismo; mas o que nos interessa é um trecho em particular. Já contatamos o proprietário, mas não pudemos nos deslocar ao lugar para ver e fotografar o interior da Perola, em um futuro próximo tentaremos ampliar esta informação.

OS MOINHOS DO TEMPLO

Sabemos pela história que os primeiros moinhos que existiram em Maiorca eram de pedra e tinham forma mais ou menos ovoide, cortados pela metade e com a parte inferior plana, segundo o escritor J. Segura e Salgado; com a força dos sinais de multiplicação se movia a parte superior roçando a inferior, dessa maneira se triturava o grão.

Depois apareceram os moinhos chamados de sangue (época de romanos e gregos) que recebiam este nome porque eram movidos pela força animal.

Logo na Maiorca islâmica chegaram os moinhos de água, que eram acionados pela força da água (correntes de água). Já no tempo da retomada chegaram os moinhos de vento trazidos a Maiorca pelos Cruzados, que tinham sido fabricados na Terra Santa para poder criar um moinho que moesse o grão e cujo mecanismo não fosse acionado pela força da água, já que esse elemento estava muito escasso por aquelas terras normalmente desérticas. Estavam acostumados a ficar situados em zonas elevadas, e sabemos que até na Terra Santa edificavam-se em cima de algumas torres de defesa, para assim aproveitar melhor as correntes elevadas de ar.

Estavam acostumados a ter de quatro a seis sinais de multiplicação nos moinhos, e, segundo Joseph Sagristá, sua construção era de forma cilíndrica de uns oito metros de altura e com diâmetro exterior de 4,50 metros.

Seus muros estavam acostumados a ter uma espessura de um metro de largura e eram feitos de alvenaria com morteiro de cal e areia.

Não era frequente que a torre saísse do mesmo chão e estavam acostumados a edificar-se sobre pequenas construções de tipo circular, quadradas ou retangulares, de um ou dois metros de altura. Nesses casos, a altura da torre aumentava, já que seus muros se faziam de maior grossura, normalmente os sinais de multiplicação dos moinhos eram de uns sete metros de longitude e sobre eles se colocavam velas, que podiam ser retangulares ou triangulares (nestes casos se chamava o moinho de tipo *panemón*) e recolhiam o vento.

Muitos destes moinhos, segundo Lluis Ripoll, tiveram por patrona Santa Bárbara ou São Lourenço, e no dia da festividade do santo ou da santa, os moinhos permaneciam parados, fossem quais fossem suas necessidades de trituração ou se o vento lhes reinasse. E assim se age em algumas festividades de Semana Santa.

Alguns desses moinhos foram construídos por operários que pertenciam às Lojas Maçônicas de Pedreiros que estavam sob o amparo da Ordem do Templo, já que esses aplicaram os conhecimentos adquiridos para sua construção nos mais de cem anos que levaram na Terra Santa.

Assim mesmo temos de insistir que com a repartição aos Cavaleiros do Templo corresponderam muitas *alquerías* nas que existia algum poço ou fonte e nas que normalmente existiam moinhos de água (cuja forma era quadrada ou retangular). Desta forma se pode dizer sem temor de nos equivocar que virtualmente chegaram a ter o monopólio da água na ilha, o que remonta a épocas pré-históricas (Talayots, Basílicas Paleo-cristãs, etc.) com a presença de poços ou fontes de água doce. Possivelmente por isso estamos acostumados a ver que em suas posses há abundante vegetação e que suas terras eram muito adequadas para o cultivo, já que são zonas onde a água está sempre presente.

Possivelmente por isso, igualmente em a Escorca ou Bunhola não acharemos nenhum moinho, mas, sim, os encontraremos em: Pollensa, Alcudia, Campanet, Seja Povoa, Alaró e sobretudo na Algaida (cujo termo também pertenceu à Ordem) Llucmajor (a Perola, etc.) e Manacor (São Isidro, São Sayarut, São Sayart, etc.).

Segundo G. Atienza, podemos encontrar alguns desses moinhos que pertenceram à Ordem sobretudo em Povoa e Alcudia e sabemos que o moinho de vento mais antigo que existe na ilha, segundo J. Salgado, pode ser encontrado em Alquería Branca do Santani e que já foi documentado no ano 1262 (*A.R.M.-R.P.-E.C.R.347, F. 262 e A.H. S-2 f.129v*).

Estes moinhos se utilizavam, é obvio, para a moenda de cereais, para a prensagem das olivas e das carnes, e de azeitonas para a fabricação do azeite, mas também para tarefas artesanais e semi-industriais, tais como a *batanadura (fullin)* dos panos de lã. Às vezes os Templários associavam curtumes a seus moinhos ou os aproveitavam para criar verdadeiras redes de irrigação. Permitiam que outros agricultores se beneficiassem disso, em troca do pagamento de um canôn.

Hoje em dia se luta para que esses moinhos sejam considerados bens de interesse cultural (monumentos históricos). Por isso, queremos felicitar a Associação d'Amics del Molins, de Maiorca, e seu Presidente, o senhor Gabriel Rabassa Oliver, como também o *Ajuntament* de Palma e a Conselheira de Obras Públicas e Ordenação do Território, pelo enorme trabalho que desempenharam na classificação, restauração e preservação dos moinhos das Ilhas Baleares; no futuro, nossos filhos poderão seguir desfrutando da imagem dos moinhos maiorquinos; que formam parte da história de nossa amada terra. Obrigado a todos eles.

Depois de ter feito um repasse da história do Templo nas Baleares, para conhecer melhor seus costumes e demais traços, e tendo em conta que a Ordem tinha em Maiorca uma de suas mais importantes bases navais, acredito que seria importante conhecer algo sobre o que não se falou muito, mas que considero que é uma das peças mais importantes da frota do Templo, isto é, suas cartas de navegação, já que elas e seus navios eram para ser a frota mais importante do mundo.

De todo o estudo se sabe que, no Templo, quem realizava a tarefa de cartografia eram os professores de origem judaica; deles vamos falar a seguir.

Capítulo XVI

Os Cartógrafos nas Ilhas Baleares

Referir-nos à cartografia tem sentido, assim como a aplicação da mente, do desenho e da cor para a representação em obras de caráter técnico. Porque técnica, no sentido estrito, de ensino tradicional e experimental, era a navegação na Ilha de Maiorca, quando a princípios do século XIV o primeiro censo parcial da cidade situa tantos marinheiros na paróquia de São Nicolau e os chama "Navegantes"; sobre estes Cartógrafos ou Navegantes trataremos neste trabalho. Não nos interessam naturalmente aqui os aspectos científico, matemático, astronômico que pudessem revestir essas obras, que na Baixa Idade Média tanta importância tiveram na Ilha de Maiorca, por ser o último ponto no meio do Mediterrâneo que se tocava nas rotas que saíam do Oriente e da Itália para o estreito, e dali para o Norte: as Ilhas Britânicas e as Terras Baixas do Flandes, ou para o Sul, as terras cálidas do Marrocos ou Rio de Ouro. Por isso, às vezes, parte de alerta das Atalaias do Norte da Ilha sempre estava vigilante por temor aos piratas, ao registrar o passo de alguma frota já para alguma vez a sugestão de se seria o comboio de venezianos que ia do caminho ao Flandes, acostumados como estavam a vê-la sulcar temporada após temporada aquelas costas que seus olhos aquilinos tinham tão familiarizados.

Desgraçadamente a maioria dessas cartas medievais, pelos avatares da história, foi parar no estrangeiro, salvo alguma rara exceção.

Muitas das cartas maiorquinas começam a ser feitas a princípios do século. A primeira parece ser a anônima da CA. 1327 do British Museum;

elas pertencem a um tipo que J. rei Pastor e E. García Camero denominaram "náutico-geográfico" e que têm características enciclopédicas, porque "são de uma vez instrumento de navegação e exposição de conhecimentos: de geografia física (orografia, hidrografia e outros acidentes do chão); de geografia biológica (flora e fauna); de geografia política (biografia sucinta de monarcas, dados de costumes); tudo isso com lendas em catalão em ingênua forma gráfica não superada nos livros da época".

Esse tipo de carta se orientou rapidamente para o mapa-múndi colorido e historiado com pormenores anedóticos e geográficos, no que chegaram perto o judeu Cresques Abraham e seu filho Jafuda Cresques. Mas ao lado deste tipo existiu o estilo "náutico puro", cujos elementos são mais diretos, próprios para satisfazer as necessidades de navegantes e os comerciantes, como os acidentes naturais, os cursos inferiores dos rios navegáveis, os portos e a rede de ventos, a informação dos mercados terra adentro.

Contemporâneo de Cresques foi Guillem Estar, que possivelmente fora o cristão a quem o rei João, em 26 de março de 1387, recomenda fazer uma carta geográfica que Cresques ao morrer havia deixado imperfeita, se é que não se achasse outra solução mais correta.

Estar acostumado a conta com duas cartas, uma do tipo "náutico puro" e a outra "náutico geográfica" assinadas ambas, mas datada somente a segunda, a do Arquivo do Estado de Florência, em 1385. A primeira se encontra hoje na Biblioteca Nacional de Paris.

Mapa Cartográfico de 1385

Entretanto, os dois cartógrafos mais notáveis são os dois judeus Cresques Abraham e Jafuda Cresques (pai e filho). Depois do estudo de Jaume Riera, podemos cifrar em um cálculo aproximado suas biografias entre 1325 e 1387, a do primeiro, e a do segundo de 1350 a 1410. Estavam afincados na ilha, embora Jafuda morreu em Barcelona depois de haver-se convertido em Maiorca na turbulência do *Call* de 1391, em que se batizou e adotou o nome do Jaume Ribes, de seu provável padrinho, o homônimo cônego da catedral.

O velho Cresques era famoso por seu ofício na cidade até o ponto de a rua próxima ao Templo onde vivia ser popularmente conhecida como a do Judeu Buxoler. Chamavam-no "Buxoler" e "Mestre do Buxoles e de Mapa-múndi", sem dúvida porque alcançou uma grande perícia na pintura desses instrumentos, que elevou à categoria de grandes obras de arte.

A única peça conservada é o mapa-múndi de 1375 da Biblioteca Nacional de Paris, que consta de seis grandes folhas (0,63 x 0,50 metros), duas introdutórias e teóricas sobre problemas de calendário e de astrologia, e quatro em que se representa o traçado do Atlântico e do Mediterrâneo Ocidental, o Mediterrâneo Central e Oriental, a Ásia Central com o Golfo Pérsico e o extremo Oriente. Foi enviada pelo Infante João, filho do Pedro IV, ao rei da França, por mediação do Cavaleiro Guilherme de Courcy, que em 1381 copiou precisas instruções orais para o manejo e compreensão dela.

Sabemos que, em 1387, o rei João I comprara uma carta geográfica feita por Abraham Cresques pelo preço de 60 libras maiorquinas.

Esses cartógrafos judeus eram familiares aos reis, seus comtenporâneos, fosse Pedro IV, João, Martim, o cargo era cobiçado pelas vantagens que reportavam a seus possuidores e foram protegidos em distintos pleitos e problemas que tiveram com a *Aljama Insular*, inclusive o velho Cresques recebeu a mercê de poder construir uns banhos judeus no solar de sua casa em 1381.

Mias adiante – 1399-1400 –, Jafuda Cresques, residente em Barcelona, trabalhou por conta de um mercador florentino, chamado Baldassare Ubriachi, relacionado com a famosa empresa Datini do Prato, ao mesmo tempo com outro cartógrafo genovês chamado Francesco Beca, os dois pintando mapas de grande valor, mapas-múndi. É curioso, conforme sublinha Riera, que o modelo do mapa-múndi parece que era o de maiorquín, e o genovês secretamente o copiava graças às boas artes dos comerciantes italianos.

Mas um e outro eram chamados "Professores de Cartas de Navegar".

Os mapas-múndi encarregados a Beca eram de dois tamanhos, os menores (60 florins, a peça) e os grandes (por 100).

Nestes mapa-múndi de luxo se pintavam muitas figuras, grupos de pessoas, animais fantásticos, anedotas exóticas, cidades com seus príncipes e suas bandeiras, frequentemente explicando-as com suas lendas em catalão. O mapa-múndi cobrava assim um valor de fonte de satisfação de curiosidade que, podemos pensar, se encontra não só no homem medieval, como também no de todos os tempos, mas que se encarnava então na pessoa do rei João I, que, por certo, sempre que podia, proporcionava notícias a respeito de terras longínquas, e, inclusive, na carta que enviou em 26 de março de 1387 a seu lugar-tenente de Maiorca, encarrega que lhe enviem um mapa-múndi, mas também o enviou a um membro da família Desvaler que chegou à ilha depois de ter viajado até a Tartaria.

Esta tapeçaria de curiosidade exigia naturalmente muito trabalho. Por isso manifesta Beca que empregou sete meses na realização de um e quatro na de outro, em total de 11 meses, nos quais teve que gastar pouco mais de 117 florins dos de Aragão. E comenta quantas figuras e animais pintou: 165; quantas naus e galeras: 25; e quantos peixes (entre grandes e pequenos): cem. Além disso, 340 bandeiras em cidades e castelos e 140 árvores. E sublinha que o modelo que lhe deram não trazia tão valioso arsenal de dados, eram todos dos mesmos gêneros: minerais, vegetais, animais e humanos.

Embora, como vimos, existisse algum cristão que trabalhava na arte da cartografia em Maiorca, *Guillem Estar* acostumado a – é certo que essa era ocupação muito própria de judeus e logo depois de convertidos. Entre eles, temos que contar no século XV, alguns depois de ter partido a Barcelona, Jaume Ribes, cuja presença no centro português do Sagres fica descartada pela data de sua morte, entre 1406 e 1410, embora haja a notícia da existência ali de um misterioso professor Jácome de Maiorca.

Um desses cartógrafos é Macià de Viladesters. João Muntaner é dado com seu nome judeu João *Cortiças*. Foi sem dúvida seu padrinho de batismo o assessor jurídico dos Governadores de Maiorca *Olfo da Próxida e Francesc de Çagarriga*, Jaume do Viladesters, documentado entre 1370 e 1383.

Consta que conseguiu permissão para viajar à Sicília em janeiro de 1401 na embarcação de Pedro Américo. Em 1404, foi renomado árbitro com Gabriel Onis, em uma questão entre conversos. Mais tarde, em 1409, aparece como testemunha no inventário do João Bonaventura, habitante da vila da Valldemossa. Esta referência ao menos que alcançam é a de o *chamar convertido*, mas existe uma importante declaração de Antonio do Requesens, um dos principais responsáveis pela comunidade *convertida*, associada na confraria de São Miguel, depois "da Nossa Senhora da Graça" que o chama Buxoler, que nos dá o nome de sua mulher Coloma e de Angelina sua sogra e que declara que não lhe incomode por razão de dinheiro que se cria possam guardar-se propriedade de dito grande personagem na casa do desenhista, porque o já a cuidado de retirá-los a outros sítios seguros. Esta declaração é de 1421.

Conserva-se do mesmo um mapa na Biblioteca Nacional de Paris (G.E. A. A. 566, datado 1443) e outro na Biblioteca Laurenciana de Florença (Ashb, de 1802) também datado MCCCCXX.

A primeira dessas cartas parece que foi a que Jaime Villanueva viu ainda na *Cartuja* do Vale de Cristo (Segorbe,1806). Sabemos que foi vendida à Biblioteca Nacional de Paris por 800 francos, no ano 1857. Penso que pode tratar-se de quem a comprou, o Prior da *Cartuja da Valldemossa*, em 1413, para levar a mencionada *Cartuja do Segorbe*. Se assim fora, saberíamos o preço da obra, que não é muito elevado: o item custou I carta de navegar, a qual, comprada pelo Prior do Vale de Cristo, pagou a quantidade que ele havia emprestado a Tortosa... VII liures, X Sous.

A afirmação de rei Pastor e García *Garçom* de que segue a pauta do Abraham Cresques me parece muita certa, pelo único dos dois mapas deles que me foi dado consultar.

Com isso, não fica dúvida da origem de *Converso do Macià Viladesters* nem de seu provável Irmão João do Viladester, do qual se sabe de uma carta geográfica conservada em Madrid, da qual somente se sabe de uma carta geográfica conservada no Istambul e assinada: *Iohanes de Vila Destes* – anno Domine MCCCCXX VIII.

Algo mais complicado é o caso do Gabriel Vallseca, mais conhecido na Espanha por haver-se conservado na nação uma de suas cartas datada e assinada: Gabriell da Valsequa feita em Maiorca, ano MCCCCXXVIII, hoje exposta no museu Marítimo de Barcelona por delegação da Biblioteca da Catalunha. Consta que pertenceu ao navegante Américo Vespúcio, que pagou por ela 80 ducados de ouro, passando logo à Biblioteca Maiorquina do Conde de Mont.

É uma formosa peça de 1 x 0,75 metro bem desenhada e colorida, resulta também algo assim como um eco longínquo de obra do Abraham Cresques. Irmana seu som outras da Biblioteca Nacional de Paris (Cabeça de Gado. G. C. 4607) de 1447 e do Arquivo do Estado de Florência (num. 22) de 1449. A primeira, muito pobre de decoração.

Também parece ser sua outra peça da Biblioteca Nacional de Paris (Cabeça de Gado G. D. 3005).

Os últimos esclarecimentos permitem estabelecer a origem catalã de Gabriel de Vallseca. O investigador catalão José Maria Madurell encontrou há mais de dez anos um documento do Arquivo de Protocolos de Barcelona, datado em 1435, que se chama Mestre de Cartas de Navegar, e se acrescenta que antes era cidadão de Barcelona e agora o é de Maiorca. Assim, compreende-se que leve o sobrenome Valsec, inusitado na Ilha, mas correspondente a uma distinta família catalã.

Pouco tempo depois, em 1437, aparece mencionado por problemas jurídicos derivados da posse de certa pulseira e a seguir, nas décadas de 1440 e 1460, se encontra também por razões diversas nos registros notariais da cidade de Maiorca: possui terrenos, nomeações de procuradores, comparecimento como testemunha em testamentos e constituições de dotes, etc.

Em abril de 1463 aparece, com Antonio Piris Buxolerius, ele também apelidado Buxolerius no testamento da Françoya, dita Tarracontina, proprietária certamente de uma importante hospedaria, situada na zona portuária que era aquela onde ele se alojava, na ilha d´No Luis Estar, acostumada a Gabriel Vallseca, Buxoler e seu filho, na paróquia da Santa Cruz.

Outorgou um testamento em 13 de janeiro de 1467, o qual foi publicado por Francisco Sevillano; do testamento se desprende que efetivamente era paroquiano da Santa Cruz, no porto, onde vivia com sua mulher Floreta, que nomeia herdeira universal de seus bens. Por então tinha dois filhos: João e Francisco, este último de profissão mercador, é chamado deputado da nação israelita, em um documento de 1490; primeiro, João, estava casado com Isabel, irmã de Beatriz, junto por sua vez do Mercado Bartomeu Olhou.

Valseca devia ser *convertido*. Já vimos como seu filho o declara a finais do século. Ele não o diz diretamente, mas no testamento pede para ser enterrado na Capela da Nossa Senhora da Graça, a qual era propriedade dos convertidos desde ano 1410, em que se fundou a confraria dos convertidos de São Miguel. E precisamente diz, enterrado "na sepultura em que se enterram os corpos dos Mirons e outros antecessores meus". Ele pelo menos se move no Clã, por razão do matrimônio de seu filho João; bem pudesse ser que existissem ainda outras razões que ainda desconhecemos.

Chama a atenção que entre as peças da chamada escola cartográfica maiorquina o fator religioso jogue seu papel; o Santo Sepulcro de

Jerusalém figura sempre porque era o centro de todas as peregrinações cristãs. Mais ao sul se acha o Sinai, que Francisco acostumado a, cristão, desenha muito bem com a montanha e o monastério em seu flanco; a lenda diz: "Mon do Sinay, no qual são os direitos de Madona Sancta Chaterina". Abraham Cresques em sua carta parisina de 1375 alude à concessão da lei mosaica por Deus na montanha. Macià de Viladestes faz o mesmo ao afirmar: Aquele monte chama-se Sinai, que o senhor deu a lei santa ao povo de Israel por intermédio do profeta Moisés. E Valseca a sua vez, ao sul do Santo Sepulcro, põe também igualmente: "o Monte da Santa Caterina, o qual Deus doa a lei a Moisés".

Terá de ter presente a importância que revestia naquela época a peregrinação aos Santos Lugares, de forma que havia naus que saíam de Barcelona com notificação notarial que admitia peregrinos das várias religiões: cristãos e judeus. Assim que se pôde conservar no mosteiro do Sinaí uma tabela gótica catalã de fins do século XIV (1387) que João Ainaud opina ser de escola maiorquina. De todas as formas, é oferecida pelo cônsul de catalães da Alexandria.

Postura clara propriamente dita a que deve tomar Abraham Cresques, o qual além do Santo Sepulcro, não alude a Jesus Cristo, algo que ninguém faz depois dele. E o Santo Sepulcro já o citava a carta do Dulcet de 1339. Quando aumenta a anedota o judeu maiorquino nos apresenta na Palestina nada menos que Gog e Magog, e alude às profecias do Isaías e ao anticristo, visto da perspectiva ortodoxa. Quem queira entender, que entenda! Evidentemente os judeus que lhe seguiram tinham como caminho mais prático o recurso do silêncio, que foi o que de fato seguiram.

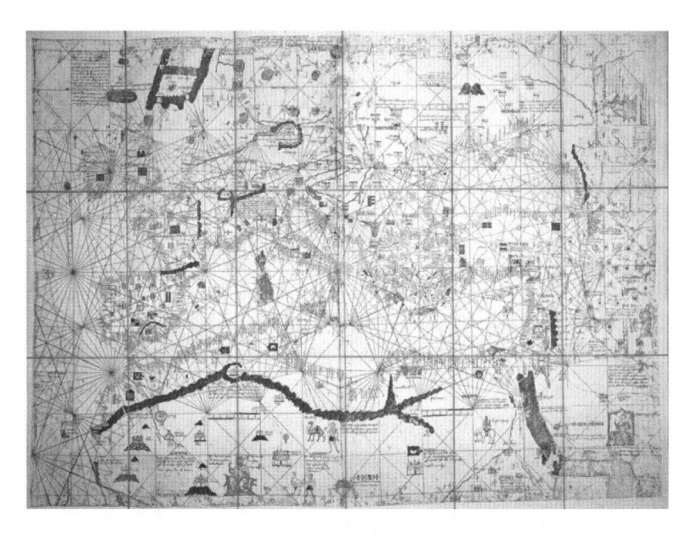

Carta Marítima de 1463

Curiosa resulta, deste modo, a comparação nas alusões a *Balance*, o grande centro de peregrinação islamita que todos deviam seguir, mas Francisco, acostumado, diz: "*Mecha, nesta ciutat é a sepultura do Mafumet, profeta fals dels sarrayns, els quals venham ací em pelegrinatge de totes lurs regions e aqui els se fã ab acinament a reverência do Mafumet*". A tolerância brilha por sua ausência na informação geográfica: Mafumet", falso profeta.

Na *Balance, Macià do Viladesters* é colocado um negro ajoelhado ante a cidade. Sobre o lugar escreve: "*Balance*, on é l´archa do Mafumet qui´s sosté em l´aer sots molta de caramida, a qual é onrrada ao jorn de vull per tots os sarayns". Ainda no folclore maiorquino contemporâneo se guardou o conto de que o ataúde de Maomé se sustenta no ar em virtude de um processo de magnetismo e da forma de apresentação que oferece Mossén Antoni Maria Alcover, aponta mas como engano. Entretanto, a notícia do *converso quatrocentista* parece neutra.

E também neutra nos brinda a informação de Valseca: "*ciutat Recheia e nesta ciutat é l´archa do Maffumet, profeta dels sarrayns os quals venham ací de tots lurs regions em palagrinatga e din per mostra; tão presiosa costure que não são dignem de pus*".

Como se acostumava a arte da cartografia nossos pintores? Não sabemos. Certamente é fato que a maioria vivia na zona do porto. Vimos também que se trazem Gabriel da Valseca, testemunha, com o Antonio Piris no testamento da tarraconina pudessem ser professor e discípulo, pudessem. João Marçol, pintor, domiciliado na rua do Mar, vende a sua casa a Rafael Moneéis, que se denomina Buxoler. Moneéis vende casa a um hospedeiro, João Maritell, em 1451 (Doc. 315), assenta-se no centro da cidade e passa a chamar-se pintor. Assim se qualifica já em 1458. Pudessem ser João Marçol e Rafael Moneéis professor e discípulo? Pudessem... Mas nada disso é seguro, como também não é a relação entre o cartógrafo e o pintor, por causas das características iluminação e anedotismo das cartas de Maiorca. Ainda no inventário do Rafael Monells morto figuram mapas em sua habitação. A única relação segura "professor/discípulo" que conhecemos é a de padre Rosell e Arnau Doménech.

O que outros nomeiam soa entre os cartógrafos do século XV? Mencionamos Antonio Piris no testamento da zona Tarraconina juntamente com a Valseca. No dia seguinte comparece também como testemunha, esta vez do inventário, mas ao lado de Gabriel acostumado a; Mestre do Cartes se entende de navegar.

E de novo aparece de testemunha no testamento de Úrsula, esposa do João Balaguer: "Iohannes Nicolai, hospitaleiros, de Antonius Piris, *Buxolerius, cives, civitatis Maioricarum*".

Este cartógrafo era, ao que parece, desconhecido. Em troca, Gabriel, acostumado a isso, era conhecido. Habitava com data ignorada como Buxoler, em *L´illa d´No Johann Bertrán (Doc. 20) e na illa d'no Pere* Pardo em 1449. Assina um documento de identidade em 16 de dezembro de 1466, e em 2 de setembro de 1474 aparece como testemunha do reconhecimento de dívida de dois ferreiros do Manacor ao ourives Pere Doto, por uma partida de ferro. Já havia falecido em outubro de 1475, conforme se desprende e uma ata de sua viúva Francisca.

Mas inexplicavelmente tampouco se conserva nenhuma obra deste artista, possivelmente engrenado com o *Francesc Estar* acostumado a do século anterior.

Muito distinto é o caso do Pere Rosell, de que se conserva, das 15 cartas náuticas assinadas em Maiorca, a metade delas. A documentação de protocolos nos alarga, mas as datas de seu trabalho científico que rei Pastor García Garçom fixam estão entre 1446 e 1489. Sabemos que vivia na Paróquia da Santa Cruz, na Ilha de Darassana (Doc. 20), que atuou como testemunha em atas notariais de 27 de agosto de 1470 e que comprou uma peça de pano branco de seda maiorquina para vestir em 15 de julho de 1463. Também reconhece uma dívida de cinco libras à mulher do jovem Pere Vivot, Antonina, em 7 de junho de 1474.

Teve como discípulo Arnau Doménech, segundo este reconhece em um mapa datado de 1487, em Nápoles.

Jaime Bertrán datou uma carta geográfica em Barcelona em 1456, juntamente com Berenguer Ripoll, mas o resto de sua produção – três cartas mais – estão datadas em Maiorca onde residia ao menos desde 1478, na Ilha d'No Gabriel Martí da Paróquia da Santa Cruz (Doc. 21). As notícias que os protocolos nos facilitam sobre o sujeito nos mostram ele vivo ainda em 1490: em maio comprava nas imediações da *Leva Grafite* do recinto amuralhado e o vendia em junho. Comprou-o por seis libras e o vendeu por 22. Não cabe dúvida de que entendia de algo mais do que de cartografia.

Faz anos Gabriel Fabrés deu notícia da existência de um desconhecido Mestre de Cartas de navegar apelidado Rafael Loret, que comprou em 1436 umas casas do ferreiro João Garriga. Sobre a posse delas na Rua do Mar trata o Capbreu de 1436, uns meses depois.

No início do século XVI, quando termina nossa investigação, aparecem ainda dois cartógrafos mais: um deles parece tratar-se daquele que assina em mapas datados na ilha em 1511 e 1533 como Salvat da Pilestrina, nome que originou uma séria confusão a respeito de sua origem.

Dito sujeito em um documento do 6 de setembro de 1523, vende várias joias. É chamado *Ioanes Salvat, Buxolerius aurifaber*, denominação curiosa, porque é este o primeiro caso que nos consta positivo de um cartógrafo que era ourives.

O outro acredita-se que possa ser Bartomeu Oliva, que vimos trabalhando como pintor entre 1504 e 1532. Nesta última data (Doc. 415) adquire do Mercado João Benet 30 dúzias de pergaminhos, talvez para revender, o mais provável para copiar..., ou ainda para desenhar mapas, se é que existe um parentesco entre este artista, que figura em quarto lugar na comissão da confraria de pintores de 1512 (Doc. 24) com o nome de Jaume Olives, o qual em 1550 assinava mapas em Maiorca, mais que para outros portos do Mediterrâneo. Esta é uma mera hipótese a confirmar. Mas é interessante porque teríamos identificado ao rojão da árvore genealógica de uma família de cartógrafos que trabalhou até a primeira metade do século XVII.

Feito certo é certamente a importância que teve ao longo da Idade Média o mapa maiorquino. Deixando a um lado as compras de mapas esplêndidos realizadas pela corte nos tempos de Pedro IV, João I e Martim, o Humano, aqui está o fato de que Américo Vespúccio adquiriu o mapa de Gabriel da Valseca: esta é outra compra que encontramos em um leilão de bens do mercado João de Puig:

"*Item ipsa eadem die (10 de outubro de 1408) vendidissem cartam pergameneam de navegar Nicolau do Iohanne, atalià, pretiu centum solidorum de quibus duabus proxime dictis quantitatibus et de quantitat edicti libri fuerunt pró currituris et impositionem decem octosolidos, restam duarum proxime dictarum quantitatum, cum quantitate dicti encanti et quantitate predicti libri, fuerunt tradicti predicti Agneti, de quibus firmavit apocham de recepto*".

Trata-se de uma quantidade importante: 20 libras. Era uma peça usada.

Sobre essas datas em Barcelona, Jaume Ribes, o converso Jafuda Cresques para mapas também para comerciantes italianos em relação com a assinatura Datini *do Prato*. Enfim, citemos em bloco a obra de rei Pastor García Garçom que nos mostra as muitas cartas que saíram do porto da cidade de Maiorca.

Aqui, dada a situação da ilha o mapa até em versão mais singela era indispensável para a vida do piloto e do mercado, para a cultura do intelectual. É possível que se achem cartas simples de escritores dos mercados (Real Pere, 1383; Francesc Mora 1472) no *comilão de um sapateiro* (ofício indispensável em uma nave: João Pons, 1449); no consultório de um médico (João Desbrull); no despacho de um notário (Gabriel Abeyar, 1492).

Mas da Ilha se verificava uma propagação extraordinária. Em especial de mapas-múndi, no que havemos dito tinha como especialidade a cidade de Maiorca. É possível que de lá saísse a "carta de pergaminho na qual é *pintat o mon*, apelidada mapa-múndi", que caprichosamente pede ao cidadão valenciano Guillem Ros, em 1399, João I, ou a "carta historiada *é pintat o mon*" que possuía Luis Franch em 1434, em sua casa do Vich.

Até em uma Bíblia saída possivelmente do pintor do Cresques figurava, segundo a moço do notário que copiou a transação em 1418, "o mapa-múndi" (Doc. 493).

Dado importante da carta geográfica maiorquina foi a acumulação de novos dados que a pusessem em dia. Era um valor particular que possuía. E era claro sinal de que queriam estar em dia, quando compradores a dirigiam. Quero recordar, ao acabar estas linhas, já na ocasião do descobrimento da América, de um culto mercado maiorquino, Miguel Garau, homem humanista, possivelmente não muito rico, já que somente possuía dois escravos e uma nave pela metade, de mil e cem salmas e que sábia juntar um cartujano, completo, com gramáticas latinas e algum livro em língua toscana e que, em seu estudo, junto aos livros de contas, tinteiros e bússolas, além de umas gravuras renascentistas dos XII Apóstolos, contemplava tão assim que: uma carta de navegar grande em que são as *ciutats e regnes novament trobats, ab são gorniment, cuberta de tecido blava* (XIV-27). Era o ano 1506. Era maiorquina? Era andaluza? Não o posso dizer: mas era a resposta ao afã de sempre, de estar ao dia no porto da cidade de Maiorca.

2ª Parte: Templi Mundi

Antes de continuar com tudo aquilo que corresponde às Ilhas Baleares, acredito que seria conveniente conhecer um pouco mais em profundidade tudo o que se relaciona com a Ordem do Templo de uma maneira mais generalizada; acreditamos que seria conveniente começar por seus inícios: a Ordem do Templo se fundou no ano 1118, conforme nos contam historiadores, como Guilherme de Tiro ou Jacobo do Vitri. Em seus princípios da Ordem alguns Cavaleiros, amigos e enviados de Deus renunciaram ao mundo e se consagraram a Ele. Mediante votos solenes pronunciados ante o Patriarca de Jerusalém, comprometeram-se a defender os peregrinos contra os bandidos e salteadores, a proteger os caminhos e a servir ao rei soberano como cavalaria.

Estes nove Cavaleiros que em seu início foram: Hugo de Payens (primeiro Grão-Mestre da Ordem), Hugo I, Conde de Champanhe, Andrés de Montbard, Godofredo de Saint Omer, Andrés de Gondemaro, Roffal, Payen de Montdidier, Godefroy de Visor e Archanbault de Saint Aignan. Fizeram um trabalho que quase poderíamos chamar de policial, pois se encarregavam de vigiar principalmente o caminho que conduzia desde a Jaffa a Jerusalém.

Contaram também com o importante apoio do abade Bernardo de Clairvaux, mais conhecido como São Bernardo.

São Bernardo e os Cavaleiros

Capítulo XVII

São Bernardo de Clairvaux Claraval

Mas quem era São Bernardo, esse estranho personagem conhecido pelo apelido do último druida? A respeito nos diz a história:

Bernardo nasceu em 1090, em Fontaines-lés-Dijon; seus pais pertenciam à alta nobreza de Borgonha. Por volta dos 20 anos, Bernardo concebe a ideia de se retirar do mundo e consegue convencer seus irmãos, alguns parentes próximos e vários amigos; em que pese a sua juventude, seu poder de persuasão era tal que logo se converteu no terror das mães, e os amigos temiam vê-lo abordar outras pessoas.

Em 1112, acompanhado de um grupo de uns 30 jovens, entra no monastério de Citeaux, que tinha eleito em razão do rigor com o qual se observava a regra. Três anos depois seus superiores não duvidavam em lhe confiar a direção de 12 jovens sacerdotes que foram fundar uma nova abadia, a do Clairvaux (Claraval), que governaria até sua morte, rechaçando outras honras e dignidades que lhe ofereceram durante sua vida. A Abadia de Clairvaux logo começou a ser conhecida por toda parte e seu desenvolvimento era incrível, verdadeiramente prodigioso; quando faleceu seu fundador acolhia mais de 700 monges e tinha dado nascimento a mais de 60 monastérios.

Bernardo começou por denunciar a pomposidade e o luxo em que vivia a maior parte do clero secular e, inclusive, alguns monges de outras abadias. Suas exortações provocavam conversões espetaculares, entre as quais podemos encontrar a do Suger, o ilustre abade do Saint Denis. Essa conversão difundiu o nome de São Bernardo, confluindo um respeito misturado com temor, já que via Bernardo como um inimigo irredutível de todos os abusos e de todas as injustiças.

A conduta de São Bernardo esteve sempre determinada na defesa do direito, combater a injustiça e possivelmente, acima de tudo, manter a unidade no mundo cristão, prova disso é que no ano 1145 empreendeu uma viagem por Languedoc para devolver o redil da Igreja Católica aos neomaniqueos que estavam se estendendo pelo sul da França; ali onde foi repetiu sempre estas palavras do evangelho: "que todos sejam um, como meu Pai e eu somos um".

Dois anos antes deste último tema, o abade Bernardo viu subir ao trono pontifício um de seus antigos monges, chamado Eugênio III, embora seu nome verdadeiro fosse Bernardo de Pisa. Este Papa foi o que lhe encarregou a pregração da segunda cruzada. Até esse momento, ele, problema de Terra Santa e que ocupou um segundo lugar para Bernardo, não obstante sempre a deixou presente, prova disso é o papel que desempenhou na criação e constituição da Ordem do Templo, a primeira de todas as ordens militares que existiram e que teve um papel muito importante em Jerusalém.

Já em 1128, a Ordem do Templo recebe sua Regra no Concílio de Troyes e foi São Bernardo o encarregado de redigi-la, terminando sua redação no ano 1131.

São Bernardo morreria em 1153, testemunhando em suas últimas cartas a sua grande preocupação pela sorte da Terra Santa.

A doutrina de São Bernardo era essencialmente mística, "bem-aventurados os que acreditarão sem ter visto", já que contempla o divino sob o aspecto do amor.

Como muitos grandes místicos, esteve especialmente atraído pelo "cantar dos cantares", que comentou em numerosos sermões; chegou a alcançar o estado do êxtase, entendendo-o como uma espécie de morte para as coisas deste mundo e suas imagens sensíveis, desaparecendo todo vínculo sentimental com o material e natural: "Tudo é puro e espiritual na alma, como em seu amor".

Por último queremos destacar de São Bernardo esse sentimento eminentemente primitivo que teve em sua vida o culto à Virgem Maria, a quem ele chamava como *Notre Dame* (Nossa Senhora); o culto Mariano se generalizou nessa época e em grande parte graças a sua influência.

Bernardo do Clairvaux era um "Cavaleiro da Maria" e a via como a sua Dama no sentido mais cavalheiresco do termo.

Capítulo XVIII

De Loa à Nova Tropa

Entre todos os eruditos no tema, é sabido que entre São Bernardo e o Mestre Hugo do Payens havia uma grande amizade, assim como o demonstra este documento que anexamos e que foi escrito por São Bernardo para apoiar a criação da nova tropa da Templo:

SOBRE AS GLÓRIAS DA NOVA TROPA AOS CAVALEIROS TEMPLÁRIOS

"Onibus in primis sermo noster dirigitur, quicumque proprias voluntates sequi contemnunt, e summo ac ver Regi militare animi piritate cupiunt, UT obedientiae armaturum praeclaram assumere muito intenso cura implendo praeptent, e perseverando impleant".

Prólogo

A Hugo, Cavaleiro de Cristo e Mestre de sua tropa, Bernardo do Claraval, abade só de nome: luta em nobre combate.

Uma, duas e até três vezes, se mal não recordar, pediu-me, Hugo amadíssimo, que escrevesse para você e para seus companheiros um sermão exortatório. Como não posso enristrar minha lança contra a soberba do inimigo, deseje que ao menos faça brandir minha pluma e insista em que lhes ajudaria não pouco, levantando seus ânimos, já que não me é possível fazê-lo com as armas, até agora o diferi, não por menosprezar sua petição, se não para não ser pontuado de precipitação e ligeireza, por me deixar levar de meus primeiros impulsos. Pensava também que outro mais capaz que eu poderia fazê-lo melhor e que não devia me intrometer em um assunto de tanto interesse e tão vital, para que ao final saísse algo menos proveitoso. Mas depois de esperar em vão tanto tempo, decidi-me a escrever o que puder. Senão, terminaria acreditando que já não se tratava de minha incapacidade, mas de má vontade.

Agora o leitor dirá se lhe deixei satisfeito. Fiz quanto pude para encher seus desejos; não será minha culpa se alguém o tiver que rechaçar totalmente ou não encontre o que esperava.

SERMÃO DE EXORTAÇÃO AOS CAVALEIROS TEMPLÁRIOS

Correu por todo o mundo a notícia de que não há muito nasceu uma nova tropa precisamente na mesma terra em que um dia visitou o Sol que nasce do alto, fazendo-se visível na carne. Nos mesmos lugares onde ele dispersou com braço robusto aos chefes que dominam nas trevas, aspira esta tropa a exterminar agora os filhos da infidelidade em seus satélites atuais, para dispersá-los com a violência de seu arrojo e libertar também seu povo, suscitando uma força de salvação na Casa de David, seu servo.

É nova esta tropa. Jamais se conheceu outra igual, porque luta sem descanso combatendo de uma vez, em dobro, duas frentes: contra os homens de carne e osso e contra as forças espirituais do mal. Enfrentar-se só com as armas um inimigo capitalista, a meu ver não parece tão original nem admirável. Tampouco tem nada de extraordinário – embora não deixe de ser louvável – apresentar batalha ao mal e ao Diabo com a firmeza da fé; assim vemos por todo o mundo muitos monges que o fazem por este meio. Mas que uma mesma pessoa se ata à espada, valente, e se sobressaia pela nobreza de sua luta espiritual, isto sim que é para admirar como totalmente insólito.

Templário em Oração

O soldado que reveste seu corpo com a armadura do aço e seu espírito com a couraça da fé, esse é o verdadeiro valente e pode lutar seguro em todo transe. Defendendo-se com esta dupla armadura, não pode temer nem aos homens, nem aos demônios. Porque não se espanta ante a morte, antes a deseja. Viva ou morra nada pode lhe intimar, pois sua vida é Cristo e sua morte seu ganho. Luta generosamente, e sem a menor resistência naufraga por Cristo; mas também é verdade que deseja morrer e estar com Cristo, porque lhe parece o melhor.

Partam, pois, soldados ao combate e carreguem valentes contra os inimigos da Cruz de Cristo, certos de que nem a vida nem a morte poderá nos privar do amor de Deus que esta em Jesus Cristo, que lhes acompanha em todo momento de perigo lhes dizendo: "Se vivermos, vivemos para o Senhor, e se morrermos, morremos para o Senhor". Com quanta glória voltam os que venceram na batalha! Que felizes morrem os mártires no combate! Alegre-se, valoroso atleta, se viver, vença no Senhor, mas salta de gozo e de glória; se morrer, una-se intimamente com o Senhor. Porque sua vida será fecundada e gloriosa sua vitória; mas uma morte Santa é muito mais apetecível que tudo isso, se forem ditosos os que morrem no Senhor. Não o serão muito mais os que morrem pelo Senhor?

Sempre tem seu valor diante do Senhor a morte de seus Santos, tanto se morrerem no leito como no campo de batalha. Mas morrer na guerra vale muito mais, porque também é maior glória a que implica. Que seguro se vive com uma consciência tranquila! Sim, que serenidade se tem quando se espera a morte sem medo e inclusive a deseja com amor e é acolhida com devoção. Santa de verdade e de toda garantia é esta tropa, porque esta isenta do dobro perigo que ameaça quase sempre a condição humana, quando a causa que defende uma tropa não é a pura defesa de Cristo.

Quantas vezes entra em combate? Você que milita nas filas de um exército exclusivamente secular deveria espantar-se com duas coisas: matar o inimigo corporalmente e matá-lo mesmo espiritualmente, ou que ele possa matá-lo em corpo e alma. Porque a derrota ou a vitória do Cristianismo não se mede pela sorte do combate, mas pelos sentimentos do coração. Se a causa de sua luta é boa não pode ser malote sua vitória na batalha; mas, tampouco, pode considerar-se como um êxito seu resultado final, quando seu motivo não é reto nem justa sua intenção.

Se você deseja matar outro, e ele mata você, morre como se fosse um homicida. Se você tem vontade de batalha, mas mata alguém com o desejo de humilhar ou de se vingar, seguirá vivendo, mas como um homicida. Mesquinha vitória a que para vencer outro homem exige que sucumba antes frente a uma imoralidade; porque se o venceu, com soberba ou ira, bobamente se vangloria de ter vencido um homem. Pode ser que terei de matar outro por pura autodefesa, não pelo anseio de vingar-se nem pelas arrogâncias do triunfo. Mas eu diria que nem nesse caso seria perfeita a vitória, pois entre dois maus, é preferível morrer o corpo e não espiritualmente. Não é porque se mata o corpo que morre também a alma: só o que sarda morrerá.

A TROPA SECULAR

Então qual pode ser o ideal ou a eficácia de uma tropa, a qual eu melhor a chamaria malícia, se nela o que arbusto não pode menos que pecar mortalmente e o que morre tem de perecer eternamente? Porque, usando palavras do Apóstolo, "que altar tem que arar com esperança, e o que debulha, com esperança de obter sua parte".

Vocês, soldados, como os enganaram tão espantosamente, que fúria os arrebatou para vê-los na necessidade de combater até esgotá-los e com tanto dispêndio, sem mais salário que o da morte ou o do crime? Cobrem seus cavalos com sedas; penduram em suas couraças tecidos belos; pintam as lanças, os escudos e as cadeiras; recarregam de ouro, prata e pedrarias bridas e esporas. E com toda esta pompa os lançam à morte com cego furor e néscia insensatez. São estes arreios militares ou vaidades de mulher? Ou crê que pelo ouro vai amedrontar a espada da inimizade para respeitar a formosura das pedrarias e que não transpassará as malhas de seda?

Vocês sabem muito bem, por experiência, quais são as três coisas de que mais necessita o soldado no combate: agilidade com reflexos e precaução para defender-se; total liberdade de movimentos em seu corpo para poder deslocar-se continuamente; e decisão para atacar. Mas vocês mimam a cabeça como as damas, deixam crescer seu cabelo até que caia sobre os olhos; travam seus próprios pés com largas e amplas regatas; sepultam suas brandas e efeminadas mãos dentro de manoplas encobrindo-as por completo. E o que ainda é mais grave, por que isso lhes leva ao combate com grandes ansiedades de consciência; é que umas guerras tão mortíferas se justificam com razões muito enganosas e muito pouco sérias. Pois de ordinário o que está acostumado a induzir à guerra – a não ser em seu caso – até provocar o combate é simples paixão de iras incontroladas, o afã de vanglória ou a avareza de conquistar territórios alheios. E estes motivos não são suficientes para poder matar ou expor-se à morte com uma consciência tranquila.

A NOVA TROPA

Mas os soldados de Cristo combatem confiados nas batalhas do Senhor, sem temor algum a pecar por ficar em perigo de morte e por matar o inimigo. Para o soldado, morrer ou matar por Cristo não implica criminalidade alguma e contribui para uma grande glória. Além disso conseguem duas coisas: morrendo servem a Cristo e matando, Cristo mesmo lhes entrega como prêmio. Aceitam gostosamente como uma vingança a morte de um inimigo e mais gostosamente ainda se dá como consolo ao soldado que morre por sua causa. Quer dizer, os soldados de Cristo matam com segurança de consciência e morre com maior segurança ainda.

Se sucumbir, ele sai ganhador; e se vencer Cristo. "Por algo leva a espada; é ele agente de Deus, o executor de sua reprovação contra o delinquente". Não peça como homicida, a não ser – diria eu – como malicida, que mata o pecador para defender os bons. É considerado como defensor dos cristãos ou vingador de Cristo nos malfeitores. E quando o matam, sabemos que não pereceu, mas que chegou a sua meta. A morte que ele causa é um benefício para Cristo. E quando a inferem a ele, o é para si mesmo. A morte do pagão é uma glória para o cristão, pois por ela é glorificado Cristo. Na morte do cristão se desdobra a liberalidade do rei, que leva o soldado a receber seu galardão. Por este motivo se alegrará o justo ao ver consumada a vingança. E poderá dizer: "Há prêmio para o justo, há um Deus que faz justiça sobre a terra". Não é que necessariamente devamos matar os pagãos, se houver outros meios para deter suas ofensivas e reprimir sua violenta opressão sobre os fiéis. Mas, nas atuais circunstâncias, é preferível sua morte, para que não pese o cetro dos malvados sobre o grupo dos justos, não sejam os justos que estendam sua mão à maldade.

Se ao cristão alguma vez fosse lícito ferir com a espada, como pôde o precursor do Salvador aconselhar a quão soldados não exigissem major soldada que a estabelecida e não condenou absolutamente o serviço militar? Se for uma profissão para a qual Deus os destinou, por não estarem chamados a outra mais perfeita, pergunto-me: Quais poderão exercer quão melhor nossos valentes Cavaleiros?

Porque graças às suas armas temos uma cidade forte de Sião, baluarte para todos nós; e arrojados já os inimigos da lei de Deus, pode entrar nela o povo justo que se mantém fiel. Que se dispersem as nações belicosas; oxalá sejam arrancados todos os que lhes exasperassem, para excluir da cidade de Deus todos os malfeitores, que tentam levar incalculáveis riquezas acumuladas em Jerusalém pelo povo cristão, profanando seus santuários e tomando por sua herdade os territórios de

Deus. Terá que desembainhar a espada material e espiritual dos fiéis contra os inimigos instigados para derrubar todo torreão que se levante contra o conhecimento de Deus, que é a fé cristã; não devem dizer as nações: onde esta seu Deus?

Uma vez expulso o inimigo voltará ele para sua casa, a sua parcela. A isto se referia o evangelho quando dizia: "Sua casa ficará deserta". E se lamenta com as palavras do profeta: "abandonei minha casa e descartei minha terra". Mas fará que se cumpram também estas outras profecias: "O senhor redimiu seu povo e o resgatou de uma mão mais poderosa. Virão entre aclamações à altura do Sião e afluirão por volta dos bens do Senhor"; alegre-se agora Jerusalém e se fixa como chegou o dia de sua salvação. "Rompam a cantar a coro, ruínas de Jerusalém, que o Senhor consola a seu povo, resgata Jerusalém; o Senhor nua seu santo braço à vista de todas as nações." "Donzela de Jerusalém tinha cansado e não tinha quem te levantasse. Ponha-se em pé, sacuda o pó, Jerusalém cativa, filha do Sión. Ponha-se em pé suba à altura, olhe o consolo e a alegria que traz seu Deus." Já não lhe chamassem "abandonada" nem a sua terra a "devastada"; porque o senhor prefere você e sua terra será habitada. Levante os olhos em torno e olhe: todos estes se reúnem para vir a você. Este é o auxílio que lhe envia do santuário. Por meio dele esta cumprindo a antiga promessa: "Farei-o o orgulho dos séculos, a delícia de todas as idades; mamasse o leite dos povos, mamasse ao peito dos reis". E mais abaixo: "Como a um menino a quem sua mãe consola, assim os consolarei eu; em Jerusalém serão consolados".

Já se vê com que testemunhos tão antigos e tão abundantes se aprova esta nova tropa e como o que tínhamos ouvido o vimos na cidade de Deus, do Senhor dos Exércitos.

Mas é importante, contudo, não dar a estes textos uma interpretação literal que vá contra seu sentido espiritual. Não deixemos de esperar que se realizem plenamente na eternidade o que agora aplicamos ao tempo presente, por tomar ao pé da letra as palavras dos profetas. Pois o que já estamos vendo faria evaporar o que temos no que ainda não vemos; a pobre realidade dos bens presentes nos faria esquecer dos bens futuros. Pelo restante, a glória temporária da cidade terrena não destrói a dos bens celestiais, mas, sim, a robustece, com tal de que não duvidemos um momento que só é uma figura da outra Jerusalém que esta nos céus, nossa Mãe.

A VIDA DOS CAVALEIROS TEMPLÁRIOS

Digamos já brevemente algo sobre a vida e costumes dos "Cavaleiros de Cristo", para que os imitem ou ao menos fiquem confundidos os da tropa que não luta exclusivamente para Deus, se não para: como vivem quando estão em guerra ou permanecem em suas residências? Assim se beira claramente a grande diferença que há entre a tropa de Deus e a do mundo.

Tanto em tempo de paz como em tempo de guerra, observam uma grande disciplina e nunca falha a obediência, porque, como diz a Escritura, o filho indisciplinado perecerá: "Pecado de adivinhos é a rebeldia, crime da idolatria é a obstinação", vai e vem a vontade de que dispõem, vestem-se com o que lhes dão e não procuram comida nem vestido por outros meios. Abstêm-se de todo o supérfluo e só se preocupam com o imprescindível. Vivem em comum, levam um tenor de vida sempre sóbrio e alegre, sem mulheres e sem filhos. E para aspirar a toda perfeição evangélica, habitam juntos em um mesmo lugar sem possuir nada pessoal, esforçando-se por manter a unidade que cria o Espírito, estreitando-a com a paz. Diria que é uma multidão de pessoas em que todos pensam e sentem o mesmo, de modo que ninguém se deixa levar pela vontade de seu próprio coração, acolhendo o que lhes mandam com toda submissão.

Nunca permanecem ociosos, nem rondando curiosamente. Quando não vão em marchas – o que é estranho –, para não comer seu pão ociosamente se ocupam em reparar suas armas ou costurar suas roupas, arrumam os utensílios velhos, ordenam suas coisas e se dedicam ao que lhes mande seu Mestre imediato ou trabalham para o bem comum. Não há para eles favoritismos, as diferenças são para o melhor, não para ele mais nobre de sua linhagem. Antecipam-se uns aos outros nos sinais de honra. Todos aproximam o ombro às cargas dos outros e com isso cumprem a lei e Cristo. Nenhuma palavra insolente, nenhuma obra inútil, nenhuma risada imoderada, nem a mais leve falação, nem o ruído mais remisso ficam sem repreensão assim que são descobertos.

Estão desterrados do jogo do xadrez ou o do jogo de dados. Detestam a caça e tampouco se entretêm – como em outras partes – com a captura de aves em voo. Desprezam e abominam bufões, magos e histriões, canções pitorescas e espetáculos de passatempo por considerá-los estúpidos e falsas loucuras. Tosam o cabelo, porque sabem pelo Apóstolo que ao homem é uma desonra deixar o cabelo comprido. Jamais se frisam a cabeça, banham-se muito estranha vez, não cuidam do penteado, vão talheres de pó, negros pelo sol que os abrasa e a malha que os protege.

Quando é iminente a guerra, armam-se em seu interior com a fé e em seu exterior com o aço sem dourado algum; e armados, não adornados, infundem o medo a seus inimigos sem provocar seu avarícia.

Cuidam muito de levar cavalos fortes e ligeiros, mas não os preocupa a cor e sua crina nem seus ricos arranjos. Vão pensando no combate, não no luxo. Desejam a vitória, não a glória. Desejam mais ser temidos que admirados. Nunca vão à turba, alocadamente, como precipitados por sua ligeireza, se não cada qual em seu posto, perfeitamente organizados para a batalha, tudo bem planejado previamente, com cautela e previsão, como se conta dos pais.

Os verdadeiros israelitas partiam serenos à guerra. E quando já tinham entrado na batalha, pospondo sua habitual mansidão, diziam para si mesmos: "Não aborrecerei, Senhor, aos que lhe aborrecem, não me repugnarão os que lhe revelam?" E assim se lançam sobre o adversário como se fossem ovelhas os inimigos. São pouquíssimos, mas não se acovardam nem por sua bárbara crueldade nem por sua multidão incontável. É que aprenderam muito bem a não confiar em suas forças, porque esperam a vitória do poder do Deus dos Exércitos.

Sabem que lhe é facilísimo, em expressão dos Macabeus, "que uns poucos envolvam muitos, pois a Deus o mesmo custa salvar com uns poucos um grande contingente; a vitória não depende do número dos soldados, pois a força chega do céu". Muitas vezes puderam contemplar como a gente perseguia mil, e dois puseram em fuga 10 mil. Por isso, milagrosamente, são de uma vez mais mansos que os cordeiros e mais ferozes que os leões. Tanto que eu não sei como terei de lhes chamar, se monges ou soldados. Acredito que, para falar corretamente, seria melhor dizer que são as duas coisas, porque sabem reunir a mansidão do monge com a intrepidez do soldado. Temos de concluir que realmente é o Senhor quem o tem feito e há sido um milagre patente. Deus os escolheu para si e os reuniu de todos os limites da terra; são seus servos entre os valentes do Israel que, fiéis e vigilantes, fazem guarda sobre o leito do verdadeiro Salomão. Levam a flanco a espada, veteranos de muitos combates.

O TEMPLO

Há um templo em Jerusalém em que eles vivem juntos, muito distinto por sua estrutura daquele antigo e muito famoso de Salomão, mas não inferior pela glória que contém. Toda a magnificência do primitivo se cifrava em ouro e na prata perecíveis, na mais perfeita selaria de suas pedras e na profusa variedade de suas madeiras. Pelo contrário, toda a arte deste outro e a decoração de sua agradável beleza nascem da piedosa religiosidade dos que ali moram e de sua santa vida. Aquele era admirado pela riqueza de sua ornamentação; este é venerado pelas muitas virtudes e obras piedosas dos soldados. Também a santidade é o

Igreja Templária

adorno da casa do Senhor. Sente prazer, mas no decoro da virtude que no polimento dos mármores, porque prefere a pureza do coração às paredes do ouro.

Por toda parte penduram escudos que cobrem os muros, em lugar das antigas coroas de ouro. Em vez de candelabros, incensários e taças muito valiosos, esta casa é invadida de bridas, sela de montar e lanças. Tudo esta proclamando que a estes soldados os devora o mesmo zelo do templo de Deus que consumiu seu próprio caudilho, quando armada sua muito santo mão direita, não com a espada, a não ser com um açoite que ele mesmo se fez de cordas, entrou no templo, feito a todos os negociantes, esparramou as moedas dos cambistas, derrubou suas mesas e os postos dos vendedores de pombas; pois considerava revoltante que a casa de oração estivesse sacrilegamente infestada de traficantes.

Este devoto exército segue comovido pelo exemplo de seu rei. E acredita que é muito mais indigna e intolerável a profanação do santuário pelos atuais infiéis que a invasão daqueles mercados. Esta é a razão que os mantêm estaveis com seus cavalos e armas naquele lugar santo. Depois de ter arrojado violentamente de outros Santos lugares toda a imundície da infidelidade com seu furor satânico, entregam-se dia e noite a santas e proveitosas ocupações.

Honram a insistência o templo de Deus com seu culto assíduo e sincero; imolam nele com devoção contínua, não os animais do antigo ritual, a não ser as verdadeiras vítimas pacíficas do amor fraterno, da devota submissão e da pobreza voluntária.

Está acontecendo isto em Jerusalém, e se comove o círculo inteiro. Escutam-no as ilhas, inteiram-se os povos remotos e fervem todos desde o Oriente até o Ocidente, como uma corrente em enchente, como canais de irrigação transbordantes que alegram a cidade de Deus, para alagá-la com a glória de todas as nações.

Mas o mais consolador e extraordinário é que, entre tantíssimos como lá partem, são muito poucos os que antes não tenham sido uns malvados e ímpios: ladrões e sacrílegos homicidas, perjuros e adúlteros. Por isso, sua marcha conduz de fato dois grandes bens e é dobrada também a satisfação que provocam: aos por sua partida; aos daquelas regiões, por sua chegada para socorrê-los. É uma vantagem para todos: para uns porque os defendem, para outros porque se livram deles. Também no Egito se alegram de sua marcha e no monte Sión saltam de gozo as filhas do Judá, porque chegam em seu auxílio. E com razão. Aqui respiram libertados de suas mãos e ali são resgatados pela força de seu braço. Em sua pátria perdem com grande satisfação a seus mais cruéis devastadores; em Jerusalém, os acolhem com gozo seus fiéis defensores. Oriente goza com muito doce consolo e Ocidente sente um saudável desconsolo. Cristo pode vingar-se também de seus inimigos de duas maneiras, a sua vez: primeiro vence seus mesmos soldados, converte-os e depois se serve deles habitualmente para conseguir outra vitória maior e mais gloriosa. É algo maravilhoso e uma grande solução que, depois de ter sofrido tanto tempo suas agressões, possa agora dispor deles como defensores; depois de converter Saulo de perseguidor em pregador, faça agora do inimigo seu próprio soldado. Não sente saudades, pois como diz o Salvador, que no céu cause mais alegria um pecador que se emenda que muitos outros justos que não precisam emendar-se. Porque a conversão de um pecador traz muitos mais bens que os males de sua vida anterior.

Salve, cidade Santa, em que o mui alto consagrou sua morada, para que nela se salvasse toda uma geração. Salve, cidade do grande rei, onde sempre, desde suas origens, foi possível contemplar novas maravilhas que consolam o mundo inteiro. Salve, a primeira entre as nações, princesa das províncias, terra dos Patriarcas, mãe dos Profetas e Apóstolos, germe da fé, alegria do povo cristão. Deus consentiu que fosse assaltada continuamente, para ser depois instrumento de salvação e santidade nestes valentes Cavaleiros.

Salve, terra da promessa, que emanava leite e mel só para seus habitantes e agora brinda ao mundo inteiro remédios de salvação e mantimentos de vida. Terra boa, imemorável, que acolhendo em seu muito fecundo seio da semente guardada na arca do coração do Pai, deu uma colheita tão copiosa de mártires, e além disso, produziu 30, 60 e até o cento por um em todos os estados de vida cristã. Os que gozaram de sua presença, saciados de gozo por sua maravilhosa doçura, vão proclamando pelo mundo inteiro a lembrança de suas entristecedoras delicadezas e enaltecem pelos limites da terra a grandeza de sua glória aos que a conhecem, apregoando-a prodígios que em si se realizam. "Que pregão tão glorioso para si, cidade de Deus!". Mas passemos já a enumerar algumas delícias que apuram nela para louvor e glória de seu nome.

PRESÉPIO

Começaremos pelo presépio, que significa casa do pão, alimento para as almas santas, onde começou a fazer-se visível o pão descido do céu, ao lhe dar à luz a virgem. Ali os mansos animais compartilham seu pesebre com o feno do prado virginal; assim conhece o boi a seu amo e o asno reconhece o pesebre do Senhor.

"Toda carne é feno e sua beleza como flor campestre." O homem, sem compreender a dignidade com que foi coroado, fez-se como um animal que perece e descendeu até seu nível. Por isso a palavra, pão dos anjos, fez-se alimento para os animais e assim têm que ruminar. Trata-se do homem, que se esqueceu totalmente de comer o pão da palavra, até que, devolvido a sua primeira dignidade pelo homem de Deus, pudesse dizer com São Paulo: "Ainda quando tivermos conhecido de Cristo segundo a carne, ainda assim, agora já não lhe conhecemos dessa forma". Mas penso que ninguém pode dizê-lo de verdade a não ser que como Pedro tenha escutado da boca da verdade: "As palavras que eu lhes hei dito são espírito e vida; mas a carne para nada serve". Por isso o que encontra a vida na palavra de Cristo já não necessita de sua carne, e entra no número dos que sem ter visto acreditaram. Tampouco precisa beber leite mais que o menino, nem ninguém se alimenta do feno mais que o jumento.

Quem não falha quando fala é um homem adulto, capaz de alimentar-se com manjares fortes. Embora tenha de comê-lo com o suor de sua frente, alimenta-se do pão da palavra sem traí-la.

E pode falar com segurança aos perfeitos sobre a sabedoria de Deus, explicando temas espirituais aos homens espirituais. Mas não aos imaturos, pois são pequenos jumentos, a estes deve-se levar cautela, tratando sozinho pelo que podem captar, quer dizer, do Jesus e este crucificado. Porque o menino só é capaz de ruminar o bocado dos pastos celestiais e o adulto os masca. Por isso ao menino unicamente lhe serve de alimento, mas ao adulto lhe dá forças.

NAZARET

Tudo de uma flor Acácia?

Vamos a Nazaret, que quer dizer flor, a aldeia onde foi crescendo o Deus que tinha nascido no presépio, da maneira como na flor se vai desenvolvendo o fruto. Assim precedeu seu aroma ao sabor do fruto; seu bálsamo perfumado encantou o olfato dos profetas e chegou ao olfato dos Apóstolos. Os judeus só se limitaram a farejá-lo e foram finalmente os cristãos quem chegaram a saborear sua deliciosa maturação.

Natanael percebeu também a fragrância dessa flor, porque exalava uma suavidade muito mais aromática que todas as demais. Por isso perguntou: "De Nazaret pode sair algo bom?". E totalmente insatisfeito só com o perfume, seguiu a Felipe, que lhe dizia: "Vem e o verá". Embriagado com umas gotas daquele muito fino perfume, ávido de saboreá-lo já pela emanação de tão agradável aroma, deixando-se levar pelo mesmo bálsamo, não descansou até tomar seu fruto, ansiando apalpar a experiência plena do que ligeiramente tinha pressentido e degustar assim como algo imediato o que de longe tinha percebido.

Consideremos agora o perfume que respirou Isaac; não que pressagiasse algo que agora nos interesse pelo que vamos tratar. A escritura nos conta isso assim: assim que percebeu o aroma de seu traje, ou seja, o do Jacob, exclamou: "Aroma de um campo que benzeu o Senhor é o aroma de meu filho". Aspirou a fragrância de suas roupas, como se fora uma flor, mas não reconheceu a presença da que vestia. Externamente sentiu sua agradável impressão, mas não saboreou a doçura do fruto interior e ficou sem reconhecer o filho eleito e sem compreender aquele mistério. Aonde vou com tudo isto?

A roupagem do Espírito Santo é a letra e a carne do Verbo. É o que acontece com os judeus, que nem agora reconhecem o Verbo na carne, nem sua divindade no homem, nem percebem o sentido espiritual encerrado sob as peles da letra. Apalpam por cima da lã do cabrito que se parece com o filho maior, quer dizer, com o primeiro pecador. Mas não chega a verdade nua. Porque não veio em carne de pecado, a não ser em semelhança de carne de pecado, já que ele não o cometeu, mas veio a tirá-lo. Revestiu-se desses traçados com uma só finalidade que não a ocultou: "Para que os cegos o vejam e os que o veem fiquem sem ver".

Enganado o Patriarca por esta semelhança de pecado e cego como estava, benzeu ao que não reconheceu e não soube descobrir nos signos aquele que palpita vivo nos livros. Apesar de estar apalpando-o com suas mãos, capturando-o, flagelando-o, esbofeteando-o, não o reconhecerá nem depois de ressuscitado. Se o tivessem reconhecido, nunca lhe teriam crucificado ao Senhor da glória.

Agora vamos percorrer outros lugares santos. Embora não possamos nos deter para admirar todos os seus detalhes, diremos ao menos algo do mais importante para recordá-los sucintamente.

O MONTE DAS OLIVEIRAS E O VALE DE JOSAFAT

Sobe-se ao Monte das Oliveiras e, ao baixar, entra-se no Vale de Josafat. Assim se pode ir pensando nos tesouros da divina misericórdia, mas sem ocultar seu temor ao julgamento de Deus.

Oliveira

Efetivamente, Deus é muito generoso para o perdão por sua grande misericórdia, mas suas sentenças são como o oceano imenso e nelas se manifesta terrível com o homem. De algum jeito se refere David ao Monte das Oliveiras, quando diz: "Você socorre a homens e animais. Que inapreciável é sua misericórdia, Ó Deus!". E alude no mesmo Salmo ao vale do julgamento: "Que não me pisoteie o pé do soberbo, que não me jogue fora a mão do malvado". Reconhece além disso o espanto com o qual a terra cair nesse precipício, pedindo ao Senhor em outro Salmo: "Minha carne se estremece com seu temor e me dão medo seus julgamentos". O soberbo se despenha e se estrela contra este vale. Mas o humilde o reconhece, porque sabe que Deus não julga duas vezes uma mesma coisa; assim se julgamos a nós mesmos, não seremos julgados.

Além disso, o soberbo, a quem nada preocupa quão horrendo é cair em mãos do Deus vivo, inclina-se facilmente à maldade, pretextando desculpas para seus pecados. Muito se engana quando não se compadece de si mesmo, e depois de ter pecado, rechaça o único remédio de confissão. É o mesmo que encobrir o fogo que o alcançou dentro do seio, em vez de lhe sacudir isso imediatamente. Siga, pois este conselho do sábio: "Tenha misericórdia de sua alma servindo a Deus". Se é miserável consigo, com quem será generoso?. "Agora mesmo começa o julgamento contra o mundo, e o chefe deste mundo vai ser jogado fora", quer dizer, de seu coração, se se humilha, julga a si mesmo.

Do alto convoca Deus, céu e terra para entrar em julgamento contra seu povo, e se se surpreende sem se haver julgado você a si mesmo, teme seriamente ser condenado com o Diabo e seus anjos. Em troca, o homem de espírito pode ajuizá-lo, enquanto a ele ninguém pode ajuizar. Por isso está o julgamento começando pelo Templo de Deus e, quando chegar aos seus, os encontrará julgados. Nada ficará por julgar, quando vierem a julgamento os que não passam as fadigas humanas nem sofrem com outros.

O JORDÃO

Como se alegram as águas do Jordão quando se lhe aproximam os cristãos, orgulhoso ele de ter sido consagrado pelo batismo do Senhor! Mentiu aquele sírio, doente de lepra, quando antepôs não sei que águas de Damasco aos rios do Israel. Porque nosso rio, o Jordão, em distintas ocasiões nos demonstrou que é um servo dócil ao Senhor. Quando retendo milagrosamente o ímpeto de suas correntes, sotaque seco seu leito para que passassem a pé enxutos Elias e Eliseo. E evocando tempos

Mapa atual do rio Jordão

mais remotos ainda, quando o atravessou Josué com todo seu povo. Não há nenhum rio tão famoso como ele. Há algum outro que fora consagrado com a presença quase patente da Trindade? Ali ressoou a voz do Pai, deixou-se ver sensivelmente o Espírito Santo e se batizou o

Filho. Com razão, pois assim o dispôs Cristo, experimenta agora todo o povo fiel aquele mesmo poder que sentiu em seu corpo Naamán, por ter aceito o conselho do profeta.

O CALVÁRIO

À saída de Jerusalém está o Calvário, onde uns meninos descarados riram do verdadeiro Eliseu e ele lhes mostrou seu sorriso eterno lhes dizendo: "Sou eu com meus filhos, os que me deu o Senhor". Filhos bons, tão distintos daqueles tão maliciosos.

O salmista convidava ao louvor com estas palavras: "Elogiem, meninos do Senhor, elogiem o nome do Senhor", tirando assim até da boca dos meninos de peito um louvor que não brotou daqueles tão invejosos, de quem se queixa dizendo: "Filhos criei e eduquei, e eles se revelaram contra mim".

Ali subiu à Cruz nosso Salvador, exposto ao mundo a favor do mundo, a cara descoberta e com a frente sem tampar, enquanto expiava os pecados. Não se envergonhou da ignomínia de uma morte infame e cruel, até o extremo de não lhe horrorizar semelhante condeção, para nos liberar do opróbio eterno e nos devolver a glória. Nada estranho, pois não tinha por que envergonhar o que nos lavou dos pecados, não como a água que abranda mas não tira as manchas, se não como os raios de sol que as eliminam e mantêm a brancura. Assim é a sabedoria de Deus que penetra tudo com sua pureza.

O SEPULCRO

Entre todos os lugares santos de que tenho saudades, é o sepulcro o que se leva à primazia por assim dizê-lo. Sente-se no local onde descansou o cadáver do Senhor não sei quanta especial devoção, mais intensa que em outros lugares onde viveu. Porque a lembrança da morte move mais a piedade que a vida. Penso que a vida é mais severa e a morte mais íntima; pois a quietude serena do sonho agrada à debilidade humana mais que as fadigas da vida. A vida de Cristo é para mim uma exigência de conduta e sua morte uma liberação da morte. Sua vida me ensinou a viver; sua morte destruiu a minha. Sua vida foi penosa e sua morte não menos valiosa: as duas foram necessárias. Porque nem a morte de Cristo serve de nada a quem vive mau, nem sua vida a quem morre indignamente. Acaso a morte de Cristo pode sem mais liberar da morte eterna os que vivem de má maneira até o momento de sua morte? Pôde redimir sua santidade pessoal aos Santos pais que morreram antes de Cristo? Bem claro está escrito: "Quem viverá sem ver a morte, quem subtrairá sua vida à garra do abismo?"

Precisamente porque necessitamos tanto das duas coisas, ensinou-nos Cristo a viver na santidade e a morrer na paz. Para isso serenou a morte morrendo, porque pereceu mais para ressuscitar. Assim nos deu a esperança da ressurreição aos que têm de morrer.

Há de se alegar ainda um terceiro aspecto positivo, sem o qual de nada servirão os dois anteriores: perdoou também os pecados. Cara à eterna bem-aventurança, que prêmio teria conseguido a vida mais perfeita e mais larga de qualquer, se segue pacote até solo pecado, embora seja o original? Porque houve por diante um pecado que seguiu a morte; se o homem não o tivesse cometido, nunca teria experimentado a morte.

Mas ao pecar, perdeu a vida e encontrou a morte, exatamente como Deus o tinha avisado com antecipação. Justo era que se pecava, morria-se. Poderia aplicar-se uma lei mais justa que a do Talião? Deus é a vida da alma e a alma é a vida do corpo. Ao pecar voluntariamente, perde também voluntariamente a vida: logo, embora contra sua vontade, seguirá sem poder recuperar a vida. Livremente rechaçou a vida, porque não quis viver; portanto, tampouco poderá comunicá-la a quem queira nem da maneira que queira. Se a alma não quis sujeitar-se a Deus, tampouco poderá dominar o corpo. Se não obedeceu ao superior, que direito tem para mandar o interior? O Criador se encontrou com sua criatura em rebelião diante dele; resiste agora a alma à rebeldia de seu escravo. O homem quebrantou a lei divina; por isso encontrará em seus membros outra lei que luta contra os critérios de seu espírito e o faz prisioneiro da lei do pecado. Tal como esta escrito: "São nossas culpas as que criam separação entre Deus e nós".

Por isso também a morte cria a separação entre nosso corpo e nós. A alma só pode separar-se de Deus pecando, e o corpo só pode separar da alma morrendo. Parece acaso seu castigo desproporcionado por sua rigidez, quando só o obriga a suportar em seu corpo quão mesmo você ousou cometer em seu espírito contra o Criador? Nada mais justo. A morte do pecado conduziu a morte como castigo. Assim como uma morte voluntária impôs uma morte inevitável.

Já esta condenado o homem a esta dupla morte assim que é composto, uma espiritual e voluntária e a outra corporal e irremediável. O Deus feito homem se ofereceu generosa e eficazmente com uma única morte corporal e voluntária, para vencer com as suas nossas duas mortes. Assim tinha que ser. Pois uma delas era em razão do castigo do pecado e a outra da dívida contraída pela pena. Assumindo o castigo sem encontrar a culpa, morre livremente só com a morte corporal e merece a nosso favor a vida e a justificação. Se não tivesse padecido corporalmente, não teria pago a dívida; e se não tivesse morrido voluntariamente, sua morte não teria contraído mérito algum. Mas, como já fica dito, se o pecado merecer a morte, e a morte é dívida do pecado, ao apagar Cristo o pecado morrendo pelos pecadores, já não existe a culpa e a dívida fica saldada.

E como sabemos que Cristo pôde apagar o pecado? Indubitavelmente porque é Deus e pode quando quer. Mas como sabemos que é Deus? Provam-no seus milagres: fez coisas que nenhum outro homem pôde fazer. Testemunham-no os oráculos dos profetas e o testemunho do Pai, que desceu do céu envolvendo-o com sua glória. "Se Deus estiver a nosso favor, quem pode estar contra? Deus é o que perdoa. Quem poderá condenar? Se ao mesmo Deus e a nenhum outro é a quem confessamos cada dia "contra si só pequei", poderíamos encontrar alguém capaz de nos perdoar melhor o pecado cometido contra o mesmo Deus? E como não vai poder Ele se tudo pode? Inclusive eu mesmo, se quero, posso perdoar aos que me ofendem. E Deus não vai poder perdoar os que ofendem Ele? Portanto, se o onipotente tem poder para perdoar os pecados só ele pode fazê-lo, porque só contra ele pecamos, ditoso o que esta absolvido de sua culpa. Sabemos, pois, que Cristo, porque é Deus, pôde perdoar os pecados.

Quem duvida de que também pode perdoá-los? Quem assumiu nossa carne e sofreu a morte, poderia nos negar sua graça? Voluntariamente se encarnou, voluntariamente padeceu, voluntariamente foi crucificado. Privar-nos-á precisamente de sua misericórdia? Já sabemos que pôde perdoá-los porque é Deus. Ao fazer-se homem nos demonstrou que também o quis.

Fica por saber se além disso pôde vencer a morte. Temos certeza de que o conseguiu com toda justiça, porque sem merecê-la, padeceu-a. Então não há razão para que nos exija o que ele pagou já por nós, que levantou o castigo do pecado, nos dando sua própria santidade, ele mesmo saldou a dívida da morte e nos devolveu a vida. Morta, pois a morte volta a vida; tirando o pecado, recupera-se a graça. Foge a morte ante a morte de Cristo e nos apropriamos da graça de Cristo.

Podia morrer aquele que era Deus? Claro; porque também era homem. Mas em virtude do que poderia valer a outro sua morte? Porque também era justo. Assim, por ser homem, pôde morrer; e por ser justo, não devia morrer inutilmente. É certo que um pecador não pode liquidar por outro pecador a dívida da morte, pois cada qual morre por seu próprio pecado. Mas o que não tem que morrer por sua culpa pessoal, deve morrer inutilmente por outro? Não. E quanto mais humilhante seja a morte do que não a merecia, mas justo será aquele vivo por quem morreu.

Possivelmente se pergunte: "que classe de justiça é essa que obriga a morrer o inocente por um culpado?". Não é justiça, mas misericórdia.

Se fosse justiça, já não morreria gratuitamente, senão para pagar uma dívida. E se morre para pagar uma dívida pessoal, ele morreria certamente, mas aquele por quem ia morrer não viveria. É certo que não podemos falar de justiça, tampouco de injustiça; pois, do contrário, não seria de uma vez justo e misericordioso.

Poderia insistir ainda: concedido que o justo possa satisfazer validamente pelo injusto. Mas como pode um só satisfazer por todos? Porque parece próprio da justiça que a morte de um não pode devolver a vida mais que a de outro. Já respondeu a este o Apóstolo: "Quão mesmo pelo delito de um só recaiu sobre todos os homens a condenação, assim pela ação justa de um só recai sobre todos os homens a justificação que dá vida; quer dizer, como a desobediência daquele único homem constituiu pecadores à humanidade, assim também pela obediência de um a humanidade fica constituída justa". E se pode devolver o perdão a todos, não poderá também lhes devolver a vida? "Se um homem trouxe a morte, também um homem trouxe a ressurreição dos mortos: quer dizer, quão mesmo pelo Adão todos morrem, assim também por Cristo todos receberão a vida".

Resulta que pecou um só e a todos tomam por culpados. E a inocência de um só vai contar só para o inocente? O pecado de um transporta a morte para todos; e a fidelidade de um vai devolver a vida só a um? Se fosse assim, a justiça de Deus teria servido mais para condenar que para salvar. Quer dizer, que havia podido mais Adão para o mal que Cristo para o bem. A meu ver, me imputaria o pecado do Adão, mas não me pertenceria a ação justa de Cristo. Resulta que me perdeu a desobediência do primeiro e não me serve de nada a obediência do segundo.

Poderia me responder: "É lógico que tenhamos contraído o pecado de Adão justamente, porque todos pecamos nele; quando ele pecou, nós estavamos nele e fomos engendrados em sua carne pela concupiscência da carne". Sim, é verdade. Mas também nascemos de Deus segundo o espírito de um modo muito mais íntimo que o nascimento no Adão segundo a carne. Também nós confiamos estar incluídos entre aqueles de que diz o Apóstolo: "antes de criar o mundo nós escolhemos com ele – quer dizer – com o Pai no Filho". Porque nascemos de Deus, como testemunha o Evangelista João: "Não de linhagem humana, nem por impulso da carne, nem por desejo de varão, mas nascem da vontade de Deus".

E ele mesmo nos diz em uma carta: "Quem nasceu de Deus não comete pecado", porque lhe conserva a geração celestial. Mas pode seguir objetando: "A concupiscência carnal atesta nossa origem carnal e o pecado que sentimos na carne põe de manifesto que descendemos na carne do carnal de um pecador". Apesar disso, insisto que a geração espiritual não se faz sentir na carne, senão no coração mas só entre aqueles que possam dizer com o Apóstolo: "Nós temos o sentido e o espírito de Cristo". Por isso experimentam uma mudança tão grande que eles também se atrevem a dizer: "Esse mesmo Espírito assegura a nosso espírito que somos filhos de Deus". E aquele outro: "Nós não recebemos o espírito do mundo, a não ser o espírito que vem de Deus: assim conhecemos a fundo os bens que Deus nos tem feito". Pelo espírito que Deus nos deu, o amor que Deus nos tem alaga nossos corações. Mas também pela carne que provém do Adão, está enquistada em nossos membros a concupiscência. E assim como está, que descende da que engendrou nosso corpo, nunca se retira da carne na vida mortal, assim também o amor que procede do Pai dos espíritos permanece para sempre na vontade dos filhos, ao menos dos perfeitos.

Portanto, se tivermos nascido de Deus e sido escolhidos em Cristo, não seria justo que a geração humana e terrena fosse mais eficaz para o mal que a divina e a celestial para o bem; que a procriação carnal supere ao intuito de Deus; que a concupiscência da carne herdada temporalmente anule o plano eterno de Deus. Se por um só homem entrou a morte, por que um só homem, e de tal categoria, não podia nos dar uma vida superior? Se todos morrermos em Adão, por que não vamos reviver todos em Cristo com maior vitalidade? "Não há proporção entre o delito e a graça; pois o julgamento de um só delito acabou em sentença condenatória, enquanto a graça por meio de uma multidão de delitos acabou em liberação". Portanto, Cristo pôde perdoar os pecados por ser Deus e pôde morrer, como homem que era, para pagar a dívida da morte, porque também era justo. Desse modo, bastou um só homem para devolver a todos a justificação e a vida, igualmente o pecado e a morte de um se propagaram a todos.

Estava também previsto como totalmente necessário que este homem, atrasando a hora de sua morte, dignasse-se a conviver algum tempo com os homens. Dessa maneira podia elevá-los para o invisível com sua frequente predicação da verdade; podia lhes infundir a fé com seus signos milagrosos e endireitá-los em seus costumes com a retidão da vida. Depois de ter vivido o homem Deus neste mundo sóbria, reta e piedosamente, pregou a verdade e realizou maravilhas até chegar a padecer o mais abjeto. Assim ficou consumada nossa salvação.

Acrescentemos, além disso. a graça do perdão dos pecados, pela qual ficamos absolvidos graciosamente de nossos crimes e se veem já rematadas as obras de nossa liberação. Não devemos temer que Deus não tenha poder para poder perdoar os pecados ou que não deseje perdoá-los, quando foi capaz de padecer tanto e de tantas maneiras pelos pecadores.

O que importa é que agora nos esforcemos em viver dignamente, como é de justiça; que imitemos seus exemplos e veneremos seus milagres, para não ser incrédulos a sua mensagem e ingratos a seus padecimentos.

Todo o escrito nos serviu: tudo foi fecundado, tudo foi necessário para nossa salvação; tanto sua debilidade como sua majestade, se pela força de sua divindade bastou sua palavra para nos liberar do jugo do pecado, pela debilidade de sua carne foi suficiente sua morte para abolir os direitos da morte. Por isso diz atinadamente o Apóstolo: "A debilidade de Deus é mais potente que os homens". Toda uma loucura para salvar ao mundo, para confundir sua sabedoria, para desconcertar os sábios. Apesar de sua condição divina, despojou-se de sua filiação e tomou a condição de escravo. Era rico e se fez pobre por nós. Era grande e se fez pequeno. Era um excelente e se fez um humilde. Era poderoso e se fez débil. Passou fome, sede, cansaço. Todo o resto que teve de sofrer assumiu livremente, sem coação alguma. Semelhantes loucuras são para nós, no caminho da prudência, uma norma de justiça, um exemplo de santidade. De novo nos insinua o Apóstolo: "A loucura de Deus é mais sábia que os homens".

Sua morte nos liberou da morte; sua vida, do engano, e sua graça, do pecado. A morte consumou a vitória graças a sua fidelidade, porque o fiel, pagando o que não tinha roubado, recuperou com todo o direito o que não tinha perdido.

Cumpriu maravilhosamente em todo seu proceder com o que logo seria para nós espelho e modelo de vida e submissão. Finalmente sua graça, como já havemos dito, perdoou os pecados com o mesmo poder com o que fez tudo que quis. A morte de Cristo é, pois, morte de minha morte, porque ele morreu para que eu viva. É possível que não viva já aquele por quem morreu o que é a vida? Quem pode temer extraviar-se pelo caminho da virtude ou desorientar-se no conhecimento da verdade, levando por guia a sabedoria mesma? Ele afirma no Evangelho que é a vida, quando diz: "Eu sou a vida". E o Apóstolo lhe atribui estes dois títulos: "Foi constituído por Deus Pai justiça e sabedoria para nós".

Mas, "se o regime do Espírito da vida nos liberou do regime do pecado e da morte, como se explica que ainda tenhamos que morrer e não nos revistamos imediatamente da imortalidade?" Para que não falte a veracidade de Deus. Como "Deus ama a misericórdia e a fidelidade a si mesmo", o homem tem que morrer necessariamente, pois assim o havia predito Deus. Mas também deve ressuscitar, para que não creiamos que se esqueceu de sua misericórdia. Dessa maneira, a morte, embora não exercesse seu domínio sobre nós para sempre, reina ainda um tempo sobre nós. Igual ao pecado. Tampouco impera sobre nosso corpo mortal, mas nem por isso desaparece totalmente. Por esta razão Paulo se glorificava de sentir-se liberado da escravidão do pecado, mas imediatamente se lamentará de que em certo sentido segue afligido sob outra lei, e protesta amargamente contra o pecado: "Percebo em meu corpo outra lei, etc.". E em outro lugar geme deprimido sob a lei da morte, suspirando por ver-se liberado de seu corpo.

Sejam estas, ou outras parecidas, as considerações que o sepulcro sugere à sensibilidade do cristão, segundo a inspiração que a cada um domine, penso que quem possa contemplar o lugar mesmo da sepultura do Senhor, se sentirá como possuído da mais doce e intensa devoção, que lhe fará um grande bem poder contemplá-lo com seus próprios olhos. Pois, embora esteja vazio sem seu sagrado corpo, enchem-no nossos mais íntimos e profundos mistérios. Nossos – hei dito – e muito nossos, pois somos capazes de nos avivar pelo que nos diz o apóstolo e que acreditamos com tanta firmeza: "Aquela imersão que vinculava a sua morte sepultou com ele, para que, assim como Cristo foi ressuscitado da morte pelo poder do Pai, também nós começássemos uma vida nova. Além disso, se tivermos ficado incorporados a ele por uma morte semelhante à sua, certamente o estaremos também por uma ressurreição semelhante".

Eu imagino que, com esta alegria, ficam atrás as desventuras do caminho e esquece-se a quantia de seus gastos. Como se já tivessem conseguido como prêmio de suas penalidades a meta de sua carreira, ao dizer da Escritura, "sentem-se transportados de gozo ao achar seu sepulcro".

Não foi casual, nem repentino, nem um suspeito ardor popular o que deu tanta celebridade a este sepulcro, quando já tantos séculos atrás profetizou Isaías claramente: "Aquele dia a raiz do Jessé se erguerá como insígnia dos povos; o buscarão as nações e será glorioso seu sepulcro". Realmente podemos comprovar como se cumpriu quando dizem os Profetas. Para os que agora o veem, parece uma novidade; mas para os que o viram na Escritura, já é muito velho. Assim sentimos o gozo do novo e não ficamos sem a garantia do antigo. Acredito que com isso são já suficientes nossas considerações sobre o sepulcro.

BETFAGÉ

O que poderia dizer do Betfagé, a aldeia dos sacerdotes, da qual por pouco me esqueço, a que guarda o sacramento da confissão e o mistério do serviço sacerdotal? Efetivamente, Betfagé quer dizer a casa da boca. Já o diz a Escritura: "A seu alcance esta a palavra, em sua boca e em seu coração". Deve recordar que aí, nos dois, tem a palavra. Por isso levanta no coração do pecador a contrição salvadora e essa mesma palavra na boca arranca a vergonha perniciosa, para que não lhe freie a necessária confissão. Porque nos diz a Escritura: "Há um pudor que leva ao pecado e um pudor que leva à glória". Pelo pudor bom se envergonha de ter pecado ou uma vez cometido, o satisfaz com a penitência e o elimina com a confissão. Contudo, deve ficar claro que nossa glória radica também no testemunho da própria consciência.

Mas quando se envergonha de confessar o pecado, embora o *aduela* havê-lo cometido, estamos ante outro pudor que leva ao pecado e à perda da glória da consciência. Então, a compunção se violenta para arrojar o mal profundo do coração; mas um pudor tolo que lhe fecha hermeticamente os lábios, não lhe deixa tirá-lo fora, quando o melhor seria poder dizer com o David: "Não fechei os lábios, Senhor, você sabe". Penso que recriminando-se a si mesmo a conta desse pudor néscio e insensato diz em outro salmo: "Porque calei, consumiam-se meus ossos". Isso lhe decide a colocar um guarda em sua boca e um sentinela à porta de seus lábios, para abrir a boca à confissão e fechá-la a toda justificação de seus pecados. Por fim, dirigindo-se ao Senhor, pede-lhe isso mesmo abertamente, pois sabe que a confissão e o louvor são obra dela. É puro dom de Deus nossa capacidade para essa grande obra que consiste em confessar de uma vez duas coisas: nos acusar de nossa malícia e com isso proclamar as maravilhas de sua bondade e de seu poder. Por isso diz: "Não deixe inclinar-se meu coração a palavras maliciosas, para pretextar desculpas nos pecados".

Acreditam que neste documento se pode apreciar com claridade que São Bernardo não só apoiou ao Templo em seus começos, como também, além disso, soube lhe dar a força necessária para que este crescesse e se desenvolvesse na forma em que o fez.

O mesmo São Bernardo foi o criador da primeira Regra que teve o Templo, embora em seus começos se chamaram: "Os Pobres Cavaleiros de Cristo da Cidade Santa de Jerusalém", apesar de logo serem chamados Templários já que:

"É dado que não tinham igreja ou habitação que lhes pertencesse, o rei os alojou em seu palácio, perto do templo do Senhor. Para satisfazer as necessidades de seu serviço, o abade e os cônegos regulares do templo lhes cederam um terreno não longínquo ao palácio, e por esta razão lhes chamou mais tarde como os Templários".

Capítulo XIX

A Regra Latina

Voltando para o tema da regra que elaborou São Bernardo, acredito que seria conveniente para compreender com mais profundidade os Cavaleiros do Templo que a conheçamos, por isso passamos a relatá-la a seguir:

REGRAS DOS POBRES SOLDADOS DA SANTA CIDADE DE JERUSALÉM

I. Como se deve ouvir o Ofício Divino:

Vocês, que de certa maneira renunciaram suas próprias vontades, e outros, que pela salvação de suas almas militam servindo ao rei supremo com cavalos e armas, procurem universalmente, com piedoso e puro afeto, ouvir os Maytines, e todo o ofício inteiro, segundo a Canônica instituição e costume dos Doutos regulares da Santa Igreja de Jerusalém; e por isso, veneráveis Irmãos! A vocês muito em particular os toca, porque tendo desprezado o mundo, e torturas de seus corpos, prometeram ter em pouco ao mundo pelo Amor de Deus; e assim, refletidos, e faciados com o Divino, nenhum tema abriga, a não ser que esteja disposto para a coroa.

II. Que digam as Orações Dominicais, a não ser puderem assistir para ouvir o ofício divino:

Ademais, se algum irmão estivesse distante, ou longe em negócio da Cristandade Oriental (que acontecerá muitas vezes) e por tal ausência não ouvir o ofício divino: pelos Maytines dirá 13 Pais-Nossos ou Orações Dominicais; e por cada uma das horas menores sete; e pelas vésperas nove. Respeito que estes, ocupados em tão saudável trabalho, não possam ir à hora competente ao Ofício Divino; mas se puderem, que o façam às horas assinaladas.

III. Que se tenha de fazer pelos irmãos defuntos:

Quando algum dos irmãos morrer, que a morte a ninguém perdoa, nem escapa dela, mandamos que com os Clérigos e Capelães, que servem a Deus Supremo Sacerdote, caritativamente, que eles ofereçam com pureza de ânimo o Ofício e Missa solene ao Jesus Cristo, por sua alma; e os irmãos que ali estivessem pernoitando em oração pela alma de dito defunto, rezem cem Pais-Nossos até o sétimo dia, os quais se têm que contar desde o dia da morte, ou que o supere, com fraternal observância, porque o número de sete é número de perfeição. E ainda lhes suplicamos com divina caridade e lhes mandamos com pastoral autoridade, que assim como cada dia dava a nosso irmão o necessário para comer e sustentar a vida, que isso mesmo lhe dê em comida e bebida a um pobre, até os 40 dias; e todas as demais oblações, que se costumam fazer por ditos irmãos, assim na morte de algum deles, como nas solenidades de Páscoas, indiscretamente de todo proibimos.

IV. Os Capelães somente tenham comida e vestimenta:

Mandamos para as demais oblações e esmolas, de qualquer forma que se façam, aos Capelães, ou a outros que estão por tempo na unidade do comum Conselho, por sua vigilância e cuidado; e assim, que os servidores da Igreja tão somente tenham, segundo a autoridade, comida e vestimenta, e nada mas, pois assim Cristianamente os disse de sua vontade o Mestre.

V. Os Soldados que assistem os defuntos:

Há também soldados na Casa de Deus, e o Templo de Salomão vivendo conosco, pelo qual lhes suplicamos, e com confiança lhes mandamos com inefável comiseração, que se algum destes morrer, se dá a um pobre por sete dias de comer, por sua alma, com Divino amor e fraternal piedade.

VI. Que nenhum Irmão que fique faça oblação:

Determinamos, como dito acima, que nenhum dos Irmãos que ficam presumem fazer outra oblação, mas, sim, permaneçam de dia e noite em sua profissão com limpo coração, para que nisto possa igualar-se com o mais sábio dos profetas, que no Salmo 115 dizia: "receberei o Cálice do Senhor e imitarei em minha morte a morte do Senhor; porque assim como Cristo pôs por minha sua Alma, assim eu estou pronto a pô-la por meus Irmãos": veem aqui uma competente oblação, e hóstia viva que agrada a Deus.

VII. Do imoderado estar em pé:

Havendo dito uma verdadeira testemunha, que ouve-nos o ofício divino em pé imoderadamente, mandamos que não o façam, antes o vituperamos, mas, sim, concluído o Salmo "venite exultemus Domino", com o Invitatório, Hino, todos lhes sentem, assim os fracos, como os fortes, e lhes mandamos isso, por evitar o escândalo; e estando sentados, só levantem para dizer "Glória Patri", concluído o Salmo, suplicando, voltados ao Altar baixando a cabeça por reverência à mui Santa Trindade nomeada, e aos fracos até que façam a inclinação sem levantar-se: ao Evangelho, ao Lhe Deum Sentenciamos, e a todas as sentencie, até o Benedicamus Domino, estarão em pé, e aos Maytines de Nossa Senhora.

VIII. Da comida em refeitório:

Acreditam que comerão em refeitório: quando alguma coisa lhes faltar, e tiverem necessidade dela, se não puderem pedi-la por gestos, peçam-na silenciosamente; e assim sempre que se peça algo estando na mesa tem que ser por humildade, obediência e silêncio, como diz o Apóstolo: "Come seu pão com silêncio"; e o Psalmista os deve animar, dizendo: "Pus minha boca custódia, ou silêncio", que quer dizer: deliberei o não falar e guardei minha boca por não falar mal.

IX. Da leitura, ou lição, quando se come:

Sempre que se coma e jante, se leia a Santa lição: "Se amarmos a Deus, devemos desejar ouvir seu Santos preceitos, e palavras"; e assim o leitor esta indicando silêncio.

X. Do comer carne na semana:

Na semana, a não ser no dia de Páscoa, Natal ou Ressurreição, ou festividade de Nossa Senhora, ou de Todos os Santos, que caiam, basta comê-la em três vezes, ou dois dias, porque o costume de comê-la entende-se como corrupção dos corpos. Se a terça-feira for de jejum, na quarta-feira lhes dê em abundância. No domingo, os Cavaleiros, como assim os Capelães, lhes dê sem dúvida dois manjares, em honra da Santa Ressurreição; outros serventes se contentem com um e deem graças a Deus.

XI. Como devem comer os Cavaleiros:

Convém geralmente comer de dois em dois, para que com cuidado se provejam uns aos outros, provejam-se, para que a aspereza de vida e abstinência não se misturem; e julgamos justo que cada um de ditos Cavaleiros lhes deem iguais porções de vinho separadamente.

XII. Que em outros dias basta dar dois ou três pratos de legumes

Em outros dias, como segunda-feira, quarta-feira e sábado, basta dar dois ou três manjares de legumes, ou outra coisa cozida, para que o que não come de um coma de outro.

XIII. O que convém comer às sextas-feiras?

Na sexta-feira basta comer a comida da Quaresma toda a Congregação, pela reverência devida à Paixão, exceto os doentes e fracos, e desde de Todos os Santos até a Páscoa, a não ser no dia do Nascimento do Senhor, ou vindo a festividade de Nossa Senhora ou Apóstolos: elogiamos ao que não a comer nos demais tempos; se não for dia de jejum, comam-na duas vezes.

XIV. Depois de comer, que deem graças a Deus:

Depois de comer e jantar, se a Igreja estiver perto, a não ser no mesmo lugar, deem graças a Deus, que é nosso Procurador, com humilde coração; e assim o mandamos aos pobres, mandemo-lhes que deem os fragmentos, e que se guardem os pães inteiros.

XV. Que o décimo pão sei do Caritativo:

Embora o prêmio da pobreza é o Reino dos Céus, e sem dúvida deva aos pobres, mandamos vocês darem cada dia ao Caritativo o décimo de todo pão.

XVI. Que a Colação esteja em arbítrio do professor:

Havendo ficado o Sol, ouvido o sinal, ou sino, segundo o costume, convém que todos vão às Completas, havendo feito antes colação, a qual pomos no arbítrio do professor; quando quiser lhes dê água, e quando usar de misericórdia veio temperado, ou aguado, e isto não para fartar-se, se não com parcimônia, pois muitas vezes vemos até os sábios faltar nisso.

XVII. Quando concluídas as Completas se guarde silêncio:

Concluídas as Completas convém ir cada um a seu quarto, e a ditos irmãos não lhes dê licença de falar em público, a não ser em urgente necessidade, e o que se tiver de dizer diga-se em voz baixa e secreta. Pode acontecer, tendo saído de Completas, insistindo a necessidade que convenha falar de algum negócio militar, ou sobre o estado da casa, ao mesmo professor, ou outro que faça suas vezes com certa parte dos irmãos, então se faça; fora disto não. Pois conforme consta do dez dos provérbios: o falar muito não foge de pecado; e no 12 diz: que a morte e a vida estão na língua; e no que se falar, de tudo proibimos palavras ociosas e gracejadoras, que movem a risada; e indo a custar, mandamos dizer a oração Dominical, ou Pai-Nosso; e se alguma coisa se falou nesciamente, diga-se com humildade e devoção pura.

XVIII. Que os que estiverem cansados não se levantem o Maytines:

Elogiamos que os Cavaleiros cansados e fatigados, que constatem de está-lo, não se levantem o Maytines, senão que com licença do professor, ou de quem estivesse em seu lugar, descansem, digam e cantem as 13 Orações Dominicanas, ou *Pater noster* (como está dito), de forma que o pensamento acompanhe a voz, segundo aquilo do profeta: cantem ao Senhor sabiamente; e daquilo: Cantarei-o em presença dos Anjos; isto sempre se deve deixar ao arbítrio do professor.

XIX. Que a comunidade da comida se guarde entre os irmãos:

Lê-se na Divinas Letras: que se dividia a cada um como havia necessidade; e portanto não dizemos haja exceção de pessoas, mas deve haver consideração de doentes; e assim, que menos necessidade tem Deus as obrigado, e não se entristeça, e as que tem necessidade, humilhe-se e não clame pela misericórdia, e assim todos estarão em paz; e isto proibimos, porque a nenhum seja lícito abraçar imoderada abstinência, mas, sim, tenham com firmeza a vida comum.

XX. Da qualidade da vestimenta e de seu modo:

Mandamos que a vestimenta sempre seja de uma mesma cor: branca, ou negra; e concedemos aos Cavaleiros no inverno ou estio, vestimenta branca (se pudesse ser), pois já que levam vida negra, e tenebrosa, reconciliem-se a seu Criador pela branca. Que é a brancura senão uma inteira castidade: a castidade é segurança do pensamento, e sanidade do corpo; e se um soldado não perseverasse casto, não poderia ver Deus nem gozar de seu descanso, afirmando-o São Paulo: "Sigam a paz com todos, e a castidade, sem a qual não se verá Deus". E esta vestimenta de superfluidade e arrogância deve carecer em sua estimativa, e assim mandamos todos ter, para que só com suavidade possam vestir-se, despir-se, calçar-se e descalçar-se. O Procurador deste ministério, com vigilante cuidado, procure que essas vestimentas não estejam nem curtas, nem compridas, se não for em mesura os que as vestem e usam, e assim dos ditos irmãos, segundo sua quantidade; e recebendo novas, entreguem pontualmente as velhas para pô-las no quarto, que o Irmão a quem toca este ministério determinar para os noviços e pobres.

XXI. Que os criados não tragam vestimenta branca, isto é, a capa:

Contradizemos firmemente isto que acontecia na Casa do Senhor e de seus Soldados do Templo, sem discrição, nem consentimento do Comum Conselho; e mandamos tirar tudo, como se fora um particular vício. Tinham em outro tempo os criados e serventes formigueiros, vestimentas brancas, de onde vinham insuportáveis danos, porque das partes ultramarinas se levantaram certos fingidos irmãos casados, e outros dizendo eram do Templo, sendo do Mundo, de onde resultaram tantos danos, tantas contumélias à Ordem Militar, e os ditos causaram muitos escândalos; e assim tragam os ditos criados do Templo vestimentas negras, e caso não se puderem achar, tragam os que se puderem ter na província onde estiverem, ou da cor mais clara que se poderia encontrar, convém que seja burela.

XXII. Que os Cavaleiros que houver, tão só tragam vestimentas brancas:

A nenhum é concedido trazer vestimentas brancas ou capas cândidas, a não ser os ditos Soldados do Cristo nomeados.

XXIII. Que as vestimentas velhas se dividam e sejam repartidas entre os armeiros e serventes:

Que o procurador dos panos, ou vestimentas, reparta igualmente as velhas entre os armeiros e serventes, e às vezes entre os pobres com fidelidade.

XXIV. A quem que deseja a melhor vestimentas lhe dê a pior:

Se algum deseja se irmanar, ou já por gosto, ou por soberba o melhor vestido, sem dúvida merecerá o pior.

XXV. Que se guarde a quantidade e a qualidade das vestimentas.

Que o comprimento das vestimentas seja segundo os corpos de cada um e a largura também, e seja nisto curioso o procurador.

XXVI. Que o procurador dos panos ou vestimentas observe igualdade:

Que dito procurador guarde igualdade na longitude e medida, porque nenhum dos criminosos, e mal contentes os veja, ou note; e assim, olhe-o tudo com fraternal afeto, que de Deus terá a retribuição.

XXVII. Do tamnho do cabelo, ou cabelos:

Convém que todos os irmãos tenham o cabelo talhado por diante, e por detrás, com quanta ordem se possa, observando-o mesmo na barba e jubas, para que o tamanho não denote vício no rosto.

XXVIII. Dos rostos e laços:

Que os rostos e laços são coisa de gentis, e como é abominável a todos, proibimo-los e contradizemos, para que nenhum os tenha, antes careçam deles: aos outros serventes, que estivessem por tempo, tampouco permitimos que tenham nem cabelo supérfluo, nem imoderada largueza na vestimenta, antes bem o contradizemos. Aqueles que servem a Deus, é necessário sejam limpos no interior e exterior, pois assim o afirma o Senhor: "Sede limpos, porque eu o sou".

XIX. Do número de cavalos e armeiros:

A qualquer dos ditos Soldados lhes é lícito ter três cavalos, porque a exímia pobreza da Casa de Deus, e do Templo do Salomão, não permite a presente, a não ser é com licença do Professor.

XXX. Que nenhum cavaleiro castigue a seu armeiro que lhe serve de ajuda:

Só se concede a cada soldado um armeiro, ou este servente de graça, ou caridade; não é lícito castigá-lo ou por qualquer culpa o ferir.

XXXI. Como se têm de receber os Cavaleiros:

Mandamos a todos os Cavaleiros, que desejam servir a Deus com pureza de ânimo, e em uma mesma Casa, por tempo, que comprem cavalo e armas suficientes para o serviço cotidiano, e tudo o que for necessário. Ademais, julgamos por bem e útil que se apreciem ditos cavalos, para ambas as partes, guardada igualdade, o que se tenha por escrito por que não se esqueça; e tudo de que necessitar dito cavaleiro para si, o cavalo ou armeiro, os outros serventes que estivessem há mais tempo, com fraternal caridade. E se o cavaleiro, por algum fragente, tiver seu cavalo morto neste serviço, o mestre que tem o mando e rendas da Casa lhe dará outro; e em vindo o tempo de voltar a sua Pátria, dará a metade do preço do que custou o cavalo que lhe deu, e a outra metade a porá em comum com os Irmãos, se o cavaleiro quiser.

XXXII. Que nenhum ande segundo sua própria vontade:

Convém a ditos Cavaleiros, pelo serviço que professaram, como pela glória da bem-aventurança, ou temor do inferno, que tenham obediência perpétua ao Mestre. Tem-se que observar o que for mandado pelo Mestre, ou por outro que faça suas vezes, e se tem que executar sem tardança, como se Deus o mandasse, não havendo demora em executar; e disto diz o Salmo 17. Logo que o vir, obedeça-lhe.

XXXIII. Se seja lícito andar pelo lugar ou vila sem licença do mestre:

Pelo mesmo mandamos, e firmemente encarregamos aos Cavaleiros Conventuais que desejam sua própria vontade, e a outros que servem por tempo, que sem licença do Mestre ou outro que esteja em seu lugar, não presumam sair da cidade, a não ser de noite ao Santo Sepulcro e Estações, que estão dentro dos muros da Santa Cidade.

XXXIV. Se lhes seja lícito andar sozinhos:

Mas estes estando assim, não sem companheiro, ou Cavaleiro se atrevam a andar, nem de dia, nem de noite; e no exército, depois que forem hospedados, nenhum cavaleiro ou Armigero, ou outro ande pelos pátios de outros Cavaleiros, com motivo de vê-lo, e de lhe falar, sem licença, (como acima falamos). E aconselhamos que em tal Casa, como ordenava Deus, nenhum milite nela, nem descanse, a não ser segundo o mandado do Mestre, a quem incumbe, para que imite a sentença do Senhor: "Não deve fazer minha vontade, a não ser a daquele João, que me enviou".

XXXV. Que nenhum por seu nome peça o que necessita:

Mandamos escrever este costume entre os demais, e com toda a consideração mandamos, que obrigue pelo vício de pedir, pois nenhum irmão senhaladamente, e por seu nome deve procurar cavalo, ou armas; pois como? Se sua enfermidade, ou debilidade de seus cavalos, ou o peso de suas armas se conhece ser tal, que o andar assim seja dano comum, venha ao Mestre, ou a outro que faça sua vez, e demonstre a causa como verdadeira, e pura fé, e que esteja na disposição do Mestre a coisa, e determinação.

XXXVI. Dos freios e esporas:

De maneira nenhuma queremos que seja lícito a nenhum irmão comprar, nem trazer ouro, ou prata, que são divisas particulares, nos freios, peitorais, estribos e esporas, mas se essas coisas lhes foram dadas de caridade, estes instrumentos usados, o tal ouro, ou a prata se o de tal cor, que não pareça, e reluza tão esplendidamente que pareça arrogância; se fossem novos os ditos instrumentos, faça o Mestre deles o que quiser.

XXXVII. Não tragam coberto nas hastes, ou lanças, ou escudos:

Não se tenha talher nas hastes, escudos e nas lanças, porque entendemos que não aproveita, a não ser, danifica.

XXXVIII. Da licença do mestre:

É lícito ao Mestre dar cavalos a qualquer um, ou armas, ou outra qualquer coisa.

XXXIX. De saco e de mala:

Saco e mala com chave não se concedem, e se exponham de tal sorte que não se tenham sem licença do Mestre, ou de quem está em seu lugar, neste capítulo não se incluem os procuradores, nem o Mestre, nem os que habitam em outras províncias.

XL. Das cartas missivas:

De nenhuma sorte seja lícito escrever quaisquer dos irmãos aos pais, nem a outro qualquer, sem licença do Mestre ou procurador; e depois que os irmãos tiverem licença, em presença do Mestre, se lhe agradar, leiam-se: se os pais deixaram alguma coisa, não presumam recebê-la, se não for mostrando-a ao Mestre: neste capítulo, não se contém o procurador e o Mestre.

XLI. Da confabulação das próprias culpas:

Como toda palavra ociosa é pecado, dos que se gabam delas sem ser ante seu juiz, certamente diz o profeta, se das boas obras, pela virtude da melancolia, devemos calar, quanto mais das más palavras pela pena do pecado; vedamos; e contradizemos, que nenhum irmão diga necessidades que no século fez, ou no serviço militar, ou deleites, que com miseráveis mulheres teve, atreva-se a contar a seu irmão ou a outro algum; e se as ouvir referir a outros, emudeça, e quanto antes possa, com o motivo de obediência, à parte, e não mostre bom coração ou complacência, ou gosto ao que disser.

XLII. Do lucro, ou questo, ou acepção:

Se alguma costure de graça, dada a algum irmão, leve-a ao Mestre; se ao contrário, seu amigo ou pai não queira dá-la se não a ele, não a receba até ter licença do Mestre, e se lhe for dada a outro não o apesar, e tenha por certo que se lhe pesa ofende a Deus: nesta regra não se contêm os administradores, aos que é concedido excepcionalmente este ministério, de mala e saco.

XLIII. Das ceras, ou sacas para comer os cavalos:

Útil é a todos que estejam obrigados a este mandato: nenhum irmão presuma fazer sacas de linho ou de lã.

XLIV. Que nenhum se atreva a trocar e procurar outra coisa:

Não fica outra coisa a não ser que a nenhum presuma trocar suas coisas, irmão com irmão, sem licença do Mestre, e procurar coisa alguma, se não seja de irmão para irmão, e sendo a coisa montão.

XLV. Que nenhum cace ave com ave:

Nós determinamos, geralmente, que nenhum irmão se atreva a agarrar ave com ave: não convém à religião chegar-se de tal sorte aos mundanos deleites, a não ser ouvir de boa vontade os preceitos do Senhor, e frequentemente orar e confessar a Deus suas culpas na Oração, com lágrimas e gemidos. Nenhum irmão presuma ir por esta causa com homem que caça com gavião ou outra ave.

XLVI. Que nenhum fira fera com arco ou mola de suspensão:

Convém ir, e seguir a toda religião, simplesmente, e sem risada, humildemente, e não falar muito, a não ser o razoável, e não com clamorosa voz, excepcionalmente mandamos a tudo Irmão Professo, não se atreva a ferir com arco, ou mola de suspensão no bosque, não com o que isto fizer vá, a não ser é por guardá-lo, de algum pérfido gentil; nem com cães seja ousado a dar vozes, nem clamar, nem rivalidade a seu cavalo com ânimo de agarrar a fera.

XLVII. Que ao leão sempre se fira:

Porque é certo o que especialmente devem, e lhes tem o encarregado pôr suas armas pelas de seus irmãos e extirpar da Terra a quão incrédulos sempre ameaçam ao filho da Virgem. Porque do Leão lemos o seguinte: porque ele anda circulando procurando a quem devorar; e em outra parte: suas mãos contra todos, e a de todos contra ele.

XLVIII. Que de toda coisa que a respeito de vocês lhe demandam, se ouça em julgamento:

Sabemos que os perseguidores da Santa Igreja são inumeráveis e não cessam de inquietar até aqueles que não querem lutas com eles; e assim, se alguns destes nas Regiões Orientais, ou em parte, perguntar-lhes alguma coisa a respeito de vocês, mandem ouvi-los em julgamento por fiéis juízes; e o que for justo lhes mandamos executar, sem falta.

XLIX. Que esta regra se tenha em todas as coisas:

Esta mesma regra mandamos se tenha em todas as coisas que injustamente lhes tenham tirado.

L. Que seja lícito a todos os Cavaleiros professos ter terras e homens:

Acreditam, por Divina providência, que este novo gênero de religião teve princípio nestes santos lugares, para que se misturasse a religião com a tropa, e assim a religião proceda armada com a tropa e fira o inimigo sem culpa; julgamos, segundo direito, que como lhes chamam Cavaleiros do Templo, podem ter por este insigne mérito e bondade, terras, casa, homens e lavradores, e justamente governá-los, lhes pagando o que ganharem.

LI. Que se tenha grande cuidado com os que estiverem doentes:

Estando doentes os irmãos, deve-se ter supremo cuidado, e servi-los como ao Cristo, segundo o Evangelho: "Esteve doente e me visitou: estes se têm que levar com paciência, porque destes nos dará celestial retribuição".

LIII. Que aos doentes seja dado todo o necessário:

Mandamos aos procuradores dos doentes, que a estes lhes dê todo o necessário para a sustentação das enfermidades, segundo as faculdades da Casa; isto é, carnes, aves, etc. até que estejam bons.

LIII. Que uns aos outros não se provoquem a ira:

Convém fugir não pouco não se provoquem uns aos outros a ira, porque na propinquidade, e da Divina Irmandade, tanto aos pobres como aos ricos, com soma clemência nos liga Deus.

LIV. De como se tenham ou recebam os irmãos casados:

Permitimo-lhes ter irmãos casados deste modo: que se pedirem o benefício, e participação de sua Irmandade, a porção de sua fazenda, que tiverem ambos, e as demais que adquirem, concedam-na à unidade comum do Capítulo depois da morte; enquanto isso façam honesta vida e procurem fazer bem aos irmãos, mas não tragam vestimenta branca: se o marido mover antes, deixe aos irmãos sua parte, e a outra fica para a sustentação da mulher; isto consideramos injusto, pois tendo prometido os irmãos castidade a Deus, que semelhantes irmãos permaneçam em uma mesma Casa.

LV. Não tenham irmãs em sua companhia:

É coisa perigosa ter as irmãs consigo, porque o antigo inimigo há muito se retirou do reto caminho do Paraíso por juntar-se com mulheres; e assim, irmãos caríssimos, para que sempre a flor da castidade permaneça entre vocês, não é lícito usar este costume.

LVI. Que os irmãos do Templo não participem com excomungados:

Irmãos em grande maneira se tem que temer e fugir, que nenhum dos Cavaleiros do Cristo presuma juntar-se com excomungado nominatim e público, ou receber suas fazendas, para que não seja descomungado; se o for interdição, sera lícito participar com ele e receber caritativamente sua fazenda.

LVII. Por que se recebem Cavaleiros Seculares:

Se algum Cavaleiro, ou outro secular, querendo fugir, renunciar do Mundo, queira escolher sua companhia, não se receba logo ao ponto, a não ser segundo aquilo de São Paulo: prove o espírito se for Deus, e assim provemos lhes conceda, e se leia em sua presença a regra, e então se o Mestre e irmãos tivessem a bem recebê-lo, chamados os irmãos, faça presente seu desejo, e petição; ademais, o término de suas provas na consideração, e província do Mestre, segundo a honestidade de sua vida.

LVIII. Que aos conselhos secretos não se chamem todos os irmãos:

Nem sempre mandamos chamar todos os irmãos a conselho, a não ser aqueles que se conhecerem próvidos e idôneos; quando se tratar de coisas maiores, como é o dar terras ou de conferenciar da Ordem, ou de receber algum, então é competente chamá-los todos, se ao Mestre parecer; e ouvidos os votos do comum conselho, faça-se pelo Mestre o que mais convenha.

LIX. Com que silêncio devem orar:

Irmãos, convém orar com o afeto da alma e corpo; pedir, sentado, ou em pé, mas com soma reverência, e não com clamores, para que uns não turvem a outros: assim o mandamos de comum conselho.

LX. Que criam aos serventes:

Conhecemos que muitos de muitas províncias, assim serventes como armígeros, desejando pela saúde das almas emancipar-se em nossa Casa, é útil que os criam, porque o antigo inimigo lhes intima indecentemente alguma costure no serviço de Deus, para que de repente os apartem, e desviem de bom propósito.

LXII. Que não se recebam moços enquanto são pequenos entre os Irmãos do Templo:

Embora a regra dos Santos Pais permita ter moços na Congregação, nós não os elogiamos, e assim dos tais não lhes carreguem: que queiram perpetuamente dar a seu filho, ou parente na Militar Religião, crie-o até os anos em que possam varonilmente jogar os inimigos do Cristo da Terra Santa; e depois segundo a regra, o pai, ou pais o tragam, e ponham em meio dos irmãos, e façam patente a todos sua petição: melhor é não oferecer na puerilidade, depois de ter feito homem enormemente fugir.

LXII. Que sempre se venerem os anciões:

Convém honrar com todo cuidado os anciões, com piedosa consideração, aguentando-os segundo sua fraqueza, e de maneira nenhuma estejam obrigados nestas coisas, que são necessárias para o corpo com rigor, salvo a autoridade da regra.

LXIII. Dos irmãos que estão repartidos por todas as províncias:

Os irmãos que estão repartidos por diversas províncias procurem guardar a regra, enquanto suas forças alcancem, na comida, bebida e demais costumes; e vivam sem que tenham de lhes corrigir, para que a todos os que por fora os virem lhes deem bom testemunho de sua vida, e não manchem o propósito da Religião, nem com feito, nem com palavra, se não que a todos aqueles com quem se juntassem sirvam de exemplo, de sabedoria e de boas obras, e de bom conhecimento de tudo, e onde quer que se hospedassem sejam decorosos com boa fama; e se pode fazer-se que na casa de hóspede não falte de noite a luz, para que o tenebroso inimigo motive pecado, o que Deus não permite; e onde ditos Cavaleiros oyeren se juntam excomungados ali vão. Não considerando tanto a temporária utilidade, como a saúde das almas, elogiamos se recebam irmãos nas partes ultramarinas dirigidos com a esperança de subvenção, que quiserem perpetuamente se juntar à dita Militar Ordem; e assim, um ou outro, pareça ante o bispo daquela Província, e o Prelado ouça a vontade de que pede; e assim ouvida a petição, o irmão o envie ao Mestre, e aos irmãos que assistem no Templo, que está em Jerusalém, e se sua vida for honesta e digna de tal companhia, misteriosamente se receba, se ao Mestre ou irmãos pareça bom: se enquanto isso morrer, pelo trabalho e fadiga, como a um dos irmãos, lhe aplique todo o benefício, e fraternidade dos pobres e Comilitones do Cristo.

LXIV. Que o sustento se dê a todos igualmente:

Julgamos que se tem que observar isto com guia, e racionalmente, para que a todos os irmãos lhes dê igualmente o sustento segundo a qualidade do lugar: não é útil a acepção de pessoas, mas é necessária a consideração das enfermidades.

LXV. Que os Cavaleiros do Templo tenham dízimos:

E porque acreditam que desejando as abundantes riquezas lhes sujeitam à voluntária pobreza, por isso permitimos sozinho junto a vocês ter dízimos, pois vivem na vida comum, desta maneira: se o bispo da Igreja, a quem justamente lhe devem as décimas, lhes queira dar isso caritativamente, lhes devem dar com consentimento do Conselho, daquelas décimas ou dízimos, que então possui dita Igreja. Se qualquer Secular as retiver culposamente em seu patrimônio, e lhe arguindo sua consciência lhe deixar à vontade daquele que governa tão somente possa executar, e fazer isto sem consentimento do Conselho.

LXVI. Das leves e graves culpas:

Se algum irmão falando, ou militando, ou de outra forma dilinquir em alguma coisa leve, ele mesmo por sua vontade mostre seu delito satisfazendo ao Mestre das leves, se não sejam de costume, lhes ponha penitência leve, mas se ele calar, e por outro fora conhecida, se sujeita a maior correção e castigo: se o delito for grave, seja afastado da familiaridade dos irmãos: não coma com eles à mesa, a não ser sozinho; esteja na despensa, ou julgamento do Mestre todo, para que permaneça salvo no dia do Julgamento.

LXVII. Por que culpa não se receba mas ao irmão:

Ante todas as coisas se tem que olhar, que nenhum irmão rico, pobre, forte ou débil, querendo-se exaltar e pouco a pouco ensoberbecer-se, e defender sua culpa, não fique sem castigo; e se não queria emendar-se, se o de mais grave correção, e se com as piedosas admoestações e feitos, Orações por ele não se corrige ainda a não ser sempre é mais, e mas se ensoberbecesse, então seja jogado do piedoso Congresso, como diz o Apóstolo: apartem todo o mau de vocês. É necessário que toda ovelha doente se jogue da companhia dos irmãos fiéis; mas o Mestre que deve ter o bastão e a vara na mão, o bastão com que se mantenha e sustente a fraqueza de outros, com que castigue os vícios dos delinquentes com o zelo da retidão, procure fazer isto com o conselho do Patriarca, e com espiritual consideração, porque como diz São Máximo, a suavidade não dá maior soltura ao pecador, e a imoderada severidade não aparta o delinquente da caída.

LXVIII. Da solenidade da Páscoa até Todos os Santos, tem-se que pôr uma só camisa de tecido:

Consideramos com misericórdia pelo muito ardor da região Oriental, que desde a solenidade da Páscoa até a festa de Todos os Santos, a qualquer lhe dê uma camisa tão somente de tecido, não por precisão, mas, sim, pela graça, àquele digo que quiser usar delas; mas fora deste tempo, geralmente tenham todos camisas de lã.

LIX. Que roupa seja necessária para a cama:

Com comum conselho passamos, que cada um durma em uma cama sozinho, e não de outra sorte, a não intervir causa justa ou necessidade em contrário. A roupa da cama a tenham cada um com moderada dispensa do mestre, por isso acreditam basta a cada um travesseiro, um lençol e um cobertor; mas o que carecesse de alguma destas coisas, tenha um cobertor e em todo tempo lhe será lícito usar de uma colcha de tecido.

Durmam sempre com camisa e cueca; e estando dormindo os irmãos, nunca falte luz, que ilumine continuamente até o amanhecer.

LXX. Que se evite a falação:

Também lhes mandamos que evitem e fujam como peste por preceito Divino, as emulações, invejas, rancor, falação, detração e outras destas. Procure, pois, cada um com ânimo vigilante não culpar, nem repreender privadamente entre os dois; e se não fizer caso, chame outro irmão para o mesmo efeito, e se ambos os desprezam seja repreendido diante de todos publicamente no Convento, porque à verdade é tão grande aquedad os que murmuram de outros; e são muito fiéis os que não se guardam a soberba, por isso caem naquele antigo pecado do inimigo comum.

LXXI. Que se evitem os ósculos das mulheres:

Acreditam que é perigoso a todo religioso reparar minimamente nos semblantes das mulheres e pelo mesmo não seja ousado irmão algum a oscular nem a viúva, nem a donzela nem a sua mãe, nem a sua irmã, nem a seu si, nem a outra mulher alguma. Fuja por isso mesmo semelhantes ósculos à tropa do Cristo, pelos que revistam frequentemente perigar os homens, para que com consciência pura e perfeita vida, consiga gozar perpetuamente da vida do Senhor.

Capítulo XX

As Cores da Tropa

Como nos conta Jacobo do Vitry, bispo de Acre: "No ano 1128, depois de haver-se agasalhado nove anos no palácio, vivendo todos na santa pobreza de acordo com seus votos, receberam uma regra graças ao zelo do Papa Honório II e de Esteben, o Patriarca de Jerusalém (esta é a regra que anteriormente mostramos) e lhes atribuiu o manto branco. Tudo isto acontecia no Concílio do Troyes...

Mais tarde, por mediação de Bernardo Paganelli, dava Montemagno – que era o Papa Eugênio III –, receberiam a Cruz Vermelha que se deveria levar sobre seu ombro esquerdo e ainda por cima do Coração, isto ocorreu em 27 de abril de 1147 na cidade de Paris, com a bula "Omne Datum Optimum".

Sobre tudo isto acredito que deveríamos fazer insistência em três coisas essenciais para entender algo da parte esotérica; essas três coisas eram as cores da Ordem, ou seja, o Branco, o Negro e o Vermelho; a respeito diremos:

A cor branca esta acostumada a representar-se pela Lua, e seu significado é o da pureza, castidade, virgindade.

O branco é a cor do indivíduo que troca de condição, que evolui atrás de sua iniciação.

A cor branca representa o eixo Este/Oeste, a saída e o pôr do sol.

Também é a cor da morte; os vivos levam luto negro em sinal de duelo, enquanto o morto vê-se com um sudário branco que o prepara para sua chegada ao outro mundo.

Esta cor é também o do iniciado e o que se emprega nos ritos. É emanação do divino, sua manifestação.

Marcos 9, 2-5: "Jesus leva consigo Pedro, Santiago e João, e os conduz sozinhos, apartados a uma alta montanha. Transfigura-se ante eles, e suas roupas se voltam de um branco resplandecente".

Por último diremos sobre esta cor que para os magos e os druidas era chamado não branco, a não ser o "emblema da LUZ".

No artigo 17 da regra podemos ler:

"Aqueles que tenham abandonado a vida tenebrosa reconheçam mediante ele hábito branco para que se reconciliem com seu criador: significa brancura e santidade de seu corpo...". É castidade, sem a qual não se pode ver Deus.

O Negro está relacionado com as trevas, o oculto, a morte; também significa a força e o valor, representa o eixo Norte/Sul, daí os quatro braços da Cruz Paté.

Em outras religiões representa as divindades femininas pagãs, as Deusas Mães (Ísis), e não esqueçamos que os cristãos têm Virgens de cor negra, como a Virgem do Lluch ou a Virgem de Pilar, de Zaragoza.

Também temos que fazer uma pequena insistência sobre a existência de Cristos Crucificados de cor escura ou negra e que tiveram sua relação com a Ordem do Templo.

Em heráldica a cor negra se denomina "sabre" (do latim *sabulum* = areia), sua relação com a terra é evidente, já que é a terra negra a matéria-prima dos alquimistas: de fato, o significado de Alquimia é Pedra Negra.

Entre a oposição do branco e o negro está a alternância no tabuleiro de xadrez; é também o símbolo do ritmo da natureza, o passo permanente do dia de noite, do bem ao mal.

O vermelho simboliza o sangue, veículo da alma em muitas religiões. O grande mistério do sangue, na religião de Cristo, fez o mito do Graal: Taça Sagrada que contém o Sangue do Cristo Crucificado.

"Vermelha porque é o sangue vertido por Cristo, mas também é símbolo de vida..."

Por isso é também o símbolo do sacrifício que deviam fazer os Cavaleiros da Ordem do Templo. A cor vermelha faz referência ao Sol.

Por último, mencionaremos que em alguns povos se conheciam os Cavaleiros do Templo como os Monges Vermelhos, e era porque ao voltar de suas batalhas, retornavam com o manto branco completamente manchado de sangue, do sangue de seus inimigos.

Capítulo XXI

O Bausante (Estandarte)

Também queremos fazer algum apontamento sobre outras particularidades da Ordem, como pode ser seu Estandarte ou como era "Bausante" chamado:.

Conhecem-se várias representações do estandarte da Ordem do Templo ou Bausante (também conhecido como Balza, Baucan, Beuceant), as mais conhecidas são meia negra e meia branca, ou em tabuleiro de 64 casinhas como do xadrez, representação cósmica do mundo. O jogo de Xadrez está elaborado sobre o número 8, que guia o espírito para o encontro com Deus, e ele número 9, a harmonia, o equilíbrio entre o branco e o negro.

Uma terceira forma de apresentar o Bausante consistia em uma figura de 81 casinhas (8+1 = 9). As origens de seu nome se desconhecem.

O Bausante era o ponto de referência do cavaleiro (para os Hospitalares era o Oriflama) durante os combates. Tinham que fazer o possível para proteger a bandeira e mantê-la por cima da luta, a modo de amparo mágico, que é o papel que desempenham todas as bandeiras ou estandartes.

O Bausante era levado por um cavaleiro que não podia usá-lo para defender-se de um ataque do inimigo, não obstante esse cavaleiro que estava acostumado a ser algum que houvesse já demonstrado sua valentia e coragem durante alguma batalha era protegido por um número de entre seis e dez Cavaleiros, quase tão valentes como o era o porta-estandarte.

Sobre o Bausante, o escritor e investigador Alain Demurger nos diz:

"Deste modo carregado de sentido, o pendão dos Templários recebe o nome do *Baussant* ou *Bauceant*, o que significa semipartido. Por exemplo, em francês se chama Baussant um cavalo quando tem duas cores. Dado que se trata de um adjetivo, a palavra francesa *Baussant* nunca se emprega sozinha. O Pendão da Templo é Baussant porque é Branco e Negro, quão mesmo os mantos dos Templários são Brancos ou Negros, segundo a classe dos Irmãos (Cavaleiros ou Sargentos)".

O branco significa pureza e castidade; o negro força e valor. A menos que sigamos com o Jacobo do Vitry: "São francos e acolhedores para seus amigos, negros e terríveis para seus inimigos".

O Cavaleiro que o levava em combate tinha uma grande responsabilidade, compartilhada por de cinco a dez Cavaleiros, que deviam lhe rodear sem cessar. O pendão devia elevar-se sempre para o céu, bem alto. Se fosse abaixado, inclusive para servir de haste como uma lança durante a carga, castigava-se com os ferros e, sobretudo, com a perda do hábito, do manto, uma das sanções mais graves em todas as Ordens Militares (artigo 241).

O Irmão Cavaleiro entregava seu manto e se revestia com um hábito sem cruz. Estava obrigado a comer no chão e a ocupar-se de trabalhos infames. A duração máxima desta verdadeira degradação militar se limitava a um ano e um dia."

Sobre o estandarte estava costuráva-se uma Cruz das chamadas de Oito Bondades que obrigatoriamente era de cor vermelha; tem-se que fazer constar que as três cores da Ordem eram o branco e vermelho, para os Cavaleiros, e o negro e vermelho, para os escudeiros, por isso dizemos que as cores da Ordem eram o branco, negro e o vermelho.

Estandartes Templários

Capítulo XXII

A Cruz do Templo

Sobre a Cruz da Templo ou Cruzes se tem escrito muito; nós queremos fazer insistência neste símbolo que tanto representava para os Cavaleiros da Ordem. Sobre sua cor não existem dúvidas, estas afloram em qualquer parte quando entramos no tema de seu aspecto e forma, por isso tentaremos contribuir um pouco a respeito.

A CRUZ PATRIARCAL

A Cruz em questão é do tipo conhecido como Cruz Patriarcal. Sua lenda diz que, no ano 326, um ermitão acompanhou Santa Helena, "A Santa Imperatriz" (que era mãe do Imperador Constantino) ao lugar onde se deu a crucificação de Jesus Cristo, no Gólgota.

Ali, a Santa Imperatriz localizou cinco partes de madeira pertencentes ao madeiro sagrado. Esta afirmação se apoia no fato de que estas tinham curado uma doente que se tombou sobre elas.

Santa Helena deu de presente essa cruz ao Patriarca de Jerusalém, que a mandou colocar em uma capela da Igreja do Santo Sepulcro.

Passaram os séculos e tudo seguiu mais ou menos igual no que à Cruz se refere, até que em 1192, quando o Imperador Federico II Stauffen ia autoproclamar-se rei de Jerusalém e lhe apareceram dois anjos nada e lhe arrebataram a Cruz ao Patriarca (que consentiu aquele fato) levando-a ao céu em sinal de protesto.

Quatro anos depois essa cruz apareceu em Caravaca (quando a respectiva população pertencia à Ordem dos Cavaleiros Templários), santificando a cidade e lhe dando intrinsecamente a categoria de "Centro do Mundo".

Por último, recordaremos que, conforme parece, a primeira cruz que levaram os Cavaleiros da Ordem do Templo no ano 1118 (nove anos antes de sua oficialização) foi uma Cruz Patriarcal de cor "vermelha" sobre o ombro esquerdo do manto branco que levavam (tal e como acontece agora), já que embora se hospedassem no Templo de Salomão lá na Terra Santa, devemos ter em conta que dito Templo estava situado junto à igreja do Santo Sepulcro e que a relação com os monges que custodiavam essa Igreja era excelente, pois até lhes cederam uma parte dos terrenos pertencentes à igreja.

A relação com o Patriarca de Jerusalém era também muito boa. Assim era, pois a primeira Cruz que levaram foi a Patriarcal, embora logo levassem outras como a das oito Beatitudes, a Tau ou a Patada.

A CRUZ DAS OITO BONDADES (BEATITUDES)

É uma cruz de "meditação" em seu aspecto geométrico.

Serve como chave para a construção e decifração do alfabeto secreto dos Templários. (Manuscrito do século XIII – Biblioteca Nacional de Paris.)

A chave está montada, por sua vez, sobre outra chave de origem hebraica, que deu nascimento a um alfabeto secreto utilizado pelos cabalistas.

É uma cruz a qual também levaram e levam os Cavaleiros da Ordem do Hospital ou de Malta, é como é conhecida hoje em dia.

O significado de suas Oito Beatitudes é:

1ª Beatitude:
– Possuir o contente espiritual.

2ª Beatitude:
– Viver sem malícia.

3ª Beatitude:
– Chorar os pecados.

4ª Beatitude:
– Humilhar-se ao ser ultrajado.

5ª Beatitude:
– Amar a justiça.

6ª Beatitude:
– Ser misericordioso.

7ª Beatitude:
– Ser sinceros e limpo de coração.

8ª Beatitude:
– Sofrer com paciência as perseguições.

Depois de ler seus significados, entenderemos a importância que teve esta cruz para estas duas Grandes Ordens Militares, foi símbolo de espiritualidade, humildade, honra, amor ao próximo, etc.

A CRUZ TAU

A Cruz Tau é um símbolo representativo da Ordem do Templo.

T

A Tau, como símbolo equivalente a nossa letra "T", pôde ser simplesmente a inicial da palavra *tempere*.

Mas também pode significar o princípio do feminino, ligado às Deusas Mães. Terei que recordar a relação entre o Templários e numerosas igrejas dedicadas às Virgens, entre elas as enigmáticas negras.

Alguns quiseram ver o Templo como continuador de antigas e tradicionais sabedorias mágicas relacionadas com os primitivos cultos do princípio feminino, origem dos deuses, por não nomear os que nos recordaram o ardor Templário ao culto mariano.

Também é de recordar que no antigo Egito o som da letra "T" acrescentado a uma palavra indica sua pertença ao gênero feminino, o que de novo volta a nos ligar ao Templo com os conhecimentos das antigas civilizações.

A Cruz Tau é conhecida também como Cruz "Commisa" ou "Patibulata"; costumava encontrar-se nos sepulcros dos mártires.

Seu significado simbólico é "eleito de Deus". Normalmente, a Tau era uma chamada de atenção e uma proclamação do secretismo ocultista dos Templários. Além disso, tem sua correspondência com ele o número 9 e a "Teth" Hebreia, fazendo alusão à fundação (recordemos que precisamente nove Cavaleiros fundaram a Ordem do Templo). Por isso representa a árvore da ciência e a serpente.

Além disso, na Cabala Cristã é um símbolo de resistência e de amparo. Ao que parecer, se se colocava sobre a custódia de uma ermida ou na parte superior do altar da igreja ou paróquia, queria dizer: "Iniciação Superior".

A CRUZ PATÉ

É uma cruz que abre seus extremos aos quatro pontos cardeais: Norte, Sul, Leste e Oeste. Abre-se ao mundo ao universo.

A Cruz Paté com seus quatro braços iguais evoca os quatro evangelistas, as quatro estações e os quatro elementos: Ar, Terra, Fogo e Água.

Deriva diretamente da cruz celta, que representa os três mundos:
- Abred.
- Gwenwed.
- Keugan.

A tradição dos Operários mostra que a Cruz Paté deriva da velha roda druídica, o Crismón de oito rádios. Este símbolo, o Crismón, evoca o início, os ciclos (a serpente que se remói a cauda) e é também um símbolo solar que tem sua máxima expressão nos resplandecentes rosetões das catedrais e igrejas de origem Templária; acredita-se que esta foi a primeira Cruz (Ancorada ou Paté) que receberam em 24 de abril do ano 1147, das mãos do Papa Eugênio III.

A CRUZ DE TORRES DO RIO

É uma cruz muito similar à Patriarcal; diferencia-se desta porque suas duas barras horizontais estão opostas, quer dizer, a barra larga está acima e a curta está abaixo, enquanto na Patriarcal passa o contrário. Pouco sabemos desta cruz, não obstante diremos que até a data descobrimos que tem a mesma forma que a Cruz de Jerusalém, mas está colorida de vermelho, enquanto a de Jerusalém era de cor amarela sobre fundo branco. Não esqueçamos que a cor vermelha era a cor das Cruzes da Ordem do Templo. Pensamos que a eleição desta forma de cruz pôde ser em razão da importância que tinha Jerusalém não só para a Ordem do Templo mas também para o mundo cristão. É como se tentassem nos indicar sobre o sacrifício (levavam-na vermelha) que se tinha que fazer na terra de Jerusalém.

Ou simplesmente a levavam desta forma como deferência à Terra Santa (Jerusalém), que era o fim de toda peregrinação.

Há quem diga que a citada cruz foi uma má interpretação realizada pelos Cavaleiros do Santo Sepulcro, em sua pressa em apagar as marcas de identidade do edifício, como é o caso dos símbolos do Tímpano, uma vez que essa igreja foi entregue em 25 de novembro de 1325 (13 anos depois da supressão oficial da Templo), já que a dissolução do Templo e na partilha que se realizou de seus bens essa posse se entregou à Ordem do Santo Sepulcro da Castilla-Leão e Portugal-Navarra (segundo documentos encontrados no ano 1950, em que se testemunham os direitos de propriedade desde 1325 a 1328).

Mas há algo que se esquece: por motivos que permanecem ocultos, o rei Godofredo do Bouillon se apressou em tirar a cruz Patriarcal dos Cavaleiros do Santo Sepulcro no ano 1099, quando criou a Ordem de Notre-Damo du Mont du Sion da qual sairiam alguns Templários como braço armado, por volta de 1114, dando em troca aos Sepulcristas a Cruz quíntupla que simboliza as cinco chagas do Senhor (Torre do Rio). Apesar disto os Sepulcristas se obstinaram em utilizar a Cruz Patriarcal ainda durante um tempo, junto à nova Cruz quíntupla, o que resultou em numerosas confusões, sobretudo na Espanha. (Marques D´Albon, *Cartulaire lhe Gere de L'Ordre du Tempere*, Paris, 1913, p. 2 -3, docs. III- IV, 1125; Arbois do Jubainville, *Histoire dê Ducs et dê Comtes do Champagne*, Paris, 1859-69, vol. II, p. 113-114.)

A CRUZ COMO DISTINTIVO

Pensamos que reconhecer qual Cruz ou Cruzes oficiais teve a Ordem do Templo nos ajudaria a identificar muitos edifícios que são atribuídos ao Templo de forma duvidosa ou que documentalmente são uma atribuição indemonstrável, em especial se outras ordens pretendem adjudicar-se fraudulentamente à paternidade dessas construções.

Sabemos que P. Mariana, Cunha e o Marques do Avilés, ao princípio da Ordem (1118), não usaram Cruz e que a primeira que ostentaram foi uma Patriarcal de grão, quer dizer, com duas travessas costuradas no manto sobre o ombro esquerdo e não sobre o direito, como têm dito alguns escritores.

Por outra parte o autor anônimo do *Resumo Histórico da Fundação do Templo* (Imprensa Fuentenebro, Madrid, p. 21) diz-nos que "Os Cavaleiros do Templo tinham por divisa uma Cruz roxa com duas travessas, como a da Caravaca, e manto branco".

Por outro lado, Campomanes é cortante: "Deu-lhes o Patriarca Eftevan, de mandato do Papa Honório II, hábitos brancos com Cruz hafta que posteriomente, em tempo do Papa Eugênio III, colocaram cruzes roxas em seus Mantos e Estandartes". Mas dizendo Vitriaco que era Ancorada, parece que Vitriaco não era outro se não Jacques do Vitry, bispo de Acre em 1214 e logo Patriarca de Jerusalém no ano 1239, que em sua *História Orientalis* nos diz:

"Qual Tempero tem bons Cavaleiros, que trazem capas brancas, com uma Cruz roxa, uma Bandeira ou Estandarte de duas cores, que chamam Beaucant, vai diante deles nas batalhas".

Outros cronistas contemporâneos a Jacques do Vitry como Fulk do Chartres ou G. de Tiro (1130-1193) contradizem-no, por isso deduzimos que primeiro levaram a patriarcal por deferência ao patriarca de Jerusalém e ao Santo Sepulcro (onde estava a cruz Patriarcal) e que logo quando o Papa Eugênio III lhes atribuiu uma levaram uma cruz singela ancorada (similar à Paté).

O que custa entender é que existiam uns dez ou 15 modelos de Cruzes Templárias aproximadamente; podemos reduzir este mostruário a cinco modelos básicos: a Grega, a Paté, a Tau, a das Oito Beatitudes e a Patriarcal. As demais cruzes pensamos que seriam mais ou menos circunstanciais.

Dessas cinco, as duas mais usuais são a Grega e a Paté, pois figuram em muitos selos da Ordem, assim como em tumbas de Cavaleiros, pinturas de igrejas e esteiras discoidais, tendo as outras três cruzes um uso mais restrito, podendo ver-se somente em algumas igrejas, casas, castelos, alguns documentos e em tumbas de Cavaleiros muito particulares como no caso da Noya (Galícia), onde sobre umas 20 lápides Templárias podemos observar a Cruz Tau, ou como na Ilha de Escócia, que os Templários utilizam como cemitério onde prepondera a Cruz das Oito Beatitudes.

Parece ser que essa diversidade de cruzes diferenciava em várias categorias os Cavaleiros do Templo; não só em um sentido literalmente hierárquico mas também de forma qualitativa, esotericamente falando ou também de distribuição geográfica (Paté – Portugal, Patriarcal – Jerusalém, Oito Beatitudes – Escócia, etc.).

Assim, a Cruz Grega parece preponderar na Província Templária de Castilla, também no sarcófago do infante D. Felipe, na Villasirga (Palencia) e a Pedra Armeira do Castelo do Fregenal (Badajoz).

A Cruz Paté, por exemplo, foi a insígnia da Ordem do Templo em Portugal, embora ao produzi-la suprimiu-se da Ordem do Templo; os Cavaleiros da Ordem de Cristo a empregaram, mas inscrevendo a Cruz Grega em seu interior.

A Cruz Paté também preponderou na Coroa de Aragão e na Inglaterra, onde até a levam.

A Cruz Tau é a cruz dos escolhidos do Senhor (Deus), no dia do julgamento final, segundo o Apocalipse Bíblico. Teve especial utilização no Castelo da Ponferrada e na Casa da Astorga em Leão. Também se utilizou na Noya (Galícia) e em alguns enclaves Templários de especial valor "mágico" ou "esotérico".

A Cruz das Oito Beatitudes, à parte de ser uma variante da Cruz Paté, foi principalmente utilizada na Escócia, embora sua utilização foi um tanto especial, pois dela se extraiu o Alfabeto Secreto Templário. Essa Cruz em seu interior encerrava outra menor de tipo Paté com três braços vermelhos e o quarto dourado, era utilizada como chave criptográfica para decifrar o mencionado alfabeto secreto da Ordem, que se utilizava para cifrar (e decifrar) documentos, cartas, letras de mudança, etc., mediante uns signos geométricos de forma triangular contidos na citada Cruz.

Finalmente falaremos da Cruz Patriarcal; à parte de ter sido a primeira (não oficial) que levaram, era a insígnia distintiva do Grande Mestre e altos dignatários da Ordem. Parece ser a indicada para marcar diversas construções de caráter mistérico-iniciático, como por exemplo: Eunate e Aberin (Navarra), Beira Cruz (Segóvia), Santo Sepulcro de Torres (Navarra). Não devemos esquecer que essa forma se adotou para os *Lignum Crucis* (relicários) que abundam nas Casas Templárias, que utilizavam nas cerimônias de admissão à Ordem e nos rituais de iniciação.

Sobre essa cruz, a tradição diz que se um menino chora estando no ventre de sua mãe, e, além disso, tem marcado no paladar uma Cruz da Caravaca, possui o "dom" ou a "graça" e pode manifestar-se como um grande curandeiro.

AS CRUZES PROCESSIONAIS E DE DEMARCAÇÃO DO TEMPLO

Observamos que durante a época que a Ordem existiu em Maiorca apareceram várias cruzes processionais e de demarcação (delimitavam os terrenos da Templo) com a imagem de dois Cristos colocados cada um em uma cara da cruz. O fato de que durante a época do Gótico adotasse essa dualidade de ter dois Cristos representados na mesma cruz, um deles crucificado e o outro sentado em um Trono, é porque os templarios (de 1118 a 1315), embora aceitassem que Cristo morreu na Cruz, também recordavam dessa maneira que logo ressuscitou, como consta nas Escrituras, e que está sentado à direita do Deus Pai.

Cruz da Ordem do Templo	Cruz da Ordem de Cristo	Cruz da Ordem de Cristo	Cruz das Ordem de Cristo
Portugal, convexa	Pátea – 1357	Côncava, sobreposta, 1400	45°, sobreposta, 1460

Embora existam alguns investigadores que apontem que essa visão de dualidade se perfila como um aviso para que tenhamos presente que Ele é o rei de Reis, terão de nos mostrá-lo sentado em um trono.

Seja como for, era melhor recordá-lo ressuscitado e sentado em seu trono, posto que não existiu pai que gostasse que seus filhos lhe recordassem assim (crucificado), além disso se considerava que se Ele tivesse querido isso não teria ressuscitado; temos que ter presente que o milagre da ressurreição é o que lhe dá a divindade ante os homens e não sua morte, embora fosse para o perdão de nossos pecados.

Penso, a título pessoal, que Ele prefere que recordemos sua palavra, seus ensinamentos e se todo amor, não acredito que goste que o recordemos assim...

Mas repito que é uma opinião pessoal e um dos motivos desta dualidade simbólica. Dualidade que podemos encontrar no Montuiri junto à paróquia perto da rua do Pou do rei, onde nos encontramos com uma cruz potenciada de aspecto espinhoso sobre um capitel octogonal que também tem um Cristo Crucificado; e outro em seu trono recordemos que essa população pertenceu à citada Ordem do Templo.

Assim mesmo, na Paróquia do Porreras, que também pertenceu à Ordem, encontramos uma Cruz Patriarcal Processional Templária, citada cruz é de prata e esmaltada em seus cabos; também tem representados os dois Cristos.

Esta é uma das formas realistas que tinham os Cavaleiros Templários de ver e recordar a vida de Nosso Senhor Jesus Cristo. Acontece o mesmo com as "Virgens negras ou morenas" ou os "Cristos negros" (que é como os chamam). Se tivermos em conta que tanto Presépio como Jerusalém estão no que conhecemos como Oriente e que ali as pessoas são de tez e pele escura (*moreia* = Morenas), entenderemos por que durante a época Templária apareceu toda essa grande quantidade de virgens "morenas" (a de Lluch por exemplo) e de outros tantos, embora menos Cristos de pele escura. É um tema de lógica, já que ali não existem nem existiram pessoas de tez pálida.

Embora também devemos ter em conta que essa branca palidez é sinônimo de "pureza", não obstante eu gosto mais de empregar a lógica e ser realista, por isso pessoalmente me inclino mais pelas Virgens e Cristos de pele moreia, além disso terá de destacar que é muita a gente que sente devoção por estas Virgens, como é o caso da do Pilar na Zaragoza e outras tantas que estão repartidas pela geografia não só nacional como também mundial.

Na parte de baixo podemos ver um exemplo de sortes Cruzes, embora também observaremos algumas delas que são uma espécie de mescla entre duas das cruzes representativas da Ordem do Templo;

pensamos que isso se dá em razão de querer unificar o significado já espiritual ou esotérico de duas cruzes em um intento de conseguir uma cruz que represente os valores a que os Templários se consideravam sujeitos naquele enclave ou "Casa", e dessa forma se conseguia não só unificá-los mas também, além disso, conseguiam criar um símbolo com o qual se sentissem identificados e que fosse compreensível esotericamente falando; para todo aquele que realmente estava iniciado nas Ciências Sagradas.

Possivelmente por isso existiu na História do Templo toda essa variedade de cruzes, pretendendo com isso que cada preceptoria, Bailiado ou Priorado tivesse um distintivo de acordo com as funções que deviam realizar ou para as que estavam atribuídos, e se conseguia dessa forma a expressão de regras, conhecimentos ou deveres de uma forma muda; quer dizer por signos (Cruzes) compreensíveis somente para os eruditos na matéria. Possivelmente existiram algumas cruzes, mas de momento só conhecemos as que (como já havemos dito anteriormente) podem-se observar a seguir:

O *LIGNUM CRUCIS*

Se o culto ao signo da Cruz e a sua máxima representação expressam-se nos fragmentos da chamada Beira Cruz, alcançando grande extensão e reconhecimento popular, mais "êxito" obtiveram as relíquias do madeiro sagrado que estavam conservadas nos chamados *Lignum Crucis* que eram representados com a forma da Cruz Patriarcal, sendo a partir destas que aparecem as famosas Cruzes Talismânicas que tanta veneração suscitaram e suscitam, como é o caso da Cruz de São Zacarias, Cruz da Lua, Cruz de São Bartolomé e outras muitas, mas representadas sempre com a forma da Cruz Patriarcal, quer dizer, uma cruz que se mostra com quatro braços e que são possuidoras de algum poder mágico-terapêutico como pode ser o curar a peste, as febres, etc.

A cruz de Caravaca

Essas cruzes que alcançaram uma grande fama deviam estar em posse de alguma Casa Sagrada do Templo, os monges guerreiros estavam acostumados a utilizá-las nas cerimônias e rituais de admissão de novos membros na Irmandade cerimônias próprias da Cavalaria, nas quais o aspirante a Cavaleiro da Templo devia jurar por sua vida, fidelidade à Ordem e a todas as suas regras ante o *Lignum Crucis* que lhe apresentava o Mestre por regra geral, já que a defeito deste podia ser o comendador, Bailio ou o Prior da província. Esta utilidade fica demonstrada em um Breve do Papa Honório III que acompanhava o *Lignum Crucis* e que tinha sido agradável aos Cavaleiros Templários da Segovia: "... para perpetuar seu culto aos Cavaleiros Templários ao ato de sua profissão, como principal e glorioso troféu desta militar Ordem, etc." (F. J. Cabelo e Dodero, *A Igreja da Beira Cruz*, p. 14-15).

Mas temos de fazer constar que o *Lignum Crucis* dos Cavaleiros Templários presidia também outros ritos desses Cavaleiros, já que também estava presente nos atos da Festividade da Candelária (Virgem Negra ou Morena), festa que obrigatoriamente devia celebrar-se nas encomendas Templárias, segundo o artigo 75 da regra primitiva.

A lógica se impõe no *Lignum Crucis*, já que não existiam realmente cruzes de quatro braços, que estamos falando claramente de duas cruzes sobrepostas com um par de braços cada uma, conseguindo-se com esta nova cruz unificar o poder "mágico" e todo o esoterismo das duas cruzes em uma sozinha; um exemplo claro deste fato o temos no comentário que o Secretário do Papa Honório III nos faz referente a como o Santo Papa criou o *Lignum Crucis*, que logo depois enviou aos Cavaleiros Templários da Segóvia:

"Tiro de um fragmento do braço direito da Cruz do Salvador de que formo duas Cruzes, e reunidas sobre a outra em forma de Cruz Patriarcal". E tal é o caso que se realizarmos a partição da Cruz Patriarcal à altura dos braços maiores, obtemos duas novas cruzes, sendo uma delas a Cruz Tau e outra uma Cruz Grega, sendo ambas as Cruzes simbólicas da Ordem do Templo. A união da Cruz esotérica Grega e da Cruz esotérica Tau, como já havemos dito, nos proporciona a Cruz Patriarcal e com esta união obtemos um símbolo do sincretismo religioso, filosófico e político, próprio do pensamento dualista da Ordem do Templo.

Estes relicários em forma do *Lignum Crucis* foram muito numerosos nas casas Sagradas da Templo, mas na atualidade são muito escassos. Chegamos a constatar até 13 deles relacionados com a Ordem do Templo, dos quais seis se conservam hoje sendo tão só cinco autênticos, já que o que esta na Caravaca da Múrcia é uma reprodução, uma vez que o original foi roubado no ano 1934. Os outros cinco autênticos que se guardam os temos: um em Ponferrada (Leão), outro em Miraflores (Segóvia), Bagá (Barcelona), Murugarren (Navarra) e Zamora, em sua catedral.

Os que desapareceram foram os de Torres do Rio (Navarra), Villalcazar de Sirga (Palencia), Villamurriel do Cerrato (Palencia), Alfambra (Teruel), Artajona (Navarra), Maderuelo (Segóvia) e, por último, Montesa (Segóvia).

Todas essas cruzes ou relicários Templários estão rodeados de um halo de mistério, magia e milagre, contando-se sobre eles curiosas tradições e contos dignos de uma profunda análise.

"Cruz de Jesus Cristo, na qual, nu,
a maldade;
Oh! Eterno Salvador
onipotente! Verbo de Deus!
Informem a
eterna imortalidade aos mortais. Nesta
Taça de Ouro e Prata depositam você,
Cruz, os que fazem caminho ao lugar de você
Salvação."

"Talher de sangue e glória
um Cavaleiro Templário
A Ponferrada voltava
Da batalha do Alarcos.

Mas sua alma se doía
De maior ferida e dano,
Pois a Beira Cruz perdida
ficou na rota do Alarcos.
E na taça de um carvalho
Entre celestiais cantos
Mostra-lhe uma mulher
Com um menino entre os braços.

Mas o mesmo ao outro dia
De muitos acompanhado,
Foi ao bosque, procurou um carvalho,
Abriu o tronco de um lanchazo,
E dentro dele uma imagem
Da Virgem encontraram;

A qual sorridente mostrava,
Presa na mão direita emana,
A divina Beira Cruz

Do Cavaleiro Templário;
Ali mesmo em breves dias
edificou-se um santuário."

"Cativo em longínquo Oriente
de sarracena morisma,
por fé, um soldado Templário,
conquistou a Cruz bendita."

Capítulo XXIII

O Selo do Templo

Dos selos da Ordem também se escreveu muito, por isso nós quisemos falar de sua simbologia e significado, embora não poderemos fazer o de todos, mas o faremos dos mais importantes.

O escritor e investigador Alain Demurger diz referindo-se ao selo de Templo:

"O selo: ou os selos, porque além do que representava a autoridade da Ordem, existia também o selo do Mestre, mais pessoal".

A um lado, uma cúpula simboliza a casa do Templo em Jerusalém, a Cúpula dourada do Templo do Senhor, coroada por uma cruz, que os Templários escolheram para representar sua Ordem (Ancorada ou Paté) e não faz a menor referência ao Templo do Salomão.

O Templo do Senhor figura também no selo do reinado de Jerusalém, com a Cúpula do Santo Sepulcro, aberta para deixar acontecer o fogo do Pentecostes. Ambos enquadram a Torre do David.

Eram selos, como havemos dito, particulares do Grande Mestre; nos dois mais comuns podemos ver a mesquita da Rocha com a inscrição: S. TVE TEMPLI XPI. O que significaria: *Sigillum Tombe Templi Christi*.

Outros dois selos desta "categoria", no que se vê esquematizada a dobro porta e o triplo recinto próprios das construções Templárias, levam a lenda: MILITEM P...SAT.

E observamos outro muito similar com a inscrição: TEMPLO DO CRISTO.

A este respeito, o escritor René Lachaud diz:

"É o selo dos Mestres do Templo mais antigo. Tem a atual Mesquita representada do Omar, que coroa a esplanada em que antigamente se erigia o Templo do Salomão: um pouco mais abaixo está situada a mesquita do Aksa, ou mesquita do Ângulo, que também formava parte da casa capitana da Ordem. O rei de Jerusalém, Baudouin I, cedeu esses edifícios aos Templários depois de instalar-se na vizinha Torre de David. A Ordem os restaurou por completo e executou transformações importantes em 1142, data em que batizou o complexo com o nome de Templo do Senhor".

O modelo dessa cúpula aparece no ano 115 em um selo do Baudouin que mostra o Santo Sepulcro estranhamente unido com a Cúpula da Rocha. Não terá que perder de vista que os Templários não escolheram o símbolo do Santo Sepulcro, cuja custódia lhes tinha sido encarregada, a não ser a Cúpula da Rocha, o lugar no que Hugo do Payens tinha baseado sua Ordem.

A Cúpula ocupa o centro do selo. Formam a cúpula uma arqueria de quatro arcos e cinco colunas e a cúpula propriamente coroada pela cruz. Existem distintas versões do grafismo: a cúpula é lisa ou estriada, a arqueria mais ou menos importante. Mas a inscrição no selo é sempre a mesma: "De Tempero Christi", quer dizer o Templo de Cristo.

Os Mestres do Templo da França empregaram outra adaptação do selo com um desenho mais estilizado e com a inscrição "Mil. Templi Sal" que significa: os Soldados do Templo do Salomão. E justamente essa referência ao Templo do Salomão arroja luz sobre a leitura do selo. O Templo do Salomão é esse lugar de Paz profunda que deviam defender os Templários "guardiões de Terra Santa".

Temos de ter em conta que o Templo do Salomão é um lugar sagrado para os cristãos, mas também o é para os judeus e os muçulmanos.

A outra cara do selo dos Templários a suscitou em maior grau a curiosidade dos escritores e historiadores. Representa dois Cavaleiros do Templo montando o mesmo cavalo, acompanhados da lenda seguinte: "selo dos Cavaleiros de Cristo". Deram-lhe interpretações diversas. Emprestando fé aos cronistas ingleses, pretendeu-se ver nele o símbolo da pobreza primitiva da Ordem. "Este ano começou a Ordem dos Templários, que eram tão pobres ao princípio que dois irmãos cavalgavam um só cavalo, o que hoje esta esculpido no selo dos Cavaleiros Templários para exortar a humildade." A explicação é inverossímil. Os primeiros Cavaleiros eram "pobres", sem dúvida, mas eram todos Cavaleiros. A regra indicava que cada um podia ter dois cavalos.

Por conseguinte, procurou-se outra razão. O selo simboliza a união e a entrega. Embora certos historiadores tenham querido ver nos dois Cavaleiros aos dois fundadores da Ordem, Hugo do Payns e Godofredo do Saint-Omer, terá que reter o simbolismo do bom entendimento, a harmonia e a disciplina que devem reinar na Ordem. Alguns artigos da regra esclarecem esse simbolismo, em particular o artigo "Sobre as tigelas e os copos": "No que respeita à disposição das tigelas, que os Irmãos comam de dois em dois, a fim de que um se proveja com o outro, para que apreciem a vida na abstinência e no fato de comer em comum" (artigo 25). Não significa forçosamente que os Templários comessem dois na mesma tigela, como se repetiu com muita frequência, embora a prática fosse usual na Idade Média.

Recomendava-se também partir o pão juntos. A regra se dirige a cenobitas, não a ermitões. Insiste sobre a vida em comum. O selo simboliza a sua vez.

A este respeito o escritor René Lachaud diz:

"Antes de nos lançarmos a interpretações mais sagazes podemos rir da ingenuidade de Pierre da Palude, da Ordem dos irmãos Pregadores, que participou do processo ao Templo. Da Palude pretende muito seriamente que os dois Cavaleiros eram o Diabo e um Templário que lhe tinha vendido sua alma para não morrer no combate. Trata-se de um testemunho infantil e impregnado da obsessão demonológica dos clérigos medievais".

Os dois Cavaleiros são, em primeiro lugar, uma imagem disfarçada do simbolismo dos gêmeos, que é um tema maior da Cavalaria, um mito antigo enraizado na antiguidade egípcia e grega, e cujo expoente são os gêmeos místicos Osíris e Seth, ou Castor e Pólux, um dos quais é mortal e o outro imortal.

No contexto templário, os dois Cavaleiros representam o monge e o Cavaleiro, quer dizer; a união da função jaqueta e a sacerdotal. A iluminação gnóstica permite encontrar a complementaridade entre a sombra e a luz, entre o bem e o mal.

Eis aqui o que podemos ler em um antigo texto de cavalaria de princípios do século XII: "Encareci-lhe que se ambicionava ganhar ele título de Cavaleiro perfeito que abandonasse os torneios, e que agarrasse a cruz e se dirigisse ao Oriente com o fim de demonstrar sua bravura ao serviço de Deus. Pois não seria justo que não fizesse por Ele o dobro do que tem feito pelo mundo".

Outro selo que suscitou as mais diversas hipóteses e grande quantidade de polêmicas é o Selo do Abraxas (Gnóstico?). Esse selo se representa com um corpo humano com cabeça de galo (símbolo de saudação ao Sol) e pernas de serpente (intuição e compreensão pelo conhecimento). O selo foi encontrado nos arquivos nacionais franceses (D. 9860 Bis.) e reproduz a imagem citada, além de estar rodeado com a inscrição "Secretum Templi".

Se esse selo fora um Gnóstico, seria pois empregado na expressão da busca do mais alto conhecimento, pensamos que por isso foi utilizado para indicar que o conteúdo do texto pudesse ser de tal importância que poderia ser considerado vital, já seja para a ação que se estava preparando (fora esta militar, política ou religiosa) ou simplesmente por sua vinculação com algum descobrimento, de sobremaneira afetaria o contexto genérico da religião de quem o empregava, neste caso o Cristianismo ou os representantes dessa religião na Terra, pois o estudo da Gnosis é por meio das chaves que dão as mensagens evangélicas e os livros sagrados do povo judeu, em cujo seio surgiu o Cristianismo, sem nos esquecer do mitraísmo e o hermetismo, entre outros que são conhecidos como iniciações mistéricas precristianas.

A Gnosis se representa como uma clara identificação consciente do indivíduo com a trascendência por intermédio das verdades íntimas dos dogmas (verdades relevadas) do Cristianismo.

Com respeito a esse selo, René Lachaud nos diz:

"O galo, cujo canto expulsa as trevas, faz que saia o sol. Proclus escreve: 'Na Terra não há nada mas solar que o galo'".

O galo, símbolo da vigilância e da sabedoria, figura de Mercúrio, encarna o iluminado que renasce na luz dos ritos mistagógicos. Nas galias, sempre foi o emblema dos construtores e pedreiros ou *gaults*, cuja estreita relação com os Templários se conhece.

A serpente, símbolo das forças telúricas, não representa o mal nem de noite, a não ser a energia indispensável da terra, que participa do eterno processo de volta. Está relacionada com a vida, mas com uma vida sublimada pelo conhecimento. Tanto que no princípio da intuição e do entendimento, a serpente sã, por virtude de uma lei do hermetismo, afirma que "Um está no Tudo".

A serpente é o ancestral que perdura graças a seus poderes para mudar ou metamorfosear-se. Seu avanço ondulatório reproduz o movimento original. Um dos ramos mais importantes da Gnosis foi precisamente a dos ofitas.

A palavra Abraxas é formada por sete letras que evocam os sete dias e os sete arcanjos, mas também o poder de Sofia que o buscador da luz pode adquirir aperfeiçoando-se infatigavelmente. O sete conduz à sabedoria pelo silêncio e pela contemplação. É a cifra da iniciação. Encontra-se nos Abraxas de Alexandria e nos dos Templários sob a forma de sete estrelas.

No selo dos Templários figura uma inscrição que não precisa comentários: "Secretum Templi". Essa inscrição vincula a Ordem do Templo com a tradição esotérica.

"Aos filhos do Harpócrate não lhes afetam os embates do tempo."

Outro selo é o conhecido como Agnus Dei, que se representa com a imagem do Cordeiro Sagrado atravessado por uma espada; seu significado segundo o Irmão Fr.+ João G. Galo do Priorado-Geral da Argentina da O.S.M.T.H., se refere a Cristo Nosso Senhor, como cordeiro. Sua simbologia é muito profunda, pois faz referência ao conceito de sacrifício. Coisa que não é muito bem entendida. Até que o "Verbo se fez carne e habitou entre nós", os sacrifícios de animais eram realizados, mas não chegavam a comover realmente o Senhor. Só um sacrifício pode aspirar a emocionar ao Pai: O SACRIFÍCIO DIVINO. Sonha espantoso, mas Cristo, sendo Deus, e em seu infinito amor e misericórdia, foi devotado por própria vontade ao Pai.

Vemos atrás do cordeiro a Cruz, onde foi realizado o ato.

O selo é a primeira vinda de Cristo ao mundo. Falta a segunda, a parúsia, da que nos ensinou tanto São João Apóstolo.

Toda a criação foi preparada, desde seu início, para a encarnação crística. Cristo é o centro da história, deste ponto de vista estamos nos tempos finais. Isto não significa que estejamos perto temporalmente do Apocalipse, não. O que quer dizer é que todo o importante já aconteceu e o único feito relevante que fica é a segunda vinda de Cristo, um Cristo Solar e Glorioso, que não virá como cordeiro, mas, sim, como Juiz, em pleno Poder, para julgar vivos e mortos.

Tal é a missão da Ordem: custodiar os caminhos, os caminhos espirituais para que a Humanidade se prepare para tão importante acontecimento.

Compartilhamos a opinião com o Fr.+ João G. Galo, já que o Cordeiro de Deus tem muita relação com o Apóstolo São João Batista, uma vez que este aparece representado no imaginário religioso vestido com uma pele de cordeiro, levando uma fortificação e um pergaminho com as palavras *Ecce Agnus Dei* ("Eis aqui o Cordeiro de Deus"). O dia de

São João Batista se celebra no Ocidente em 24 de junho. Temos que recordar que os Templários são joanistas, prova disso é que seu juramento de fidelidade à Ordem o fazem sobre a Sagrada Bíblia, pondo a mão sobre o evangelho de São João.

Também temos de ter em conta que o *Agnus Dei* é uma invocação que durante a missa se repete TRÊS vezes entre o Pater Noster e a comunhão; a mesma que se repete ao final das litanias e por todos é sabida a quase "devoção" que os Templários estavam acostumados a ter pelo número três, prova disso são:

- Os três votos.
- As três esmolas semanais.
- O combate de três contra um.
- Os três assaltos do adversário antes de atacar.
- O professo apresentado três vezes ao capítulo durante a recepção.
- As três comidas diárias.
- Os três grandes jejuns anuais.
- A ingestão de carne três vezes por semana.
- Os três cavalos do Cavaleiro Templário.
- E a obrigação do Capelão de dizer missa pelo menos três vezes por semana.

O três é o número do Espírito das Santas tríadas do Egito, como Osíris, Ísis e Hórus, ou a trindade cristã. Para o Hermetismo um é Deus, o dois a matéria e o três a matéria organizada: *Ordo ab chaos*. A melhor forma de definir os três é com a noção do equilíbrio cósmico.

Outra peculiaridade que tem relação com a imagem do Cordeiro desse selo é que a lâmina formada com a cera restante do círio Pascal, em que há impressa a imagem do Cordeiro; esta acostumado a benzê-la o Papa cada sete anos, e não devemos tampouco nos esquecer de que o sete é chamado ele "número mágico". (Sua vinculação deste número ao Cristianismo esta claramente demonstrada com o Candelabro dos sete braços, por exemplo.)

Por último, devemos recordar que o *Agnus Dei* está relacionado também com a inocência, a pureza e a santidade, posto que faz referência ao corpo de Cristo.

Capítulo XXIV

As Damas do Templo

Outro tema de polêmica e controvérsia é o que faz referência ao tema das mulheres na Ordem, se existiram, ou não; a respeito, diremos que existiram e que seguem existindo, tivemos que buscar muito para saber delas, mas a busca valeu a pena. Era estranho que em uma Ordem de Cavaleiros tão arraigada ao culto Mariano, não tivessem existido as mulheres, embora fossem separadas dos Cavaleiros e em algum momento até proibido seu ingresso, tentando possivelmente evitar que o pecado fizesse ato de presença em uma Ordem tão santa, mas o que esta claro é que existiram e, por isso, queremos lhes mostrar aqui algo do que recolhemos a respeito.

Terá que ter em conta, embora isso fosse estranho, que houve casos de mulheres que entraram na Ordem do Templo.

É óbvio, essas monjas Templárias não eram jaquetas e viviam além dos frades, elas realizavam quase sempre trabalhos hospitalares, embora algumas vezes se dedicavam a confeccionar os uniformes dos Cavaleiros: mantos, dalmáticas, mantas, etc. (ou o que se considera trabalho de estilista), assim mesmo estavam acostumadas a realizar trabalhos de semeia e recolhimento de cereais ou cuidado de gado.

Estavam habituadas a armazenar todas as colheitas e os produtos lácteos que fabricavam (queijos, etc.) para enviá-los aos Cavaleiros da Terra Santa.

Esta introdução de mulheres na Ordem do Templo também foi aceita para receber doações, mas o perigo que tal situação podia ocasionar não escapou a ninguém; a experiência não teve continuidade e se precisou: "daqui em diante não sejam aceitas damas por irmãs".

Embora as que já tinham entrado se mantiveram como tais; citemos a título de exemplo o monastério de mulheres Templárias que existia em Curve-aux-Nonnains, na Borgonha, e que dependia da encomenda de Épailly. Citemos também a filiação da mãe Inês, abadessa dos camaldulenses de Saint-Michel do Ermo, e de toda sua comunidade, à Ordem dos Templários. Assinalemos igualmente casos similares o Lyon, Arville, Thor, Metz, etc.

Também ocorre o mesmo com "Azalais", uma mulher do Rosellón, que se entrega de corpo e alma a Deus e à Santa Cavalaria de Jerusalém, o Templo, "para servir a Deus e viver sem bens sob a autoridade do Mestre". Para isso entrega como esmola seu feudo do Villamolaque, com o consentimento de seus dois filhos: "E que Deus me conduza até a verdadeira penitência e a seu Santo Paraíso" (D'Albon, idem, nº LXVIII-1133).

Outro caso é o da Senhora Joana de Chaldefelde, esposa de Ricardo de Chaldefelde da Inglaterra, que professou igualmente seus votos como Irmã da Templo ante o Azo, Arquediácono do Wilshire. Azo o enviou-a juntamente com um certificado à Casa Sagrada da Templo: "tendo em conta que tinha superado a idade em que podia levantar suspeitas" (os, op. cit., p. 10 e notas. B. M. Cotton Nero e 6, Fol. 267, cerca 1189-1193). O mais curioso é que a Senhora Joana de Chaldefelde nos proporciona um claro exemplo de uma mulher que observa as formalidades da Regra Latina e que professa seus votos ante o bispo da Diocese, quem a envia ante o Mestre provida de um certificado.

Por último, acreditamos que será interessante mencionar algo sobre o lema da Ordem do Templo: "Non nobis Domine, non nobis sede nomini, tuo da gloriam". Seu significado é: Não a nós, Senhor, não a nós, a não ser a seu nome dá a glória.

Também algumas vezes tem sido traduzido como: Não para nós, Senhor, não para nós, se não para seu nome dá a glória.

A respeito deste lema, o escritor Alain Desgris nos diz:

"A edição da Bíblia Hebreia diz no Salmo 115, versículo 1: O lanu, Adonai, o lanu, Ki leshimeka tenha kabod; o que se traduz como: Não para nós, Senhor, não para nós, a não ser para honrar seu nome.

E Robert Graffin nos dá uma visão diferente: "Não a nós, Yahvé, não a nós, a não ser a seu nome dá a glória, para seu amor e sua verdade".

Ideias ecumênicas, visões e pensamentos similares ou simples sincretismo ou esoterismo.

Que cada leitor julgue como melhor lhe pareça.

Capítulo XXV

As Cruzadas

É conhecido por todos os leitores que durante a época da existência da Ordem na Terra Santa aconteceu uma série de Cruzadas para conquistar ou fortalecer a região dos ataques e conquistas que realizavam os muçulmanos; pensamos que é importante fazer um pequeno percurso por aquele tempo, desde seus inícios, a fim de saber qual foi o motivo do nascimento da Ordem do Templo.

A primeira coisa que devemos entender é que o início das Cruzadas foi motivado pelo maus-tratos que os turcos davam aos peregrinos cristãos quando estes foram visitar o Santo Sepulcro para conseguir o perdão de seus pecados; o Papa era a pessoa "encarregada" pelo general de levantar em armas a cristandade, para reconquistar os lugares Santos e recuperar assim o santo sepulcro. Para isso utilizava o que se conhecia antigamente como a prédica ou a chamada, que consistia em um discurso com o qual se esperava sensibilizar os nobres e o povo cristão para que partissem em armas a libertar a Terra Santa e expulsar os infiéis daquele lugar.

Mas em que consistia a chamada do Santo Papa? Pensamos que o melhor exemplo podemos tirar do Papa Inocêncio II, a primeira Pregação pela Cruzada aos Santos Lugares (texto que pertence à chamada do Papa Urbano II, em 27 de novembro de 1095):

"Bem amados irmãos, impelido pelas exigências deste tempo, eu, Urbano, que levo com a permissão de Deus a tiara pontifical, pontífice de toda a terra, vim aqui para vocês, servidores de Deus, em qualidade de mensageiro, para lhes desvelar a ordem divina... É urgente levar a seus irmãos do Oriente a ajuda tantas vezes prometida e de necessidade premente. Os turcos e os árabes os atacaram e se adiantaram no território da Romênia até esta parte do Mediterrâneo que chamamos

Braço de São Jorge e, penetrando sempre mais no país desses cristãos, convenceram-nos sete vezes em batalha, mataram e fizeram cativos a grande número, destruíram as igrejas e devastaram o reino. Se os deixarem agora sem resistir, estenderão sua quebra de onda mais amplamente sobre muitos fiéis servidores de Deus.

Por isso lhes rogo e precatório – e não eu, mas, sim, o Senhor lhes roga e precatória como arautos de Cristo – tanto aos pobres como aos ricos, que lhes deem pressa em jogar nesta vil estirpe das regiões habitadas por nossos irmãos e levar uma ajuda oportuna aos adoradores de Cristo. Falo com quem está presente e o proclamarei aos ausentes, mas é Cristo quem ordena...

Quem estava habituado antes a combater perversamente em guerra privada contra os fiéis, bata-se contra os infiéis e conduza a um fim vitorioso a guerra que devia ter começado há muito tempo; quem tem sido bandoleiro até agora se converta em soldado; quem foi antes mercenário por salários sórdidos, ganhe agora as recompensas eternas; quem se esgotou em detrimento de uma vez de seu corpo e de sua alma esforça-se agora por um dobro de recompensa.

O que adicionarei? A um lado estarão os miseráveis, no outro os verdadeiros ricos; aqui os inimigos de Deus, lá seus amigos. Alistem-se sem tardança; que os guerreiros arrumem seus assuntos e reúnam todo o necessário para cobrir necessidades; e que, quando terminar o inverno e começar a primavera, fiquem em movimento alegremente para empreender a rota guiados pelo Senhor."

A CRUZADA DE PEDRO, O ERMITÃO

Primeira Cruzada, embora não fosse a oficial, foi a que realizou o monge Pedro, o Ermitão, a quem os bizantinos apelidaram de "Pai Periquito". Esse monge de baixa estatura e de aspecto esfomeado era oriundo do Amiens. Já desde muito jovem abraçou a carreira religiosa, não obstante teve de dizer que preferiu a vida na solidão do bosque antes que as comodidades do monastério e a companhia de outros monges.

Estava acostumado a vestir-se somente com um saial de tecido e não levava nenhum tipo de calçado, seu aspecto esfomeado era por causa da base de sua alimentação: o pescado e o bom vinho (sendo um grande amante deste último).

Durante o transcurso de sua vida pôde realizar uma peregrinação a Jerusalém e durante o decorrer desta se precaveu do mau estado que apresentavam os lugares santos; além disso, teve que padecer igual a muitos peregrinos todos os vexames a que lhe infligiram os muçulmanos e os gregos, salvando a vida por milagre, por isso, aproveitando seus dotes como pregador, logo conseguiu reunir um grande grupo de simpatizantes na província de Picardia; essa multidão exaltada arrancava os pelos do asno que montava o Pai Periquito para conservá-los como amuletos e relíquias.

Segundo René Lachaud, é factível que não fora o único profeta que transformava as consciências, mas seu incomparável carisma lhe assegurava um êxito considerável, já que encarnava todos os desejos de pureza, todas as pulsões ascéticas e ninguém punha em dúvida que estava meio alucinado pelo divino.

No mês de março do ano de 1096, Pedro, o Ermitão, parte de Lorena, atravessando Namur, Lieja e Aix-a-Chapelle, chegando no mês de abril do mesmo ano a Colônia escoltado por um exército de Cavaleiros, fidalgos, camponeses, monges, mulheres e meninos, em total umas 70 mil pessoas, e, em 20 de abril, decide iniciar a Cruzada pela conquista dos lugares santos ante o assombro do Papa, reis e senhores que consideravam que a guerra era sozinha algo para Cavaleiros. Em meio a seu exército de camponeses, parte de Colônia e toma direção para a Hungria atravessando para isso o Vale do Rin e a Baviera. Durante a marcha, suas tropas indisciplinadas e carentes de mantimentos se dedicam ao saque de aldeias e, para conseguir poder subsistir, pede resgates econômicos aos viajantes que sequestravam.

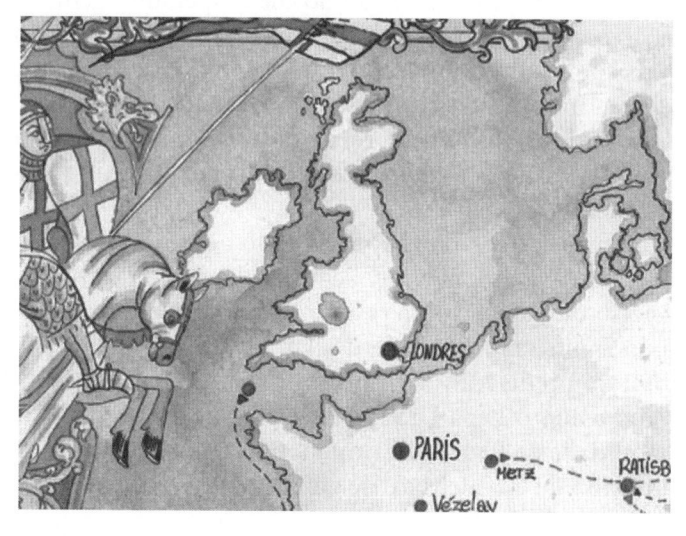

Mapa Antigo das Cruzadas

Em 26 de abril chega à cidade de Belgrado, onde se encontram os búlgaros; furiosos pelos excessos e desmandos que tinha cometido essa horda de invasores, os búlgaros matam todos que podem e se apoderam do tesouro que levavam os cristãos.

Já chegado o mês de julho, Pedro se reúne na cidade da Sofia com alguns emissários do imperador de Bizâncio, Afasto Conmeno; estes lhe solicitam que imponha ordem entre suas filas, pois estavam fartos de todos os desmandos que estavam realizando.

No mês de agosto, Pedro e seu exército chegam às imensas muralhas de Constantinopla, onde é recebido pelo imperador Afasto: ali reunidos Pedro lhe solicita mantimentos e provisões para suas tropas. Ansioso por perder de vista essa multidão esfarrapada, o imperador se compromete a lhe entregar 200 besantes de ouro e proporcionar alimento a sua gente, quando cessar a pilhagem por parte dos cristãos.

Cheios de alegria, Pedro e seu exército cruzam o Bósforo e o braço de São Jorge em direção a Niceia. Ao perceberem que os mantimentos prometidos não chegavam, iniciam de novo o saque de aldeias.

Logo se encontram com um exército de turcos da província do Xerigodon e, ao entrar em batalha, são massacrados.

Horrorizado pelo acontecido, em companhia de 5 mil sobreviventes, Pedro, o Ermitão, retorna a Constantinopla à espera de que chegasse o exército dos barões.

Voltamos a nos encontrar com a figura de Pedro, o Ermitão, em assédio à cidade da Antioquia em finais do ano 1097. Pedro está abatido, uma vez que seus homens já não lhe respeitam, além do que os barões já não confiam nele e, ainda por cima, está rodeado de um grupo de selvagens conhecido como Tafur, que, segundo René Lachaud, eram ribaldos de má índole, pois iam descalços e se alimentavam de raízes e de ervas, sendo dirigidos por um rei de nome Pigonneau. Diz-se que se alimentavam da carne dos cadáveres dos sarracenos abandonados nos campos de batalha.

Sendo incapaz Pedro de suportar tudo aquilo, decide abandonar Antioquia e retorna ao Ocidente. Segundo Lachaud, acabou seus dias no monastério do Neuf-Moutiers, que tinha mandado construir e que dependia do Santo Sepulcro de Jerusalém.

Durante a predicação da Segunda Cruzada, tanto São Bernardo do Clairvaux como o Papa Urbano II se encarregaram de denunciar a irresponsabilidade de Pedro, o Ermitão, pois consideravam que as cruzadas eram coisa de Cavaleiros e de guerreiros disciplinados.

A PRIMEIRA CRUZADA OFICIAL

Embora fosse a Segunda Cruzada, temos em conta que oficialmente foi a primeira, já que foi a que convocou o Papa Urbano II, deixando resolução de que a de Pedro, o Ermitão, tinha sido um ato de loucura realizado por uns irresponsáveis.

Uma vez concluído o concílio do Clermont, o Papa Urbano II dirigiu-se para o sul, às terras do Conde do Toulouse, Raymond do Saint Gilles; depois das conversações mantidas, o Conde de Toulouse se converteu no primeiro grande sarraceno que abraçou a causa da Cruz por requerimento papal.

A partir desse momento começou a repartir esmolas e realizou o juramento de entregar sua vida à conquista da Terra Santa.

Não obstante e para surpresa de todo o mundo, não foi o encarregado de dirigir a Cruzada, tal honra recaiu sobre a pessoa do bispo do Puy, Adhémar do Monteil.

Adhémar era filho do Senhor do Montélimar, cujos domínios se estendiam pelo Valentinois, sem dúvida era a pessoa adequada, pois gozava de grande respeito, além de possuir uma reputação de santidade.

Em pouco tempo mobilizou quatro exércitos e os dirigiu às portas de Constantinopla; esses exércitos eram, em primeiro lugar, o do duque de Baixa Lotaríngia e de Brabante, Godefroy do Bouillon, que estava secundado por seu irmão Baudouin do Boulogne e pertenciam ao norte da França.

Em segundo lugar, estavam as tropas que dirigia Hugues du Vendomois (irmão do rei Felipe I) e que correspondiam aos territórios franceses compreendidos entre o Sena e o Loire; devemos aqui recordar a nossos leitores que a essas tropas se uniram aos homens de Robert Courteheuse, que era filho do famoso Guilherme, o Conquistador, além das tropas dos estados do norte da Itália.

Em terceiro lugar, estava o exército de Bohemond de Taranto, a quem acompanhava seu sobrinho Tancredo e que estava formado pelos normandos da Itália (meridional) e da Sicília.

Já em quarto lugar, estava o exército de Raymond de Saint Gilles, formado por homens do Midi francês.

Muitas inquietações sacudiram o imperador Afasto, que exigiu dos barões que dirigiam a cruzada duas coisas: a entrega de todas suas conquistas e um compromisso de aliança; em troca disso, lhes prometeu abastecimento de mantimentos e ajuda com efetivos militares.

Ao Duque Godefroy do Bouillon desagradava fazer entendimentos com o imperador Afasto, pois o considerava um herege, embora fosse cristão. Não obstante – Bohemond de Tarento, que já tinha tido entendimentos com os bizantinos, prometeu a este tudo o que pedia.

Já no mês de maio do ano 1097, os quatro exércitos cruzados, ao mando do bispo Adhémar, chegavam às portas de Niceia, cidade que estava nas mãos dos turcos há cerca de 16 anos. No dia 26 de junho, os franceses conquistaram a cidade obrigando aos turcos a render-se.

Penetrando na Ásia Menor através da meseta da primeira Anatolia do mês de Julho do mesmo ano, chegaram perto da cidade de Dorilée. Por esse motivo, os Cruzados foram atacados pelo sultão Selyúcida Kilidj Arslam, que foi derrotado depois de uma série de sangrentas batalhas; a vitória provocou sobre o Islã um golpe moral importante, assim como uma excelente bota de cano longo às tropas cruzadas.

Rodeando separadamente a Silícia, as forças cruzadas se reencontraram no dia 21 do mês de setembro ante as portas da poderosa cidade da Antioquia que estava protegida por mais de 400 torres de defesa: era um terrível obstáculo que lhes fechava o caminho do Sul.

A cidade era governada pelo Emir Yagi Kan, que mandou que alguns turcos se infiltrassem entre os exércitos cruzados; precavendo-se Bohemond da presença de alguns espiões, ordenou capturá-los e mandou que os empalassem para que seguidamente fossem lardeados para assim poder assá-los melhor a fogo lento. Cheios de pânico e de terror, o restante dos espiões fugiu, e isso permitiu que os Cruzados continuassem com o difícil assédio da cidade.

A traição foi quem ganhou a batalha, pois um armênio renegado de nome Firouz fechou um acordo com Bohemond comprometeu-se a abrir uma das portas da muralha na noite de 2 de junho; o armênio cumpriu sua promessa e isso originou a entrada dos Cruzados à cidade e o conseguinte banho de sangue, além da morte de Emir Yagi Kan enquanto este tentava escapar.

Além disso, chegou à cidade um exército árabe que converteu os conquistadores em sitiados; era o capitalista exército do Emir do Mosul, Kourbuqa que se levantava capitalista ante a citada cidade.

O achado da lança sagrada (a arma que o centurião Longinos empregou para ferir o flanco de Nosso Senhor Jesus Cristo) foi o que fez que se produzisse o inimaginável, pois elevou o espírito dos cruzados que consideraram aquele fato como um milagre da providência e um sinal divino que os motivou a tirar as forças que derrotaram os turcos deixando aos finais de 1098 os arredores da cidade livres da presença turca; tudo estava já preparado para prosseguir o caminho para Jerusalém.

Chegaram à cidade Santa, que por cerca de nove meses tinha cansado em mãos dos egípcios e começaram os problemas, pois à escassez de água terei lhe acrescentar o grande calor que reinou, e tudo isso motivava a falta de vegetação e a escassez de árvores para poder criar máquinas de assédio; quando já tudo parecia perdido, chegaram as provisões por mar das mãos de uma poderosa esquadro genovesa que abasteceu os cruzados com água, mantimentos e material para a construção de máquinas de assalto.

Depois de sete dias de duros e sangrentos combates, a cidade Santa caía em mãos dos cruzados que avivados pelo combate empreenderam a matança de todo ser pagão que encontravam em seu caminho: menino, mulher ou ancião e, inclusive, os gregos e os armênios barbudos que foram confundidos com hereges infiéis.

Uma vez acabado o massacre, os Cruzados se dirigiram ao Santo Sepulcro para elevar suas preces ao céu e venerar o corpo crucificado do Jesus.

Uma vez conquistada a cidade torna-se necessário nomear um novo rei que governasse o local, além disso, o bispo Adhémar, por volta de já um ano, havia falecido ao contrair a enfermidade da peste e, por isso, não havia nenhum eclesiástico com suficiente autoridade para impor uma decisão.

Decidiu-se que seria nomeado rei o Duque Godefroy do Bouillon, que aceitou o cargo mas se negou a ser chamado de rei: "Porque não serei eu quem levará coroa de ouro onde Nosso Senhor portou a de espinhos". E se proclamou procurador do Santo Sepulcro.

Após 20 dias, um capitalista exército que pretendia a retomada de Jerusalém foi derrotado em 12 de agosto pelos exércitos do Godefroy e do Raymond entre o Ascalón e o mar.

A partir desse momento, a maioria dos Barões considerava que tinha completado os votos que juraram na França ante o Papa Urbano II e o bispo Adhémar e, por isso, começaram a retornar a França, o que motivou que Godefroy ficasse praticamente sozinho.

Segundo René Lachaud, Bohemond ficou na Antioquia e seus planos eram tirá-la da influência do Bizâncio. Mas só pôde conservar seu feudo graças à ajuda do Conde de Toulouse.

Lachaud também nos diz que o arcebispo Daimbert, à força de intrigar, se fez proclamar Patriarca de Jerusalém, enquanto Godefroy tentava organizar o frágil reino ameaçado por toda parte pelos exércitos infiéis. Morreu de esgotamento e extenuado, em 18 de julho do ano 1100. Seu irmão Baudouin do Boulogne herdou a coroa e se converteu assim no primeiro rei de Jerusalém.

Ao falecido Godefroy do Bouillon devemos agradecer, pois fora o fundador da Ordem dos Cavaleiros da Santa Maria do Monte do Sion, Ordem da que saíram, ao cabo de uns poucos anos, alguns dos primeiros fundadores da Ordem do Templo, que acompanharam o nobre Hugo do Payens, primeiro Mestre da Ordem.

A SEGUNDA CRUZADA OFICIAL

Esta foi em realidade a terceira Cruzada, se contarmos com a que realizou Pedro, o Ermitão; não obstante oficialmente foi a segunda, corria o 31 de março de 1146 e o abade Bernardo do Clairvaux se encontrava na cidade do Vezelay pregando ante o rei Luís VII da França. Como o abade era um grande pregador, demorou pouco tempo em convencer o rei para que este se comprometesse a participar de uma cruzada.

Após dez meses obtém um idêntico resultado com o grande Imperador da Alemanha, Conrad III.

Ambos os soberanos decidem participar unidos nessa cruzada, embora tenham começado separadamente, seguindo os mesmos passos que um dia realizou Godefroy do Bouillon, quer dizer, pelo Vale do Danúbio, Sérvia e Trácia.

Já perto de Constantinopla, o Imperador Conrad III estuda a possibilidade de assaltar a cidade de Constantinopla, já que o imperador Manuel Conmeno tinha assinado uma trégua com os turcos e os incas para as que atacassem e destruíssem os franceses.

Depois de múltiplas entrevistas chegam a um acordo e o imperador Manuel Conmeno facilita ao Conrad III guias que lhe conduzirão para Jerusalém por caminhos seguros do ataque dos turcos, mas ao chegar aos desfiladeiros do Dorilée, em outubro de 1147, os guias o abandonam deixando Conrad e seu exército suscetíveis aos ataques relâmpagos dos turcos e que fogem e se dedicam a realizar escaramuças e fazer valer seus arqueiros. Quando o Imperador Conrad III chega a Niceia, já havia perdido três quartos de seu exército.

O rei da França Luís VII não esta em melhores condições, já que enfrenta os mesmos problemas que Conrad III, por isso decide embarcar todas as suas tropas no porto da Adália.

Chega em 12 de março de 1148 a Saint-Siméon, porto da Antioquia, com sua ardente algema Leonor da Aquitania, que pouco depois de chegar se apaixona por seu tio Raymond do Poitiers, príncipe da Antioquia, e decide divorciar-se.

O rei Luís VII da França, que está perdidamente apaixonado por sua mulher, decide abandonar a cidade em seguida, levando Leonor com ele, enquanto o emir Nur O Din começa a realizar os preparativos para atacar os francos.

O que ficava dos dois exércitos cruzados se reuniu na cidade Santa de Jerusalém e aconselhados pela regente Melisenda decide sitiar a cidade de Damasco, a que chegou em 26 de julho e de onde partiu no dia 30 desse mesmo mês, quer dizer, a quatro dias de começar o assédio para a Palestina; segundo René Lachaud, a principal razão de tão divulgado fracasso se deve ao descontentamento dos barões franco-palestinos, os Poulains, que, ante o perigo egípcio, olhavam com maus olhos a ruptura da aliança entre os francos e Damasco. Conforme Lachaud, o episódio é significativo, já que naquela época os Poulains consideravam os francos uns fanáticos criminosos perigosos que só queriam matar muçulmanos, sem lhes importar as alianças pacientemente tecidas com esse povo.

O resultado é desastroso, já que tanto o rei Luís VII (São Luís) como o imperador Conrad III decidem abandonar Jerusalém e, enquanto isto acontece, o Emir Nur O Din destroça na batalha do Marathas as tropas de Raymond de Poitiers, que está a ponto de perder a vida.

E este é o final da segunda cruzada oficial, que terminou como começou... mau.

A TERCEIRA CRUZADA OFICIAL

Embora em realidade fosse a quarta, oficialmente é reconhecida como a terceira e teve lugar depois da horrorosa derrota dos francos na batalha do Hattin e a conquista de Jerusalém por parte de Saladino.

Ao conhecer-se no Ocidente que Jerusalém já não estava em mãos dos cristãos, se originou um revoo e uma vontade de lutar contra o infiel que não se viu desde a Primeira Cruzada, os mais poderosos monarcas do momento se uniram esquecendo por um tempo suas disputas.

O principal promotor desta nova Cruzada é o marquês do Piamonte, o nobre Conrad do Monferrat, que se dirigiu por mar à conquista de Terra Santa e ficou muito consternado ao chegar ao porto de São João de Acre e ver ali ondeando a bandeira dos muçulmanos e não a cristã, por isso decidiu tomar direção para o porto de Tiro. Esse feudo era propriedade de guido do Lusignan, Cavalheiro da cidade francesa da Poitiers e marido do Sybille. Guido tinha obtido este feudo ao casar-se com Sybille, mas à chegada de Conrad do Monferrat, Guido se encontrava prisioneiro de Saladino, depois da derrota do Hattin, por isso Conrad se fez proclamar suserano, justo quando Saladino preparava o assalto à cidade.

Batalha dos Cruzados

Saladino, que além de ter feito prisioneiro Guido também tinha apresado ao pai de Conrad, propõe a este que em troca de lhe devolver seu pai, Conrad deve lhe entregar a cidade, mas esta proposta é rechaçada pelo novo suserano, feito que demonstra a Saladino que se encontra ante estar um duro adversário.

Saladino tenta conquistar a cidade primeiro por mar, mas sai derrotado e decide retirar-se; este fato é aproveitado por Conrad, que encarrega ao bispo de Tiro a missão de ir a Europa recrutar homens.

No dia 27 de março do ano 1188, toda a nobreza alemã chega a Maguncia, onde está pregando o bispo de Wurzbourg, Gottfried, a seguinte cruzada.

O imperador Federico Barbarroja sente a necessidade de ir libertar a tumba de Nosso Senhor Jesus Cristo das mãos dos infiéis, pelo que decide cruzar-se e ainda fazer a paz com seus inimigos; parte para a Terra Santa com um exército de 100 mil homens a fim de arrebatar Jerusalém de Saladino e obrigá-lo a devolver a Beira Cruz mantida em posse do infiel da batalha de Hattin.

No dia 11 do mês de maio de 1189, Federico parte da cidade de Ratisbona com seu exército capitalista. Quando chega perto de Constantinopla, se inteira de que o imperador Isaac havia assinado um tratado de paz com Saladino, isso o enfurece e, em um arrebatamento de cólera, sitia e se apodera da cidade da Andrinopla, ameaçando seguidamente fazer o mesmo com Constantinopla; a rápida intervenção do Imperador Isaac acalma sua fúria e, no fim de março de 1190, entra na Ásia Menor, quando se aproxima da Conia se encontra com um exército de turcos, o qual massacra.

Esta vitória alarma Saladino, que sabia que os reis da França e da Inglaterra estavam se mobilizando para realizar uma cruzada, por isso decide destruir Cesárea, Sidón e Jaffa, já que as considera indefensáveis. A situação é difícil, mas a providência não acompanha os cruzados, porque, em 10 de junho, Federico Barbarroja se afoga no Rio Selef, na Silésia. Este fato desmoraliza profundamente seus homens e seu filho, Frederico da Suábia, se vê incapaz de reanimá-los; muitos deles decidem voltar para sua terra, por conta disso os turcos aproveitam para massacrá-los ou fazê-los prisioneiros. Ao final, grande parte do exército retorna à Alemanha e a outra se dirige para Tiro a fim de reunir-se com os cristãos de Terra Santa.

Enquanto ocorrem todas estas coisas, Saladino, hábil estrategista, decide soltar guido do Lusignan, sabedor de que, por seu caráter, logo semearia a discórdia e os enfrentamentos entre as tropas cristãs, mas, ao chegar Lusignan a Tiro, as portas da cidade se encontram fechadas, e Conrad lhe faz saber que, enquanto ele estiver vivo, não lhe deixará pôr um pé na cidade.

Guido decide então apoderar-se de São João de Acre. Ao chegar a esse porto se encontra com uma poderosa esquadra formada por 11 mil homens (frisones, dinamarqueses, venezianos e genoveses), que está ancorada, e, graças a eles, Lusignan tenta um ataque surpresa, que fracassa, no dia 4 do mês de outubro de 1189, pois os homens preferem saquear o acampamento de Saladino, instalado nas colinas de Acre.

Todo este conflito se prolongará até a chegada dos dois monarcas mais capitalistas do Ocidente, os reis da França e da Inglaterra, Felipe Augusto e Ricardo Coração de Leão. Mas isso já é outra cruzada...

A QUARTA CRUZADA OFICIAL

Esta quarta Cruzada começou já com discussões por parte dos dois principais protagonistas de seus, os reis Felipe Augusto e Ricardo Coração de Leão.

Ambos os monarcas se encontraram no Gisors e decidiram partir separadamente, mas na hora de acordar quando e para onde voltariam de novo, iniciam-se as discussões e a discordância de ambas as partes.

Felipe decide partir do porto de Gênova, enquanto Ricardo o faz do porto de Marselha, ambos os reis se encontram na Sicília e começam de novo as discussões, que duram dois meses; ao final, chega-se a um acordo e primeiro parte Felipe Augusto, que chega ao porto de São João de Acre, em 20 de abril de 1911, e Ricardo Coração de Leão o faz no dia 20 do mês de junho, embora antes tenha se apoderado da Ilha do Chipre.

Com a chegada desses dois reis se produz um grande revoo entre os homens do Lusignan, que consideram a vitória como uma questão de tempo, e efetivamente assim é, pois após três dias de duros combates Saladino tem que bater em retirada, conquistando desta maneira os francos este porto tão importante para sua estabilidade no Oriente.

No dia 2 de agosto, o rei Felipe decide retornar à França, esquecendo o juramento que realizou como cruzado, deixando uma guarnição de 10 mil homens. A gente murmura, e comenta-se que Felipe tinha combinado com Saladino para que este se dedicasse a entreter o máximo possível Ricardo, para que ele tivesse tempo, quando houvesse retornado à Europa, de pactuar uma traição com João Sem Terra contra Ricardo.

Nesse meio tempo, tem lugar um trágico fato, pois Ricardo ordena a execução dos 3 mil prisioneiros feitos em São João de Acre. Saladino, ao inteirar-se, se prepara para destruir Ricardo; os dois exércitos se encontram no Arsouf. Ricardo vence e Saladino deve morder-se em sua raiva e bater-se em retirada.

No mês de dezembro do ano 1191, já próximo do Natal, os cruzados se encontram a 20 quilômetros da Cidade Santa, Saladino se dedica a perseguir o exército de Ricardo, que se inteira da trama que estão realizando o rei Felipe Augusto da França e seu irmão João Sem Terra. Alarmado com a possibilidade de perder seu reino, decide tentar pactuar com o Saladino; o pacto consistia em casar sua irmã Joana da Sicília com o irmão da Saladino, Melik o Adil, mas não se chegam a um acordo e Ricardo volta para a carga, desta vez contra um exército de mamelucos que lhe faz frente no deserto da Judea. Ricardo os massacra.

Enquanto isso, o sultão Saladino se dirige para o Norte e ataca Jaffa. Ricardo, ao inteirar-se, dirige-se para essa cidade e, após localizar o exército do Saladino, entra em combate obrigando o sultão e seu exército a retirarem-se em disparada; isto ocorria em 5 de agosto de 1192. Segundo René Lachaud, as testemunhas contam maravilhadas a ferocidade de Ricardo no combate com seu corpo cheio de flechas e lanças que se assemelhava a um porco-espinho, destroçando todo o inimigo que lhe pusesse adiante.

Dando-se conta o sultão de que Ricardo é um rival muito perigoso, decide pactuar com ele, por isso se assina a paz, no mês de setembro. Por essas datas os cristãos conservam toda a franja costeira existente desde a Jaffa até Tiro, mas Saladino continua sendo o senhor de Jerusalém. Este propõe uma peregrinação pacífica à Cidade Santa, mas Ricardo rechaça a proposta e se embarca disfarçado de Templário de volta à Inglaterra, em 9 de agosto de 1192, pois as notícias que lhe chegavam de seu reino e da trama sobre o que se pactuava eram muito graves.

No dia 4 de março de 1193, quatro meses depois de ter assinado a paz, o sultão Saladino morre na cidade de Damasco.

Antes de partir para a Inglaterra, Ricardo toma partido por Conrad de Monferrat para que seja coroado rei de Jerusalém, em detrimento de Guido de Lusignan, que se dando conta de que nada tinha que fazer, decide retirar-se à Ilha do Chipre e reinar ali, até que morre em abril de 1194.

O rei Conrad de Jerusalém morre assassinado por um membro da seita dos *assassins* em 28 de abril de 1194, por isso os barões da Terra Santa escolhem como sucessor o Conde Enrique de Champagne, que é parente do Felipe Augusto e do Ricardo Coração de Leão.

O novo rei se casa com a viúva de Conrad de Monferrat, Isabel, que espera um filho do falecido.

Enrique de Champagne foi um bom rei que soube estar em todo momento à altura das circunstâncias e governar como um grande soberano.

Morre em 10 de setembro de 1197, cinco anos depois de ser coroado rei, ao cair no vazio enquanto passava revista a suas tropas, por causa de uma fratura na abóbada do crânio.

O rei do Chipre Amaury – irmão de Guido de Lusignan – é proclamado novo rei de Jerusalém e de uma vez recebe a três vezes viúva rainha Isabel.

Mal terminava de casar-se quando, em 24 de outubro do mesmo ano, decide arrebatar Beirute os muçulmanos e o consegue. Mas ao ver-se esquecido pelo Ocidente na Terra Santa, decide assinar um tratado de paz com o herdeiro de Saladino, o sultão Melk o Adil, mas falece pouco tempo depois, no dia 1º de abril de 1205.

Por isso, segundo René Lachaud, Hugo I, um filho de seu primeiro matrimônio, é o herdeiro da Ilha do Chipre. E o reino de Jerusalém corresponde a uma menina de 14 anos, Maria, filha do Conrad de Monferrat e de Isabel. A regência recai nas mãos do velho senhor de Beirute, Jean do Ibelin.

A CRUZADA DOS MENINOS (DAS CRIANÇAS)

Um estranho sucesso teve vez lá por junho do ano 1212, quando um pastor de nome Etienne, que vivia pelas cercanias do Castelo de Me Vendo, teve uma aparição; segundo seu relato, lhe apareceu Cristo vestido de peregrino e lhe pediu que fora libertar sua Santa tumba das mãos dos infiéis.

O jovem Etienne começou sua pregação e em pouco tempo milhares de meninos procedentes de Picardia, Me Vendo, Normandia e Île-do-France, abandonaram tudo e se uniram a ele, pondo um número de 30 mil meninos rumo a Jerusalém.

Aquele exército de meninos foi brandindo seus estandartes, sob chefia de Matthiu Paris, que viajava todo engalanado em cima de uma carreta repleta de flores.

Cruzada dos Meninos

Tanto o rei da França como a Igreja tentaram detê-los, mas não conseguiram. Os meninos atravessaram o Vale do Ródano e chegaram a Marselha onde embarcaram em sete navios, mas pouco depois de zarpar dois dos navios naufragaram perto das costas da Cerdenha e todos os meninos que neles viajavam morreram afogados. Os restantes cinco navios se dirigiram ao Bougie e Alexandria, onde venderam os meninos aos mercados de escravos.

Segundo René Lachaud, em seu livro *Templários Cavaleiros do Oriente e do Ocidente*, no mesmo ano apareceu na Alemanha outro visionário de nome Nicolás, que afirmava que um ser parecido com um anjo lhe tinha ordenado ir conquistar Jerusalém.

Chegou a reunir entre dez e 15 mil meninos e partiu da cidade de Colônia seguindo o curso do Rin. Franqueia os Alpes e chega ao Norte da Itália.

A falta de mantimentos, o calor e os lombardos que lhes roubavam causaram estragos entre ele e o "exército" que dirigia, mas mesmo assim chegaram uns 7 mil a Gênova. Os genoveses, que viam que aqueles meninos não tinham dinheiro, negaram-se a levá-los a Jerusalém.

Vendo os meninos que não obtinham seu propósito, muitos deles se dispersaram, enquanto uns milhares decidiram dirigir-se a Roma com a única intenção de convencer o Papa de que lhes auxiliasse e ajudasse em seus propósitos, mas só conseguiram incompreensão e reversos. Já rendidos ante a impossibilidade de cumprir com seus propósitos, muitos deles voltaram para os Alpes. Mas o medo, o frio e a fome foram deixando os caminhos semeados de milhares de cadáveres. Somente umas centenas conseguiram voltar para sua pátria.

A QUINTA CRUZADA OFICIAL

Quando a filha de Conrad e de Isabel – Maria – completou 17 anos, seu tutor, Jean de Ibelin decidiu que já tinha chegado o momento de casá-la, por isso solicitou conselho ao rei Felipe Augusto; este lhe aconselhou que a casasse com um nobre de Champagne de 60 anos, de nome Jean Brienne. A ideia pareceu acertada a Jean de Ibelin e dessa forma se realizaram as bodas e posterior coroação, no dia 3 do mês de outubro de 1210, na cidade de Tiro.

Seis anos mais tarde faleceu o papa Inocêncio III e seu sucessor Honório III, preocupado pelo sentimento religioso que estavam adotando os Poulains em sua contínua relação com os muçulmanos, decidiu que já tinha chegado o momento de realizar uma nova cruzada, já que destes não esperava nada, pois lhes importava muito mais seu comércio com os árabes em seus portos de Acre, Tiro e Trípoli que fazer a guerra e reconquistar Jerusalém.

Ordenou, por isso, ao arcebispo de São João de Acre, Jacques do Vitry, que já tinha chegado o momento de recordar aos francos da existência do Santo Sepulcro e da obrigação que tinham de libertar a tumba do Salvador.

A gente lentamente começa a tomar em consideração as palavras desse arcebispo quando, inesperadamente, desembarcam em Acre com todo seu exército quatro importantes nobres: o duque da Áustria,

Leopoldo VI; o rei da Hungria, Andrés II; o senhor da Antioquia, Bohemond IV; e, finalmente, Hugo I de Lusignan, que era rei de Chipre.

Decidiu-se que todas essas forças deviam ser dirigidas pelo rei de Jerusalém, mas o monarca Andrés II se negou; somente ele poderia capitanear seu exército.

Informado por seus espiões dos problemas que existiam entre os cruzados, o sultão Melek O Adil decide aproveitar esta falta de decisão e de unidade e se dedica a minar sua moral atacando-os de surpresa para logo retirar-se e assim, entre escaramuças, mina a vontade dos francos. Por isso, a princípios de 1218, o rei Andrés da Hungria embarca com suas tropas e volta para sua terra.

O rei Jean de Brienne decide então atacar o Egito, pois conservava um capitalista exército e considerava que a conquista da Terra Santa devia começar pelo Cairo.

Os preparativos são minuciosos, tudo se realiza com supremo cuidado e, depois de dois meses de assédio, os cruzados estão a ponto de tomar a cidade de Damieta; um mês mais tarde, ao final de 1218, quase o conseguem, e o sultão Melik O Adil dando a cidade por perdida entristece, morrendo pouco tempo depois, conforme contam, penalizado pelo acontecido.

Ao sultão sucede seu filho Melik O Kamil, de caráter mais enérgico que o pai; decide não se render facilmente e prepara a resistência da cidade, enfrentando com arrojo e valentia no dia 9 de outubro Jean de Brienne, mas saiu derrotado e teve que se recolher ao Cairo deixando o passado do Delta nas mãos dos cruzados.

O sultão decide entregar Jerusalém aos cruzados em troca de que se respeite a cidade do Cairo. O rei Jean de Brienne está encantado com a proposta e a aceita, mas o legado pontifício Pélage, oriundo de Portugal, rechaça a proposta, pois em sua mente esta apoderar-se do Egito e de Jerusalém. Enquanto isso, Jean de Brienne toma a cidade de Damieta e o legado Pélage se instala como Chefe Supremo, o que origina o aborrecimento do rei, que, desgostoso, abandona o lugar e retorna a São João de Acre.

Em junho de 1221, o legado pontifício Pélage se dirige ao Cairo procurando rechaçar um segundo oferecimento feito pelo sultão do Egito, mas Pélage desconhece que é época da enchente do Rio Nilo e que o Delta se transforma em um grande pântano, embora consiga chegar a Mansura e receber de novo a ajuda de Jean de Brienne que vem resgatá-lo; o desastre já esta feito e só é amenizado porque pactua a devolução de Damieta em troca de que os muçulmanos não massacrem os cruzados.

A SEXTA CRUZADA OFICIAL

Depois deste fracasso, o rei Jean de Brienne decide viajar a Roma para entrevistar-se na cidade do Vaticano com o Papa Honório III e com o imperador Federico II, que era herdeiro do malogrado Federico Barbarroja; os domínios do imperador são imensos, já que se estendem desde a Alemanha até a Sicília, compreendendo, além disso, o norte da Itália e o Reino do Arles. Por isso é considerado como o monarca mais capitalista do momento. Embora fosse filho adotivo do falecido Inocêncio III, seus problemas com a Santa Sede são inumeráveis, não obstante Honório III espera convencê-lo de participar de uma cruzada, pois conta com o apoio do grande Mestre dos Cavaleiros Teutónicos, Fr. Hermann von Salza.

O Papa lhe propõe, tentando motivá-lo, que contraia matrimônio com Isabel, filha de Jeann de Briene, já que assim desta forma obteria a coroa de Jerusalém; a Briene parece fantástica a ideia, e o mesmo pensa Federico, apenas Felipe Augusto se mostra contrário ao enlace, já que de produzir o reino de Jerusalém se sustraeria da influência da França.

Em agosto de 1225, quando Isabel conta com 14 anos, se casa por procuração com o Federico, em São João de Acre, e é nomeada imperatriz em Atiro; no mês de novembro desse mesmo ano se celebram as bodas efetivas na cidade do Brindisi. Em 1228, a reina Isabel morre ao dar à luz um filho, Conrad IV, que automaticamente se converte em herdeiro de todos os reinos de seu pai, incluindo a cidade de Jerusalém.

Sexta Cruzada

Federico decide regentar em seu nome o reino de Jerusalém.

Já no ano 1215, Federico recebeu a Ordem Papal de realizar uma Cruzada contra o Islã, mas Federico, longe de realizá-la, se dedica a relacionar-se com artistas e sábios muçulmanos e adiar sua partida ao Oriente, ademais, recebe por duas vezes a visita do emir Fakhr O Din e além o nomeia Cavaleiro.

Sendo vítima das falações que até lhe faziam convertido ao Islã, Federico decide mandar um pequeno exército à Terra Santa para reconquistar a cidade do Sidón e construir nela a fortaleza de Montfort, que mais tarde entregaria aos Cavaleiros Teutônicos.

O Papa, farto já de suas evasivas, ordena que parta imediatamente para o Oriente, mas Federico vacila e o Papa o excomunga em dia 28 do mês de setembro de 1227.

Dez meses mais tarde, Federico embarca para a Terra Santa, embora tenha recebido a ordem Papal de não fazê-lo por estar excomungado, mas ele desobedece e toma rumo a Jerusalém, fazendo escala na Ilha de Chipre exigindo para si a soberania feudal da ilha, que está nas mãos de Jean de Ibelin; contra todo prognóstico a obtém, ridicularizando assim a nobreza francesa.

Parte do porto da Famagusta, no dia 3 de setembro de 1228, chegando no dia 7 do mesmo mês ao porto de São João de Acre. A primeira coisa que faz é ficar em contato com seu amigo emir, e lhe solicita que tenha a bem lhe entregar a Cidade Santa, como o tinha prometido em ocasião de suas visitas a Sicília, mas o Emir lhe dá um não por resposta e Federico decide dirigir-se a Jaffa com suas modestas tropas, pois apenas contava com 800 Cavaleiros e 10 mil soldados de infantaria.

No Oriente, as disputas entre Cairo e Damasco são contínuas, sendo a situação confusa; Federico, conhecedor desses fatos, decide aproveitar-se da situação e pactua um acordo com o sultão de Damasco, no qual entrega as cidades de Jerusalém, Presépio e Nazareth, além do que o sultão se compromete a deixar a livre circulação de peregrinos cristãos.

Federico também se compromete que Jerusalém seja compartilhada com os muçulmanos por ser também Terra Santa para eles e, desta forma, os cristãos recuperam o Santo Sepulcro e os muçulmanos conservam com este tratado as aplainadas do Templo e a mesquita de Al-Agsa.

Os Cavaleiros da Ordem do Templo desaprovam esse acordo, pois se veem prejudicados no trato ao perder sua casa principal; o mesmo passa ao patriarca de Jerusalém, Gérold, que em um ataque de raiva excomunga a cidade de Jerusalém.

Em 1229, Federico entra na cidade de Jerusalém e, apoiado apenas pelo Mestre dos Cavaleiros Teutônicos, se autodenomina rei de Jerusalém.

Em março do mesmo ano, o imperador abandona Jerusalém sem ter fortificado a cidade e retorna à cidade de Acre, onde manda confinar os Templários e o Patriarca Gérold, que se opõem a sua política, mas em 1º de maio se vê obrigado a partir de Acre, já que não pode justificar suas ações ante uma sociedade que pelo pacto realizado lhe é cada vez mais hostil.

A SÉTIMA CRUZADA OFICIAL

O Papa Gregório IX é quem volta a retomar a ideia de uma Cruzada e todos os nobres da França se sentem atraídos por ela. Será Thibaut IV de Champagne e Navarra quem decidirá capitanear essa Cruzada, e no mês de novembro de 1.239 já se encontra no porto de São João de Acre; seu exército está composto pelo melhor da nobreza da França.

Começa a preparar tudo com a ideia de dirigir-se em primeiro lugar a Ascalón com a intenção de arrebatar os infiéis, mas enquanto realizam os preparativos são surpreendidos pelo exército do sultão do Egito; o massacre é terrível, Thibaut com muita dificuldade consegue escapar e totalmente aflito abandona a cidade da Palestina no mês de setembro de 1240.

Em 23 de agosto de 1244, os turcos conseguem conquistar Jerusalém e os francos perdem Tiberíades e Ascalón; no ano 1245 têm que enfrentar-se com o sultão Saiam Eiyoub, que sob seu mandato havia reunificado o Império Muçulmano.

O rei Luís IX da França sente, então, a necessidade de socorrer os francos que estão na Terra Santa e volta a cruzar-se, mas cai doente em dezembro de 1244 e terá que esperar até agosto de 1248 para embarcar no porto do Aigues Mortes em sua galera favorita, Montjoie.

Faz uma primeira escala na Ilha de Chipre, onde se reúne com o rei Enrique I de Lusignan; depois dessa reunião decidem que seria conveniente atacar os muçulmanos em seus territórios do Egito. Pletórico e cheio de entusiasmo, o rei da França quer atacar imediatamente os muçulmanos, mas os Templários o aconselham que espere melhor a chegada da primavera.

Já em maio do ano 1249, parte do porto do Limassol, mas uma tempestade o atinge no dia 4 de junho a desembocadura do Delta do Nilo.

O sultão Saiam Eiyoub o está esperando em Damieta com todo seu exército.

Os cruzados se lançam ao ataque na água e a batalha é terrível, em toda parte há cadáveres, mas os franceses saem vitoriosos e os muçulmanos devem abandonar Damieta, sendo este o lugar que escolhem os cruzados para instalar-se, já que sobravam mantimentos e armas.

A lembrança da desastrosa Cruzada do legado Pélage aconselhava esperar para evitar as cheias do Rio Nilo. Essa espera foi aproveitada pelo sultão para preparar a seus mamelucos para a guerra.

Quando terminou a enchente do Nilo se acordou que teria de se apoderar primeiro da cidade da Aledria, posto que com isso se conseguiria asfixiar o Egito. Mas, já postos em marcha, interveio o Conde Robert do Artois, irmão do rei Luís, e se inclinou por dirigir-se para o Cairo, já que considerava que a conquista da Alexandria só atrasaria os planos de retomada de Terra Santa, aceitar tal proposta foi o que motivou o fracasso dessa Cruzada.

O sultão do Cairo estava moribundo e propôs aos cruzados a entrega de Jerusalém e das cidades do Ascalón e Tiberíades em troca de lhe permitir sair do Egito; o Conde de Artois se nega a aceitar a proposta e em 20 de novembro de 1249, os franceses avançam à conquista do Cairo.

O sultão morre e o sucede o emir Fakhr O Din, que espera os cruzados na fortaleza da Mansura, a qual está bem defendida por estar rodeada por um profundo canal.

A luta começa, e os franceses, suportando as queimaduras produzidas pelo fogo grego que lhes lançam os defensores da Mansura, lançam-se ao ataque, mas se afogam no canal que rodeia a fortaleza, ante o olhar horrorizado de seu rei Luís IX que, segundo as crônicas, exclamou: "meu Deus, guarde a meus homens".

O rei decide esperar o resto das tropas na borda e ordena a seu irmão, o Conde do Artois, que ocupe a retaguarda e espere que todas as tropas estejam reunidas para lançar-se à conquista da fortaleza, mas o Conde desobedece e o rei e se lança ao ataque, penetrando no campo por um vau do rio, surpreende o emir que morre em mãos de um Cavaleiro Templário.

O Conde do Artois se aviva por esse sucesso e sem esperar o apoio de ninguém se lança ao ataque penetrando em Mansura; nesse mesmo instante Baibars fica sob o camando dos egípcios.

As ruas de Mansura são estreitas e isso limita o movimento dos cruzados, que são apanhados e morrem depois desta vitória, Baibars ordena o ataque ao exército do rei Luís, que nesse momento vadeava o canal; graças à intervenção acertada dos balesteiros franceses, o rei consegue salvar-se. Não obstante dois dias mais tarde Baibars volta a atacar o acampamento francês, mas a bravura dos cruzados se faz manifesta e conseguem derrotá-lo, fazendo-o fugir para a Mansura.

O rei, que deveria ter aproveitado a retirada de Baibars para retirar-se para uma cidade ou posição mais segura, decidiu ficar ali mesmo durante 50 dias, dando tempo para que o sultão Turan Shah, filho do sultão falecido, se preparasse para a ofensiva; ele bloqueou o canal de Mansura e com uma pequena frota se dedicou a perseguir a resistência dos cruzados, que já estavam tomados pelo tifo, a fome e a sede.

Doente, o rei decide que tinha chegado o momento de retirar-se para a cidade da Damieta, mas era muito tarde; os mamelucos rodeavam os franceses e o rei Luís IX cai prisioneiro. Turan aceita pôr em liberdade ele e o restante de seu exército, em troca de 500 mil Libras Tornesas, mas Baibars ordenou matar o sultão e toma as rédeas das negociações.

Como o rei e seus nobres não tinham dinheiro suficiente para pagar, decidiram pedir aos Templários, mas estes responderam que segundo sua regra não podiam dispor do dinheiro da Ordem, posto que era proibido, e sem a conseguinte autorização não podiam tocá-lo, por isso interveio o Senhor do Joinville e, rompendo com uma tocha o cofre, retirou todo o necessário para pagar o resgate, conhecedor sem dúvida de que os Templários jamais levantariam sua espada a um cristão e menos se este vinha com encargo real, já que essa falta superaria a de deixar-se pegar o dinheiro.

O rei Luís foi posto em liberdade no dia 8 do mês de maio de 1250.

O rei permaneceu outros quatro anos mais na Terra Santa dedicando-se a fortificar os lugares fortes de Jaffa, Cesarea, Sidón e São João de Acre. Além disso, tentou negociar com os mongóis e com os assassis,

Em 24 de abril de 1254, em consequência da morte de sua mãe, a rainha Branca da Castilla, vê-se obrigado a abandonar o Oriente, deixando aos Poulains, monges soldados e mercados italianos encetados em questões.

Para deter o avanço mongol, segundo René Lachaud, os barões franceses se aliam com os muçulmanos, isso permite obrigar que os mongóis se retirem para o Leste.

Baibars é o amo absoluto do Islã e logo volta a sentir a necessidade de expulsar os cristãos da Terra Santa, por isso a princípios de 1265 arrebata Cesarea, Safed, Beaufort, Arsuf e por último a cidade de Trípoli. Luís

IX da França (a quem logo lhe chamaria São Luís) decide voltar a realizar uma Cruzada para socorrer os francos e dar seu castigo ao sultão Baibars, mas chegando às costas de Tunísia falece, deixando os cristãos totalmente abatidos.

Enquanto isso, Baibars, que não descansa, segue expulsando os cristãos do Oriente. Para isso, conquista a fortaleza do Chastel Blanc que estava nas mãos dos Templários, e depois a Ordem do Hospital que havia na Síria; quando só falta atacar São João de Acre, a luta de Baibars e o rei Eduardo da Inglaterra com um exército imponente que faz empalidecer ao Baibars lhe obrigando a suspender o ataque. Assina com ele um tratado de paz que durou dez anos e dez meses.

Esta foi a última cruzada que se realizou, logo se perdeu à alvorada do mês de maio de 1287 o último baluarte cristão São João de Acre, sendo a fortaleza do Templo o último reduto que aguentou a defesa da cidade, já que a base das muralhas foi minada e a fortaleza desabou sepultando Templários e muçulmanos.

Capítulo XXVI

As Outras Ordens

Previamente à existência e até o final da Ordem do Templo e já fora no Ocidente ou no Oriente, existiram outras Ordens similares à do Templo que de algum jeito influíram em sua criação ou, quando menos, contribuíram com ela no estabelecimento e fortalecimento do Cristianismo na Terra Santa, e algumas delas continuaram com sua tradição quando a Ordem foi suspensa por Clemente V; entre as mais importantes estão:

A ORDEM DO AMUS

Na Palestina Bizantina, do século VIII, surgiu outra ordem mística: a Ordem dos Solitários ou Kadosh. A palavra "solitários" faz alusão à experiência dos famosos ermitões do começo do Cristianismo que se retiraram, renunciando asceticamente às ilusões do mundo, para os desertos da Tebaida do Sinai, da Judeia ou da Síria. Kadosh é uma palavra hebreia que significa "vingadores" e correspondia a uma função espiritual em outra seita mística, os essênios das ribeiras do Mar Morto.

A doutrina do Amus se estabeleceu em Jerusalém e ensinava a seus adeptos noções fortemente impregnadas da gnosis alexandrina. Alguns de seus membros tinham vida solitária e outros consagravam grande parte de seu tempo à acolhida de peregrinos cristãos que deviam orar sobre a tumba de seu salvador.

Por volta do ano 800, um tal Arnaud, nobre provençal, efetuou um périplo na Terra Santa e entrou em contato com os solitários; em sua volta fundou em Toulouse, no ano 804, uma ordem a que deu o nome de Amus. Essa Ordem teve seu desenvolvimento entre os séculos IX e

XI, sobretudo no condado de Toulouse. Não era uma Ordem jaqueta, pois privilegiava o estudo e a busca do espiritual.

Essa Ordem serve de enlace entre as terras occitanas, a Espanha mourisca e Oriente no âmbito das ciências, como a Alquimia ou a Medicina; estas eram umas ciências conhecidas pelo Sub-Rosa.

Entre seus membros se contavam o Papa Silvestre II; o Conde de Toulouse, Raymond do Saint Gilles; um dos investigadores da Primeira Cruzada, Godefroy do Bouillon; o rei da Inglaterra, Enrique I Beauclerc; e os nove fundadores da Ordem do Templo.

A ORDEM DOS DRUSOS

Lá pelo século X reinava no Cairo um estranho califa de nome Al Akim; durante o dia atendia suas obrigações palacianas, mas ao chegar a noite se disfarçava de Fellah e montado em uma mula passeava pelas ruas da cidade para escutar seu povo e assim saber o que falavam.

Era um amante da Astrologia e da Alquimia, duas ciências que o apaixonavam e que praticava em um laboratório oculto. Al Akim favoreceu a criação de bibliotecas e a floração do Madraza na capital de seu reino.

O califa passava horas e horas lendo velhos manuscritos que se conservaram ao longo dos anos.

Sua fé religiosa era em um Islã, muito singular, já que se notavam as correntes de influência da Índia, Pérsia e da antiga terra dos faraós. Não aceitava o fanatismo religioso e este foi o motivo que esgrimiu quando ordenou arrasar e destruir o Santo Sepulcro de Jerusalém.

Contam os escritos que uma noite abandonou seu palácio e subiu a colina do Mokatan, na qual se divisa Cairo. Ninguém soube nada mais dele. Seus discípulos asseguram que subiu ao céu em sua mula favorita e que retornará ao final dos tempos.

Seus discípulos recolheram suas palavras e ensinamentos em um livro sagrado chamado: *O Kitab O Ekhmet*, ou *Livro da Sabedoria*.

Já no século XI seus principais seguidores eram os ferozes Drusos, que, segundo Rene Lachaud, habitavam as altas montanhas do Líbano. Segundo Lachaud, os Drusos sobreviveram a todas as adversidades e estão organizados em dois grupos claramente diferenciados:

- Os Jakils (ou guerreiros).
- Os Akils (ou Sábios).

Acreditam na reencarnação e seu misticismo é uma síntese entre o Cristianismo, o Judaísmo, o Islã Xiita e o culto semita de um betilo negro que estaria oculto perto do antigo Balbek.

Segundo Lachaud, jamais se conseguiu nada no Oriente sem a intervenção dos Drusos e, durante a época das cruzadas, mantiveram constantes relações com os assassins e os Cavaleiros da Ordem do Templo.

É sabido que se relacionavam segundo as circunstâncias ora com os cristãos ora com os muçulmanos, é por isso que se diz que alguns Cavaleiros da Ordem do Templo encontraram refúgio entre eles na queda da cidade de São João de Acre.

A ORDEM DOS IRMÃOS DO ORIENTE

No século XI, um tempo decididamente fértil em buscas espirituais, vivia um tal Michel Psellos, sábio ministro do imperador Bizantino Isaac Conmeno. Muito antes de o sábio Psellos exercer sua função como político teve a ocasião de viajar muito, realizando largas estadias pelo Vale do Nilo e no Oriente, também ao longo de sua vida passou três anos pelos monastérios inacessíveis que há no monte Atos; ali aprendeu o hermetismo especulativo e a Alquimia.

Já de retorno à cidade de Bizâncio e sendo distinto com uma função de caráter prestigioso, fundou uma Ordem de caráter iniciático: a dos Irmãos do Oriente. Essa Ordem era uma fraternidade de construtores que obravam na esfera da arquitetura e desenvolveram sobre uma fonte cristã uma filosofia fortemente impregnada da doutrina da antiga e prestigiosa escola de Atenas.

As fraternidades desses irmãos construtores semearam com amostras de sua bela arte todo o Império do Bizâncio, desde as ribeiras do Bósforo até as do Nilo. Os Templários os acolheram entre eles quando começaram a construir seus castelos, vilas fortificadas e igrejas na Terra Santa. Sua influência está tão patente nas construções da Síria ou Palestina que é impossível que possa passar despercebida.

Estavam organizados em três Graus:

- Discípulos.
- Adeptos.
- Professores.

Hugo do Payens e Hugo de Champagne, durante sua primeira viagem ao Oriente, estiveram um tempo na cidade de Constantinopla onde entraram em contato com essa Ordem dos Irmãos do Oriente e seus dirigentes.

A ORDEM DE SÃO JOÃO DE JERUSALÉM

✠ Ordem dos Cavaleiros Hospitalares
✠ Ordem dos Cavaleiros de São João de Acre.
✠ Ordem dos Cavaleiros de Roda.
✠ Ordem dos Cavaleiros Malta.

Corria o século XI quando uns mercados do Amalfi fundaram em Jerusalém um hospital albergue para a hospedagem e cuidado dos peregrinos que foram à Terra Santa. Esse hospital estava a cargo de piedosos varões do Amalfi, os quais tinham votos monásticos e estavam sob as ordens de um prior, que dependia das autoridades beneditinas da Palestina.

O governador muçulmano expulsou os amalfitas que tinham a seu cargo o hospital.

Em 1095-1096, uma vez que conquistou Jerusalém Godofredo do Bouillon (primeiro rei de Jerusalém) outorgou importantes doações ao hospital que se converteu no principal centro de ajuda aos peregrinos.

O hospital tinha capacidade para 2 mil pessoas e nele havia uma igreja dedicada a São João Batista. Por causa da importância adquirida, o prior Gerardo do Tom desvincula o hospital das autoridades Beneditinos de Jerusalém, fundando uma congregação que levou por nome Irmãos Hospitalares de São João de Jerusalém. Redige-se uma nova regra inspirada em Santo Agostinho aprovada na 1113 pelo Papa Pascal III.

Essa Ordem não oferecia amparo armado aos peregrinos; limitava-se a tarefas de cuidar de doentes e hospedar peregrinos.

Raymundo do Puy, prior do hospital (1118-1160), tomando exemplo dos Cavaleiros Templários, decidiu acrescentar à Ordem Cavaleiras com os votos religiosos de castidade, obediência e pobreza, preparados para defender com as armas aos peregrinos. Cria-se assim a segunda Ordem militar e hospitalar (recordemos que a primeira Ordem militar era a dos Cavaleiros do Templo, 1118-1314). A divisa desses Cavaleiros era e é uma cruz branca.

Quando o sultão Saladino os jogo de Jerusalém e ao conquistar os cristãos São João de Acre se estabeleceram na cidade, mas ao ser expulsos dali pelos infiéis, em 1291, recorreram ao rei do Chipre para estabelecer-se em seus estados.

No Chipre, tampouco estavam seguros, perseguidos continuamente pelos sarracenos e o rei que lhes tinha imposto uma exagerada capitulação. O Grande Mestre propôs retirar-se à Ilha de Roda e esperar ali o momento para voltar a entrar na Palestina.

Não tendo contingente suficiente para esta empresa de submeter a Ilha de Roda, o Grande Mestre pediu aos cristãos do Ocidente uma nova Cruzada, sem revelar o objetivo dela.

Os cristãos foram à chamada e sitiaram a ilha, que depois de quatro anos de assédio cedeu e passou a ser dos hospitalares, em 1310, convertendo-se em um lugar estratégico por dois séculos.

Muitas foram suas lutas contra os turcos.

Em 1455, às ordens do grande prior da Auvérnia, Jacobo do Millay, rechaçaram o ataque dos turcos.

Em 1480 se apresenta diante da Ordem de Roda Mahomet II com uma frota de 160 navios e 100 mil homens; a luta foi feroz mas os Cavaleiros de Roda obtiveram a vitória.

O sultão Solimão, o Magnífico, em 1522 com uma frota de 400 naves e 140 mil homens atacou a ilha; depois de uma forte resistência, em dezembro de 1522 capitularam e abandonaram a ilha. Após andar errantes pela Cândida, Sicília e Itália, Carlos V lhes cedeu a Ilha de Malta que foi a última residência da Ordem.

Admitidos na Ordem de Malta, dividiram-se em três grupos:

Cavaleiros se admitiam aquele a quem sua nobre linhagem ou a fila que tinham ocupado nele exército.

Capelães-sacerdotes e clérigos.

Irmãos serventes se admitiam os irmãos leigos que se recrutavam entre cidadãos que não eram nobres nem eclesiásticos. Para ser admitidos tinham que ser filhos de pais honrados que não tivessem exercido ofícios servis.

O hábito dos Cavaleiros de Malta consistia em uma túnica negra.

Com uma capa da mesma cor, eram obrigados a levar, no lado esquerdo, a cruz branca de oito pontas chamada cruz das oito beatitudes, essas pontas significavam ao que tinham de aspirar:

- Possuir o contente espiritual.
- Viver sem malícia.
- Chorar os pecados.
- Amar a justiça.
- Ser misericordiosos.
- Ser sinceros e limpos de coração.

- Sofrer com paciência as perseguições.
- Humilhar-se ao ser ultrajados.

OS CAVALEIROS TEUTÔNICOS

A Ordem dos Cavaleiros Teutônicos foi instituída em Jerusalém no ano 1128. Seus Cavaleiros eram de origem alemã; com o nome de Irmãos da Santa Maria seguiam a regra de Santo Agostinho, tendo além disso seus estatutos particulares muito semelhantes aos dos Templários. Seu primeiro Grande Mestre foi Enrique Waldptt, do Vassenheim, que fixou sua residência perto de São João de Acre.

O Papa Clemente III aprovou a instituição lhe dando o nome de Ordem Teutônica.

Os Graus interiores da Ordem Teutônica eram os mesmos dos Templários. Seu hábito estava composto por uma capa branca, em cujo lado esquerdo debaixo do ombro e à altura do coração levavam uma cruz negra com adornos de prata.

Para ingressar na Ordem Teutônica era mister ter completo, como mínimo, os 15 anos e ser robusto e de forte constituição para suportar melhor as fadigas das guerras.

Tinham o trato proibido com as mulheres até o ponto de que não lhes era permitido beijar nem a sua própria mãe ou irmã, não possuíam nenhum bem e suas celas deviam ter as portas abertas para que todo mundo visse o que faziam.

Suas armas não podiam ser nem douradas nem chapeadas e, como os Templários, viveram durante muito tempo com humildade e pobreza.

Em São João de Acre ficava sua principal residência.

Dependia na Prússia de um Mestre provincial ou preceptor, subordinado ao Grande Mestre e ao Capítulo Geral da Ordem.

O Mestre nos assuntos de maior interesse tinha que pedir conselho ao capítulo geral, mas ele era o encarregado de executar o que era acordando e lhe correspondia fazer a guerra, assistido por um marechal que fazia as vezes de vigário, em tempos de paz, e de conselheiro e de ajudante, em campanha.

Em todos os distritos havia comendadores encarregados das rendas, de exercer a justiça, de fazer as vezes de polícia e de administrar as questões militares.

Em um número de 16, constituíam o conselho do Preceptor e tomavam parte com ele no governo.

Enquanto em alguns países o Chefe de Estado carecia da força necessária para o cumprimento de suas ordens, ali onde residia a Ordem Teutônica o Chefe de Estado contava com uma força poderosa permanente, que em alguns casos chegou a formar parte do governo.

Os bens com os quais chegaram a contar os protegeram dos problemas tão comuns que existiam nos governos daquela época, pois se viam obrigados a comprar com ruinosos privilégios a condescendência de seus vassalos.

O voto de obediência que os Cavaleiros pronunciavam, que encadeava sua vontade ao vínculo capitalista da religião e da honra, davam ao governo, para quem militavam uma disciplina pelo resto desconhecida.

Esses Cavaleiros conquistaram Prússia, Livônia e Curlândia, e desde princípios do ano 1284 foram donos e senhores de todo o país compreendido entre o Vístula e o Niemen.

Chegado o ano 1399 abandonaram a cidade de Veneza, residência do Grande Mestre por cerca de 20 anos, e escolheram a cidade de Marienburg.

Quando a Ordem estava em seu maior apogeu, o luxo corrompeu sua fé religiosa e várias lutas interiores pela eleição dos Grandes Mestres levaram a Ordem Teutônica à decadência.

A ORDEM DE SÃO LÁZARO

Séculos antes de se iniciarem as Cruzadas, já existiam na Terra Santa instituições caridosas que cuidavam dos peregrinos que iam visitar os lugares testemunhas da vida e paixão de Cristo. Da tira de Jerusalém de 1099, resultado da Primeira Cruzada encabeçada por Godofredo do Bouillon, os monges de São Lázaro, ocupados no cuidado dos leprosos, apressaram-se em oferecer seus cuidados e serviços. É importante assinalar que os lazaristas acolhiam qualquer Cavaleiro ou monge-guerreiro de outra Ordem que houvesse contraído a enfermidade da lepra e, sempre que guardasse sua Regra, era bem recebido entre eles. Alguns Cavaleiros que participaram das Cruzadas tomaram o papel dos monges anteriores, e desde 1115 formaram uma comunidade independente entre as Ordens orientais, tomando a Regra de Santo Agostinho. Sobre este tema, pode-se citar uma bula de Pascal II, que confirma a Regra, e outra no ano 1255 do Papa Alejandro IV, que, dois anos antes, tinha-os posto sob o amparo da Santa Sé. Enquanto isso, os Cavaleiros de São Lázaro tomavam parte em uma desventurada batalha, a da Gazza, em 18 de outubro de 1244, em que pereceram todos eles. Nenhum só sobreviveu a tal combate. Temos de pensar que eram Cavaleiros com uma larga experiência nas batalhas que se produziam contra os infiéis na Terra Santa, posto que normalmente procediam de outras Ordens e sabiam que o fim de seus dias estava próximo. Pela enfermidade contraída, deviam ter muito assumida a morte e o fato de morrer em combate; aliviava-lhes em muitos casos o suplício que lhes produzia a enfermidade, por isso deviam ter grande arrojo e coragem e uma valentia quase temerária ao entrar em combate.

Os Cavaleiros de São Lázaro também lutaram sob a direção de São Luís, juntamente com os Cavaleiros do Templo, os do Hospital e os Teutônicos, em outra desastrosa batalha, a de Mansourach (1250), e também formaram parte das Cruzadas de São Luís e nas expedições à Síria (1250 a 1254). A fortaleza de São João de Acre, em poder dos cristãos da Primeira Cruzada, foi assediada pelos soldados do sultão do Cairo. Os Mestres das Ordens da Templo e de São Lázaro estavam ao mando dos defensores. Ambos os chefes morreram lutando heroicamente na batalha, e depois de uma férrea resistência, São João de Acre caiu em poder dos muçulmanos, em 1291. E com esse fato se tinha produzido a queda de todo o reino latino de Jerusalém. Antes que acontecesse isso, a Ordem de São Lázaro, reconhecida por vários Pontífices, entre eles Paulo V e Inocêncio IV, teve na Palestina grandes posses e territórios, mas quando o sultão Saladino ocupou Jerusalém, deu um ano de prazo às Ordens Hospitalares para que abandonassem a cidade.

O rei da França, Luís VII, tinha empreendido a Segunda Cruzada ao voltar para seu país; no ano 1149, levou com ele 12 Cavaleiros da Ordem de São Lázaro, e em 1154 fez doação à Ordem de São Lázaro o castelo do Boigny, para que estabelecesse ali sua encomenda geral, estendendo a Ordem por numerosas cidades da França. Por outra parte, certo nobre inglês, que admirava a Ordem de São Lázaro, introduziu na Inglaterra os lazaristas, que fixaram seu domicílio na cidade do Burton.

Tudo isso provocou uma grande mudança na Ordem, já que, protegida pelos reis, chegou um momento em que foi mais capitalista na Europa do que jamais foi na Ásia. Mas voltando para seu aspecto militar: depois da queda de São João de Acre, os lazaristas que sobreviveram foram se refugiar na Ilha do Chipre com os Templários. Outros se estabeleceram na Sicília, em Cápua, lugar de onde foram dividindo-se por toda a Itália. A parte francesa do Boigny e a italiana da Cápua foram as mais importantes, mas isso não foi nenhum inconveniente para que fundassem priorados e encomendas, (além da do Burton) na Hungria, Flandes e outros países da Europa.

Em 1490, o Papa Inocêncio VIII decidiu unificar a Ordem de São Lázaro com a de São João de Jerusalém, mas o ramo francês continuou autônomo, por isso o Papa Leão X anulou a unificação ordenada por Inocêncio VIII. Por sua vez, o rei da França, Henrique IV, uniu a Ordem de São Lázaro à do Carmelo, já que esta última adoecia e era conveniente sua unificação com outra mais capitalista para assim poder atender melhor aos doentes.

Mas a Ordem de São Lázaro não desatendia nem suas obrigações militares nem sua luta contra os turcos. No século XVII, armou uma frota para combater os corsários e piratas, escolhendo o porto e a cidade de Saint-Maló como o centro de suas operações marítimas. A Ordem chegou a reunir até dez fragatas e lutou valorosamente defendendo a segurança das costas da França.

Nesse mesmo século, o Papa Gregório XIII ditou uma bula pela qual ordenava unir a Ordem de São Maurício à de São Lázaro, formando-se assim a chamada Ordem de São Maurício e São Lázaro, e que foi uma das mais distintas da Itália. Ocorreu algo semelhante à ocasião anterior, quando outro Papa tratou de incorporá-la à de São João de Jerusalém. O Priorado da Sicília acatou a bula pontifícia, mas não ocorreu o mesmo com o Grande Mestre dos Lazaristas do Boigny, que, com vários priorados e encomendas, continuou sua vida de forma independente. Entre os Grandes Mestres do século XV, cabe citar Francisco de Borbón, os marqueses do Nerestang, do Luvois, do Dangeau, o duque do Berry, depois Luís XVI e logo o conde Provenza, mais tarde rei com o título do Luís XVIII. Como Cavaleiros da Ordem de São Lázaro em outros países, podem citar-se aos czares da Rússia, Pablo I e Alejandro I e o arquiduque Leopoldo da Áustria. O rei Luís XVIII da França e mais tarde Carlos X declararam-se protetores desta Ordem.

Na França havia três importantes Ordens muito antigas: a de São Luís, São Miguel e do Espírito Santo. E junto a elas figurava a Ordem de São Lázaro. Essas eram exigências que o ingresso à Ordem de São Lázaro: impunha nove graus de nobreza, sem princípio conhecido, ou remontando-se à data incerta.

Passados os tempos de guerra, a Ordem de São Lázaro permaneceu sem se extinguir. Atualmente se acha representada na França, Alemanha, Itália, Holanda, Suíça, Portugal e, naturalmente, na Espanha. Com data 26 de junho de 1935 registrou a Ordem seus Estatutos na Espanha. Em 9 de maio de 1940 foi reconhecida com caráter oficial e declarada de utilidade pública em todo o território nacional, por ordem que se publicou no *Boletim Oficial do Estado* no dia 10 do mesmo mês.

Seu regulamento da luta contra a lepra, aprovado por Decreto de 8 de março de 1946, concede e atribui à Ordem Militar e Hospitalar de São Lázaro de Jerusalém importantes missões. Os componentes dessa Ordem se dividem em dois grupos: os membros e os afiliados. Só os primeiros e até entre estes, os Cavaleiros de Justiça, podem assistir aos Capítulos de seus respectivos Priorados. Além dos de Justiça há os de

Devoção. Todos podem ser Cavaleiros, damas ou eclesiásticos, mas é absolutamente preciso professar a religião católica.

Os membros, Cavaleiros de Justiça, estão obrigados a provar de maneira indubitável a legitimidade de seus ascendentes até o segundo grau civil, inclusive a nobreza de cem anos de dois de seus sobrenomes, um dos quais sempre será o primeiro pela linha paterna e o outro, bem o segundo da citada linha, ou o primeiro da materna; isso ratifica a eleição do pretendente ao ingresso. Os Cavaleiros de Justiça usam como distintivo uma cruz das oito beatitudes verde bordada sobre o fraque ou o uniforme, assim como em seus mantos de capítulo. As categorias são: Grande Colar, Grande Cruz, Comendador e Cavaleiro. Só os membros, não os afiliados, estão autorizados a usar o uniforme da Ordem, de pano azul-escuro, com pescoço e bocamangas brancas, galões e calça agaloada. Sabre ou espada dependem dos atos. Chapéu pontudo e botas de verniz. A Ordem está regida pelo Grande Mestre que tem caráter vitalício e fica autorizado a nomear um ajudante. Também existe um Conselho Supremo Consultivo que orienta o Grande Mestre naquelas matérias em que se solicita seu parecer. Os afiliados, aqueles que praticam provas de nobreza, são denominados como "nobres de mérito" e os dispensados delas são considerados unicamente como "de mérito". Tanto os primeiros como os segundos podem ter os mesmos Graus que os membros, mas não levam a cruz bordada. Para estes, existe a cruz denominada de "Mérito", dividida em quatro categorias, assim como medalhas, concedidas por relevantes serviços.

A ORDEM DE MONTESA

Fundam-se no século XIV duas novas Ordens militares na Península Ibérica: no Reino de Valência, a Ordem de Montesa, e em Portugal a Ordem de Cristo. Ambas foram as sucessoras do Templo abolido em 1312.

O que segue a seguir é um curto resumo histórico da Ordem de Montesa.

Depois de grandes negociações, o Papa João XXII e Jaime II acordaram que os bens Templários no reino do Aragão e no Principado da Catalunha, passassem à Ordem de São João, mas os bens do Templo no reino de Valência assim como os da mesma Ordem na Maiorca passariam a ser de uma nova Ordem militar. A essa nova Ordem o rei deu o castelo de Montesa de que tomaria seu nome, a Ordem da Santa Maria de Montesa.

Essa Ordem era como um ramo da Ordem da Calatrava, João XXII deu o encargo ao Mestre da Calatrava, D. García López, a tutoria da Ordem de Montesa e este, por sua vez, a delegou ao frei Gonzalo Gómez, comendador maior do Alcanhiz.

Na capela real de Barcelona, em 22 de julho de 1319, ante o rei e toda a corte, o comendador recebia a nova Ordem e impunha o hábito aos três primeiros Cavaleiros freis de Montesa, e por delegação do Papa o abade do Santes Creus nomeou um destes três Cavaleiros professos como (Guillem Eril) Primeiro Mestre da Ordem de Montesa, e o rei apresentava ao recém-renomado Mestre oito nobres Cavaleiros que das mãos do Guillem do Eril receberam o hábito da Ordem de Montesa. Tinha nascido assim a Ordem da Santa Maria de Montesa.

Sob a regra do Cister, a Ordem de Montesa guardando fidelidade aos reis do Aragão em suas empresas militares, já na península ou fora dela, foi digna sucessora da brilhante tradição da Ordem do Templo.

O hábito da Ordem de Montesa era manto branco com cruz negra, mais tarde foi modificado substituindo a cruz negra por uma cruz vermelha.

Na Idade Moderna, as quatro ordens (Alcântara, Montesa, Calatrava e Santiago) vestiram traje negro, diferenciando-se unicamente pela cor ou a forma da cruz.

A cruz vermelha e negra de Montesa foi modificada pelo rei Alfonso XIII em 12 de abril de 1913 pela antiga cruz negra, mas com uma cruz plaina vermelha no centro.

Ordem de Santiago
Ordem de Alcântara
Ordem de Calatrava
Ordem de Montesa

A Ordem de Montesa foi abolida juntamente com as outras Ordens espanholas em 1873 pela Primeira República.
Em 1874, voltaram a se restabelecer.

MESTRES DA ORDEM DE MONTESA

1. Guillén do Eril (1319)
2. Arnaldo de Soler (1320-1327)
3. Pedro do Tous (1327-1374)
4. Alberto do Tous (1374-1382)
5. Berenguer March (1382-1409)
6. Romeo da Corbera (1410-1445)
7. Gilaberto do Montsoriu (1445-1453)
8. Luís Despuig (1453-1482)
9. Felipe Viva do Canhamás (1482-1484)
10. Felipe do Aragón e Navarra (1484-1488)
11. Felipe Viva do Canhamás (1488-1492)
12. Francisco Sanz (1493-1506)
13. Francisco Bernardo Despuig (1506-1537)
14. Francisco Lanzol do Romaní (1537-1544)
15. Pedro Luís Garcerán da Borja (1545-1592) (Incorporação à Coroa, 1592)

Existiram algumas Ordens, mas as de maior importância das que destacaríamos são a de Calatrava e a dos Pobres Cavaleiros de Cristo, que se fundou em Portugal, da extinta Ordem do Templo.

Capítulo XXVII

Os Grandes Mestres

Antes de terminar com este resumo geral do que significou a Ordem do Templo em todo o período histórico em que existiu (200 anos), vamos fazer insistência em seus 22 Grandes Mestres principais ou de Ultramar, que era como ficaram conhecidos.

Estes importantes personagens (porque não se pode esquecer que estão à cabeça do exército mais poderoso, mais organizado e mais rico do mundo conhecido, de fato se dizia que virtualmente detinham o Grau de Príncipes) tiveram diferentes destinos. Uns passaram rápido como cometas e outros ostentaram durante muito tempo seu cargo. Temos de recordar que os Grandes Mestres eram escolhidos pela vida, à semelhança da Papa. Às vezes morriam em combate, como foi o caso do Bernard do Tramelay, Gerard do Ridefort, Armand do Piregord, Guillaume do Sonnac e Guillaume do Beaujeu que morreram com a espada na mão. Outros como Odon do Saint-Amand morreram na prisão, onde o tinham encarcerado os muçulmanos porque negou que a Ordem pagasse o resgate. Alguns renunciaram à vida da Ordem como Pierre do Montaigu, que se demitiu, ou Evrard de Varre, que se converteu em monge. Não podemos esquecer o caso do Arnaud de Torroge que foi feito prisioneiro e liberado sob a promessa de não voltar a elevar-se em armas contra os muçulmanos. Por essa razão se demitiu e se converteu em um grande preceptor da Ordem, uma classe de altos dignatários Templários que segundo se diz terei de procurar a "Tropa Secreta" da Ordem; já, por último, quisemos deixar o caso do Grande Mestre Jacques de Molay, em cuja pessoa se cometeu um dos maiores assassinatos jurídicos da história, já que foi condenado e queimado na fogueira pela Inquisição, sendo, como se sabia e se sabe, totalmente inocente. (Prova disso é o documento encontrado pela doutora Bárbara Frale no Arquivo

Secreto de Vaticano, no qual o Papa Clemente V "desculpa" e absolve a Ordem de todas as acusações que lhe imputam, à parte de reconhecer a inocência de seus altos dirigentes. Este documento se assinou no verão de 1308, um ano depois da detenção dos Cavaleiros na França e quando J. B. de Molay se encontrava detento em Avignon.)

Os Grandes Professores Templários, em geral, estiveram à altura de seu cargo; embora é certo que se pode reprovar Molay por não reagir de outra forma quando o capturaram em 13 de outubro do ano 1307 e se deixou influenciar por pessoas que ele considerava "amigas", mas que na realidade apenas procuravam enriquecer-se à custa da destruição da Ordem.

Embora seja estranho para alguns, foram 22 os Grandes Mestres, nenhum mais nenhum menos, embora haja quem goste de introduzir nesta lista algum Mestre provincial por simpatias ou equívocos, mas a realidade é que foram 22. Citaremo-los a seguir, assim como as datas em que adotaram a responsabilidade do destino da Ordem e dos Cavaleiros de Templo.

Nem sempre foram chamados "Grandes Mestres", isto tão somente aconteceu a partir do ano 1153, anteriormente só eram chamados Mestres (este cargo passou a pertencer aos Mestres chamados Provinciais), entretanto embora fossem chamados Grande Mestres, assinavam suas atas como *Magister Humilis*, ou *Magister Militiae Templi*. O eleito de forma obrigatória tinha que ser Cavaleiro e com muita frequência havia desempenhado um cargo importante na Terra Santa.

A autoridade do Mestre é real mas não absoluta, pois esta limitada pelas ações do capítulo ou do convento (hoje chamado Conselho Magistral). Os Irmãos do Templo devem obedecer ao Mestre e este deve consultar e, em caso de discrepância, aceitar a decisão majoritária que aqueles que compõem o Capítulo ou Conselho Magistral decidiram.

Antigamente, só com a vênia do Capítulo e o voto majoritário de seus membros podiam:

- Modificar ou acrescentar um artigo à Regra.
- Concluir um tratado.
- Alienar ou vender os bens da Ordem.
- Nomear os Grandes Comendadores de Províncias.
- Dispor do Tesouro.
- Aceitar uma candidatura.
- Retirar o hábito ou condenar à perda da casa.

O estudo particular dos 22 Grandes Mestres nos permite, analisando a personalidade e as ações de cada um, valorar melhor essa nobre e estressante função.

De início, vamos examinar a composição de sua "casa":

• Em suas relações com os soberanos, o Mestre de Templo detinha a fila de Príncipe e sua casa devia estar à altura dessa posição.

Estava composta por:

• Um Capelão, irmão da Ordem.
• Dois escudeiros, encarregados de suas armas.
• Um secretário permanente ou dois, que às vezes podia ser muçulmano (sobre a tudo da Terra Santa).
• Um Turcópole (que era um muçulmano convertido ao Cristianismo conhecedor do terreno e dos costumes locais na Terra Santa).
• Um cozinheiro.
• Dois criados e um Marechal Irmão.
• De dois a quatro Cavaleiros o escoltavam em todos os seus deslocamentos e cavalgavam atrás dele.

Em Campanha sua casa era redonda em lembrança ao Santo Sepulcro; levantava-se no meio do acampamento com o Bausante plantado à entrada.

O Cetro deste "príncipe" era uma fortificação que tinha o tamanho aproximado de uma toesa que projetava para o céu uma espiral que tinha gravada a "Cruz Paté" escarlate. As raízes desta singular fortificação ou ábaco remontam ao parecer à fraternidade pitagórica.

E agora os deixamos com os 22 Grandes Mestres do Templo (1118-1314):

HUGUES DE PAYNS (1118-1136)

Hugo de Payens ou Hugues de Payns, segundo René Lechaud, nasceu por volta 1080 e morreu em 24 de maio de 1136. Seu lugar de origem é controvertido.

Uma ata encontrada em 1897 declara que nasceu no Mahun, na Comuna do Saint-Symphorien no Ardéche, perto do Annonay. Em outra ata da Biblioteca do Carpentras, datada em 1130, menciona-se como lugar de nascimento Viniers, outro povo do Ardèche, sede de um importante bispado nessa época.

O historiador espanhol João G. Atienza afirma ter descoberto nos arquivos do século XVIII da Biblioteca Nacional de Madri notícias de um tal Hugo de Pinheiros, nascido em Calcinha, na província de

Barcelona, que, para ele, é o verdadeiro Pai dos Templários. Mas provavelmente se trata de homônimos, e a maioria dos investigadores opina que Hugo nasceu em Champagne.

Foi armado Cavaleiro e, segundo R. Lechaud, possuía, na qualidade de Senhor do Montigny, as terras do Payens, situadas a uma dezena de quilômetros do Troyes, na borda esquerda do Sena. Possuía também outro feudo perto do Tonnerre.

Nos diferentes documentos que lhe concernem, a ortografia é Hugues de Pães, Hugo do Paencis e Hugues de Payns ou de Payens. Guilherme de Tiro o chamava "Foge do Payens delez Troies".

Contraiu matrimônio com a dama Eremburgue de quem enviuvou em 1126. Dessa união nasceu um filho, Thibaud, que viria a ser abade do monastério do Sainte Colombe. Estão comprovados seus grandes e estreitos vínculos com a poderosa família dos Condes do Champagne.

Há quem diga que era primo de São Bernardo do Clairvaux, já que este o chamava "Carissimus meus Hugo".

Nada permite afirmar que tivesse participado junto a Godofroy do Bouillon na Primeira Cruzada. Teria chegado à Terra Santa no ano 1104 como membro da peregrinação organizada pelo Conde Hugo de Champagne.

Por volta de 1110 participou, com Jeoffroy de Saint Omer, na construção da Torre que futuramente seria o castelo Pèlerin. É duvidoso que tenha permanecido sempre no Oriente. Mas bem se acredita que efetuou várias viagens de ida e volta entre a França e Síria antes de pronunciar os votos definitivos em 1119. Em 1108, se encontra no Gisors o rastro de um De Payns a quem o rei Luís XIV, o Gordo, confiou a vigilância da fortaleza antes de devolver no ano seguinte ao rei da Inglaterra, Enrique Beauclerc. A ausência do nome de pilha impede de reconhecer neste homem o fundador dos Templários.

A partir de 1119 parece que fixou sua residência em Jerusalém com a ideia de fundar uma Ordem de monges – soldados a quem deu seu próprio brasão "uma Cruz Paté de gules em campo de prata".

Sua presença é indiscutível nos grandes momentos que constituíram a gênese da Ordem:

• 25 de dezembro de 1119: juntamente com Geoffroy de Saint Omer pronuncia, diante do rei Badouin II e o Patriarca de Jerusalém Gormón do Piquigny, os três votos de: castidade, pobreza e obediência e se compromete a vigiar as rotas de peregrinação e os poços de água potável. O rei lhes outorga uma ala de seu palácio, situado em recinto do antigo Templo do Salomão. Outros sete companheiros se unem rapidamente a eles, são: Hugo do Champagne que não pronunciará seus votos definitivos até 1126, depois de ter cedido suas terras à Abadia do Claraval. André de Montbard – sobressaio de São Bernardo – que chegará a ser o quinto Mestre da Ordem, Robert de Coaxam, Borgonhon que acontecerá ao fundador. Logo temos uma lista de Cavaleiros de que se sabe bem pouco: Geoffroy do Bissol, Roral, Payen do Montdidier, Gonde Mare e Archambaud do Saint-Agnan.

• 1126-1127 Hugo do Payens, Gondemare e André do Montbard: fazem uma longa viagem ao Ocidente e são portadores de cartas de recomendação do Badouin II. Uma esta dirigida ao Papa Honório II e nela se destaca: desejam a confirmação de sua empresa e uma regra definitiva. A segunda esta dirigida a Bernardo do Claraval. O rei de Jerusalém lhe pede que advogue pela causa dos pobres Cavaleiros e "que elabore com eles a regra dos Templários, de sorte que não estejam muito tempo afastados do estrondo da guerra e que sejam ferramentas úteis para os príncipes Cristãos. Obrem de modo que possamos, se Deus quiser, ver o feliz desenlace deste assunto".

A ajuda do Santo não se fez esperar e enquanto se aguardava a reunião do Concílio de Troyes, Hugo e seus Irmãos embarcaram em uma autêntica campanha de recrutamento e percorreram Anjou, Poitou, Flandes, Inglaterra e Escócia.

• 13 de janeiro de 1128: celebração do Concílio de Troyes. Neste concílio institucional inspirado por São Bernardo participam um legado pontifical, numerosos prelados e Etienne Harding, abade do Cister. O objetivo do Hugo do Payens é duplo: obter que o Concílio proclame o reconhecimento canônico da Ordem do Templo; obter a elaboração de uma regra, redigida por São Bernardo e escrita em latim pelo clérigo Johan Michel. A tradução da regra ao francês iniciará em 1140 e se completará em 1165.

| Hugues de Payns | Robert de Craon | Evrard des Barres | Bernard de Tramelay | André de Montbard | Bertrand de Blanquefort | Philippe de Milly | Eudes de Saint-Amand |

O objetivo da Ordem esta claramente definido: defender a Terra Santa dos ataques dos infiéis.

Em meio de um grande entusiasmo, o Concílio aprovará este nascimento e concederá à Ordem a autorização de levar o manto branco ou "manto de luz", o qual, mais que os votos de caridade, é um claro reflexo de filiação espiritual com o Claraval. O Concílio precisou que os Templários só deviam obediência a seus dois superiores hierárquicos imediatos: o Grande Mestre e a Papa.

Hugo de Payens podia sentir-se satisfeito; a Ordem tinha obtido tudo o que lhe ia permitir obrar com inteira liberdade.

Segundo René Lechaud, de Hugo conservamos a imagem nítida de um visionário, um pioneiro que, entretanto, não renegou seu passado e suas riquezas tradicionais. Esse guerreiro com inclinações pelo mundo espiritual surge como o homem ideal de uma Ordem cujo nascimento soube iluminar.

ROBERT DE CRAON (1136-1149)

Roberto de Craon, o Borgonhón, foi eleito em junho de 1136, era originário da região do Vitres e filho do Renaud do Bourgoing, senhor de Craon. Segundo René Lechaud, o apelido Borgonhón possivelmente se devia a seu bisavô, Renaud I, Conde da Alta Borgonha.

Era originário de Maine (região do Vitré), foi o menor de três irmãos e se estabeleceu na Aquitânia, onde o conde do Angolume o compromissou com a filha do Senhor de Confolens e de Chabanes. Mas Hugues chegou à França; Roberto retirou sua palavra de matrimônio e partiu para a Palestina e se fez Cavaleiro do Templo.

Seu valor lhe serve de recomendação quando em 1136 foi renomado Grande Mestre do Templo. Seu brasão era aquartelado: em 1º e 4º tinha a cruz do Templo; em 2º e 3º losangos com rombos de ouro em campo de gules. Foi Senescal dentro da Ordem, sob o mandato do Hugues do Payns.

Era considerado (segundo René Lechaud) um "homem muito valente, um Cavaleiro gentil, bom e sábio", qualidades que lhe permitiram consolidar a organização da Ordem e aparecer em retrospectiva como o verdadeiro legislador.

Organizou com rigor a coleta de doações que afluíam à Ordem e foi capaz de rechaçar, com bom tino, o legado do rei de Aragón Alfonso I, que pôs contra a Ordem toda a nobreza espanhola.

Conseguiu a bula *Omne Datum Optimun* que foi promulgada sob seu magistério em 1139 e outorgada pelo papa Inocêncio III. É notória a importância de dita ata que, segundo Lechaud, outorgou aos Templários importantes privilégios:

- Liberação da tutela eclesiástica.
- Permissão para construir capelas, oratórios e cemitérios.
- Dispensa da autoridade do patriarca de Jerusalém.
- Autorização para criar um corpo de capelães que dispensem os sacramentos.
– Só estão sujeitos à autoridade papal.

O Papa em troca solicitou a seu amado (caríssimo) filho Robert combater sem desfalecer aos infiéis e como recompensa o autoriza a dispor de todos os bens arrebatados aos mouros, sem que ninguém possa reivindicar nada. Esta autorização papal se esquece com muita frequência e por isso os caluniadores da Ordem se confundem e acusam os membros da Ordem do Templo de rapacidade.

Em 27 de abril de 1147, o Papa Eugênio III lhes concede a Cruz Vermelha, que a partir de então a teriam costurada no lado esquerdo do manto branco e será o brasão desta honorável Ordem.

Robert de Craon redigiu os estatutos de todas as encomendas, das províncias e do Capítulo Geral. Também considerou necessária a tradução da Regra Latina ao francês, para que fosse compreensível para os recrutas acanhados, já que muitos deles não entendiam o latim.

Foi um grande diplomático, levantou uma rede de comunicação com os emires do Islã e instituiu o costume de dotar de secretários árabes aos dirigentes e oficiais da Ordem.

EVRARD DE VARRE (1149-1152)

Nasceu no Meaux no ano 1090, região do Champagne. Esta província deu uma grande contribuição à Ordem. Ingressou muito jovem no Templo, já que no fundo não se sentia como um guerreiro pois considerava que a vida comtemplativa era o caminho mais adequado e seguro para alcançar a paz e a iluminação.

De 1143 a 1149 foi preceptor da França e logo subiu ao cargo de Mestre. Durante a história da Segunda Cruzada, o rei Luís VII, depois de franquear o braço de São Jorge, se inunda na Ásia. Os arqueiros turcos o perseguem e só consegue salvar-se com a intervenção enérgica dos intrépidos Templários, que eram dirigidos pelo Evrard de Varre, que defendeu a retaguarda do exército do rei Luís VII (São Luis) e repeliu com coragem o inimigo.

Quando o monarca francês Luís VII chegou a Antioquia, suas arcas estavam vazias e foi Evrard quem conseguiu, em São João de Acre, os 2 mil marcos de prata que faziam falta para prosseguir a guerra.

O cronista Odon do Denil conta-nos como os Templários conseguiram salvar o rei e o exército cruzado das garras dos turcos:

"O Mestre do Templo, o Senhor Evrard de Varre, venerável por sua religiosidade e exemplo de valor para o exército, vigiava com o restante de seus irmãos seus próprios cavalos e bagagens. Além disso, na medida do possível, protegia valorosamente os de outros. O rei que amava os Templários e imitava seu exemplo, ordenou que todo o exército seguisse seu exemplo para que nossa unidade espiritual confortasse os fracos. Ricos e pobres ao uníssono se comprometeram a não fugir e a obedecer ao pé da letra ao Mestre que foi designado".

Embarcou-se com o rei da França para o Ocidente e se ordenou monge no Claraval, depois de ser admitido no chamado convento; apresentou sua demissão como Mestre da O.S.M.T.H.

Seu brasão era aquartelado: em 1º e 4º a cruz do Templo e em 2º e 3º, sobre fundo azul, um cheurón de ouro acompanhado por três conchas também de ouro.

Deverá ter em conta que seu comportamento não pode ser criticado, posto que de Cavaleiro Templário subiu até o Grau máximo de Grande Mestre de Ultramar, o que lhe consagrava como máximo dirigente da Ordem do Templo mundialmente. E como monge de Claraval foi ele o mais humilde de todos; morreu em 1174 aos 84 anos de idade.

BERNARD DE TREMELAY (1152-1153)

Foi o quarto Grande Mestre na Ordem do Templo, nasceu no Franche-Comté, no castelo que leva seu nome, dentro da baronia do Arinthod, Condado do Borgonha. Filho do Humbert, senhor do Trémelay, seu sobrenome às vezes aparece como Tramelai ou Dramelay.

Durante o período de seu Magistério se dedicou a fortificar os lugares fortes principais da Ordem na Terra Santa e, particularmente, as cidades costeiras indispensáveis para a sobrevivência do Reino de Jerusalém.

Tanto os turcos como os egípcios tinham também como objetivo o domínio desses lugares fortes, o que originou que se realizassem muitos combates para assegurar essas posições.

Um exemplo disso é a cidade costeira do Ascalón, situada na parte Sul do Reino, perto da Gaza, que trocou de mãos muitas vezes com o passar do tempo.

Em 1153, o rei de Jerusalém decide que tinha chegado o momento de reconquistar Ascalón, que então estava nas mãos dos turcos. Em 16 de agosto em um combate que enfrentou 40 Templários, que penetraram na cidade, sob as Ordens do Mestre Bernard de Tramelay, este perdeu a vida. Foi o primeiro Grande Mestre morto em combate. Sua morte não foi em vão, já que transcorridos uns poucos dias o rei Balduíno III se apoderou de Ascalón.

Seu brasão era aquartelado: em 1º e 4º a cruz do Templo e em 2º e 3º, sobre fundo de ouro, bordo de gules.

As más línguas comentam que a pressa que tinha de ser o primeiro a entrar na cidade se devia a seu desejo de subtrair o máximo do bota de cano longo a quão hospitalares participaram igualmente no assalto. Acreditam que o arrojo, o valor e a coragem de uns valentes guerreiros só podem ser confundidos por: cobiça, avareza e egoísmo, por mentes covardes, incultas e invejosas. Os Templários sempre foram a vanguarda (diante) em todas as batalhas, Ascalón não ia ser menos.

A honra de dirigir a Branca Tropa requeria homens excepcionais, "homens diferentes", como Bernard de Tremelay. (Július Évola)

ANDRÉ DE MONTBARD (1153-1156)

Segundo René Lechaud, a primeira consequência da súbita morte do Bernard de Tremelay foi a rápida eleição de André de Montbard, que era tio do Bernardo de Clairvaux (São Bernardo de Claraval), nascido em Borgonha, teve o título de Senhor do Montbard. Companheiro de Hugues do Payens, foi um dos nove fundadores da Ordem.

André de Montbard era um homem ancião no momento da eleição. É provável que aceitasse o cargo de Mestre para que a Ordem do Templo, que tanto amava, não ficasse sem dirigente e para dar tempo ao capítulo geral para que encontrasse o homem idôneo.

Como durante longos anos tinha desempenhado o cargo de Senescal, conhecia com perfeição o funcionamento da Ordem.

No ano 1156 cedeu espontaneamente seu posto ao sexto Grande Mestre (Bertrand de Blanchefort).

Morreu em outubro de 1156 em Claraval, vestindo o hábito austero dos cistercienses.

Brasão aquartelado: seguindo a mesma tônica que os anteriores, em 1º e 4º a cruz da Templo e em 2º e 3º, sobre fundo azul, dois barbos de prata encostados.

BERNARD DE BLANCHEFORT (1156-1169)

Bertrand de Blanchefort ou Blanchefort é o sexto Grande Mestre de Ultramar (Outromer) da Ordem do Templo; filho do Godofroy, senhor do Blanchefort, feudo que estava no Guyenne a 40 quilômetros aproximadamente do Saint-Émilion.

A nobre família de Blanchefort estava tradicionalmente aliada aos Do Goth, um de cujos descendentes foi Bertrand do Goth, a que logo lhe conheceu como o Papa Clemente V.

Ao pouco tempo de sua eleição (uns meses), Bertrand tem que defender a retaguarda do rei Balduíno III (também conhecido como Baudoin III) no Vau do Jacobo. Cai prisioneiro, juntamente com outros 88 Cavaleiros, mas pelo Nur Ao Din. E teve que permanecer três anos prisioneiro na terrível fortaleza, conhecida com o nome de Alepo, até que o imperador bizantino, Manuel Conmeno, o libertou, pagando o resgate solicitado.

Grande avaliação lhe professava o rei Luís VII da França (que logo foi conhecido como São Luís, pai de Felipe IV) e por isso lhe concedeu título de príncipe, lhe designando "Mestre pela graça de Deus". Todos o sucessivos Mestres conservaram esse título até o falecimento do Mestre Jacques de Molay em 1314.

Embora fosse muito hábil no que à arte da guerra se refere, Blanchefort também tinha a reputação de ser homem justo e piedoso, três valores que têm de destacar na figura de um verdadeiro Cavaleiro.

Sob seu magistério se redigiram as famosas "retratações" que eram como uma espécie de adaptações da regra às circunstâncias do terreno. Nessas retratações, entre outras questões, fixavam-se: os usos Hierárquicos da Ordem, sobretudo naquilo que concernia ao Mestre: "Todos os Irmãos devem obediência ao Mestre e o Mestre deve obediência aos Irmãos".

Sem a aprovação dos Irmãos, o Mestre não pode nomear nenhum dignatário, nem comprometer nenhum bem da Ordem, nem empreender ações de guerra. Os Irmãos estão também autorizados a exigir a demissão do Mestre no caso de este cometer faltas graves à regra ou às retratações.

Durante o magistério do Blanchefort, a fortificação de mando do Mestre se converte no ábaco pitagórico com a Cruz da Ordem do Templo sobrecarregada. Com o Mestre Blanchefort se perfila a sabedoria e originalidade da política da Ordem. Essa política esta apoiada em manter um sutil equilíbrio entre as duas potências que rodeiam a cidade e reino de Jerusalém: Damasco e Cairo.

Chegado o ano 1168 e pressionado pelo imperador de Bizâncio, o sucessor do Balduíno III, o rei Amaury, decide romper sua aliança de não agressão com o sultão Chawer e atacar o Egito. Os Cavaleiros da Ordem do Hospital aceitaram participar da expedição e atacar o Egito, mas o Mestre dos Templários, Bertrand de Blanchefort, se negou ao julgar tal empreitada desleal e perigosa. O historiador Guilherme de Tiro rendeu comemoração à decisão do Mestre e nos comenta a respeito: "O Mestre do Templo e o restante de seus Irmãos jamais quiseram tomar parte nessa empreitada e manifestaram que não acompanhariam o rei nessa guerra. Possivelmente se desram conta de que o rei não tinha boas intenções para declarar a guerra aos egípcios contra os acordos que se contraíram mediante juramento".

A postura Cavaleiresca do Templo se revelou como muito judiciosa quando, em 1169, Saladino se converteu no novo Amo e Senhor do Cairo e de Damasco; isto punha em grave perigo o frágil reino dos cristãos na Terra Santa.

Mas o Mestre Blanchefort não pôde participar deste novo conflito, pois a vida lhe abandonou em 2 de janeiro de 1169.

Brasão também aquartelado, em 1º e 4º a cruz da Templo e em 2º e 3º enfaixado contra enfaixado de ouro e gules, de quatro peças.

PHILLIPE DE MILLY (1169-1171)

Nascido em Naplouse, Síria, mas originário da Picardia. Filho primogênito do Cavaleiro Guy do Milly e Stéphanie, dama flamenga. Depois do falecimento de sua mulher ingressou na Ordem dos Cavaleiros Templários.

Foi eleito Grão-Mestre porque o gesto do recém-falecido Mestre Bertrand do Blanchefort irritou sobremaneira o rei Amaury e exacerbou sua ira contra os Cavaleiros do Templo, pois acreditava que era uma tropa exclusivamente a seu serviço.

As calúnias proferidas pelo historiador Guilherme de Tiro chegam inclusive a insinuar que o rei Amaury estava disposto a pedir ao pontífice romano a dissolução da Ordem.

O estado de alerta se proclamou ante a seriedade do que estava acontecendo, e o falecimento inesperado do Mestre Blanchefort deixou os Cavaleiros do Templo em um estado de perplexidade. Entre procurar os contatos adequados para apaziguar os ânimos e as pressas lógicas, o Conselho se reuniu às pressas e escolheu e Phillipe de Milly Senhor de Naplouse como novo Mestre; por todos era conhecido seu recente ingresso na Ordem, mas tinha a seu favor a calorosa amizade que lhe professava o rei de Jerusalém.

Os antepassados de Milly eram originários de Picardia e participaram da Primeira Cruzada, jogando raízes na Terra Santa. Falava três idiomas: o francês, o árabe e o armênio e se dizia inclusive que era um versado nas ciências dos muçulmanos.

Na Segunda Cruzada participou do sitiamento à cidade de Damasco, logo depois contraiu matrimônio com a rica herdeira do Senhorio de Ultra o Jordânia, que está situado na ribeira oposta do Mar Morto, no antigo reino dos Nabateus.

O rei Amaury lhe propôs a mudança desse feudo longínquo pelo de Naplouse, mas Milly o rechaçou, embora a cercania de Naplouse à cidade de Jerusalém lhe parecia uma mudança da mais apetecível.

No entanto, Phillipe de Milly acabou aceitando não só a mudança, como também, além disso, demitiu-se de suas funções de Mestre do Templo pouco antes da Semana Santa de 1171.

Foi companheiro do rei Amaury em sua viagem a Constantinopla e depois lhe perde a pista, há quem diga que se fez monge e morreu nesse mesmo ano.

Escudo aquartelado, em 1º e 4º a cruz do Templo de gules e em 2º e 3º fundo negro com borda de prata.

EUDES DE SAINT-AMAND (1171-1179)

O Mestre Eudes de Saint-Amand era oriundo da Provença. Sempre se destacou por ser um excelente guerreiro e participou de todas as batalhas mostrando sempre um valor ou coragem extremos. Destacou-se sobretudo na grande batalha do Montgisard, a única vitória esmagadora dos francos contra os muçulmanos.

No mês de fevereiro do ano 1172, o rei Amaury concluiu um pacto com o Chefe da Seita dos Ismaelitas dos Assassins, o Sheik o Beled, mais conhecido com o apelido de Velho da Montanha", no "qual Beled se comprometia a colaborar com Amaury na luta contra o Islã. Não obstante o Mestre Eudes vê com maus olhos esse acordo, que por outra parte tinha sido assinado sem seu assentimento e com o que não estava conforme, já que em uma de suas cláusulas dispensava aos Assassis de um tributo que pagavam regularmente aos Templários.

Conta-se que o Cavaleiro da Ordem do Templo, Gauthier do Mesnil, teria assassinado o embaixador dos Ismaelitas quando este se dirigia à fortaleza Síria do Masyaf, que era o lugar onde estava localizada a sede de sua Ordem. A respeito, apenas contamos com o testemunho de Guilherme de Tiro que dá por concluído este assunto da seguinte maneira: "dispôs-se que se o rei Amaury tivesse vivido mais, tivesse enviado cartas e mensagens a todos os Reis da Cristandade demonstraria o grande dano que os Templários tinham causado à fé cristã e principalmente ao reino de Síria".

Para Guilherme de Tiro o responsável é, claro está, o Mestre que diz que é um homem colérico que não teme a Deus nem respeita os homens, mas esta é a opinião "parcial" de alguém que detesta os Templários.

O Mestre Eudes contava com uma grande experiência nas filas do Templo, já que tinha desempenhado os cargos de: Copeiro Maior, Senescal e Marechal.

Não nos cabe a menor dúvida de que Eudes pretendeu conservar a independência da Ordem com respeito ao rei de Jerusalém, assim como de outras Ordens similares à sua, especialmente a dos Hospitalares.

Em 2 de agosto de 1179 o Papa Alexandre III aprovou um tratado entre o Mestre dos Hospitalares, Roger do Moulins, e Eudes de Saint. Amand (como Mestre do Templo) no qual tanto Hospitalares como Templários se comprometiam a dirimir as diferenças que existiam entre as duas Irmandades.

Durante o mandato de Eudes se acabou de construir o castelo do Vau do Jacobo, mas sua atividade se viu bruscamente interrompida na batalha do Merdj-Aïoum, em que Eudes caiu prisioneiro de Saladino, morrendo em uma masmorra em 8 de outubro de 1179, depois de negar-se a recuperar a liberdade mediante o pagamento de um resgate com estas palavras:

"Por nenhum motivo quero dar um exemplo que fomente a covardia entre os monges, que se deixariam capturar tendo em mente o pagamento de um resgate. Um Templário deve vencer ou morrer. Um resgate só se pode pagar com a própria adaga ou o cinturão.

Escudo aquartelado, em 1º e 4º a cruz do Templo de gules e em 2º e 3º em campo de sinople três bandagens de prata e um bordo batido os dentes.

ARNAUD DE TOROGE (1180-1184)

O Mestre Arnaud de Toroge era natural de Aragão. Embora fosse conhecido com o sobrenome de Toroge, seu verdadeiro nome é Arnaud do Turri Rubea (que significa uma torre vermelha ou uma terra escarlate com fortes ressonâncias alquímicas). Mas era um homem humilde com inclinações religiosas, e não um fanático da guerra. Foi eleito Grande Mestre com uma idade avançada.

Depois da morte do Mestre Eudes de Saint-Amand, a situação no reino de Jerusalém era desesperadora. A genial política de Saladino levanta em armas todo o Islã contra o Cristianismo. Baudouin IV, o rei leproso, está moribundo e seu herdeiro é um menino. As ações inadequadas de Renaud do Chatillón acrescentam o ódio entre muçulmanos e cristãos.

Sendo conscientes desta circunstância, os Cavaleiros do Templo escolhem como novo sucessor do Mestre o ancião Arnaud de Toroge, que já tinha sido Mestre na província do Aragão.

Em 1184, Toroge e o Mestre da Ordem do Hospital veem-se obrigados a assinar um tratado de paz com Saladino, que converte em precária a situação dos francos na Terra Santa.

Balduíno IV manda à Europa uma embaixada para alertar a cristandade e seus mais altos representantes (príncipes, bispos e papas) sobre o que estava se passando em Jerusalém e de passagem para procurar uma

| Arnaldo de Torroja | Gerard de Ridefort | Robert de Sable | Gilbert Hérail | Philippe du Plaissis | Guillaume de Chartres | Pierre de Montaigu | Armand ó Périgord |

pessoa que pudesse substituir em caso de falecimento o Balduiníno; pensou-se para isso em Henrique II Plantageneta.

Mas Toroge cai doente durante a viagem e falece subitamente em Verona em 30 de setembro de 1184.

Escudo aquartelado, em 1º e 4º a cruz do Templo e em 2º e 3º torre de gules sobre campo de prata.

GERARD DE RIDEFORT (1185-1190)

Com a nomeação do décimo Mestre se escreve uma das páginas mais trágicas da gestão Templária. O escritor René Lachaud pergunta-se e nos comenta: "Se saberemos alguma vez o que foi que empurrou os 13 eleitores a escolher como Mestre da Ordem, em 4 de outubro de 1185, Gerard de Ridefort, Senescal, e não Gilbert Erail, grande comendador de Jerusalém?"

Ridefort era de origem flamenca e pertencia à nobreza do Flandes. É o típico cavalheiro errante, que viajou à Terra Santa em busca de fazer fortuna, apoderando-se de terras ou tesouros ganhos em batalha com os infiéis.

A princípio entrou em serviço do Conde Raymond de Trípoli, recebendo imediatamente todo seu apoio, pois lhe favorece e mais tarde o deixa na estacada por um assunto de dote e matrimônio. Ao chegar a Jerusalém cai doente e é acolhido no Hospital dos Templários. Passado um tempo e restabelecido de sua enfermidade, decide formar parte da Ordem do Templo, isto acontecia no ano 1180. Uma vez na Ordem, tem uma rápida ascensão e no ano 1183 obtém o prestigioso cargo de Senescal.

Para entender melhor a situação existente que se vivia na Terra Santa, realizaremos um breve comentário do momento para assim tentar compreender (podendo "nos situar" na época) o comportamento do Mestre Ridefort.

Balduíno IV havia falecido no ano 1185; o trono de Jerusalém legitimamente corresponde a sua irmã Sybille que era mãe do Balduíno V, presumido herdeiro ao trono.

Não obstante Balduíno V, "o rei Leproso", antes de morrer e preocupado com futuro de seu reino realizou testamento a favor de Raymond III de Trípoli.

Em 1186 morre Balduíno V e se desencadeia a luta pela sucessão.

A um lado temos Guido de Lusignan, marido do Sybille, e por outro temos Raymond de Trípoli, que se sente como herdeiro legítimo ao trono pela eleição do Balduíno IV e que é apoiado pelos barões da Terra Santa. E não podemos nos esquecer dos homens que se mantêm fiéis a Guido de Lusignan que eram: Gerard de Ridefort (Mestre da Templo), Renaud de Châtillon (Príncipe da Antioquia) e Heráclio, o Patriarca de Jerusalém.

No ano 1186, em 20 de julho, Sybille de Jerusalém coroa no Santo Sepulcro a seu marido Guido de Lusignan. O reino tinha cansado de estar em más mãos e as derrotas iam acontecendo uma detrás de outra.

Na casa de campo de Robert, 7 mil mamelucos derrotam o exército dos francos. Nessa batalha morrem 140 Templários, só um se salva: Gerard de Ridefort. A princípios de julho de 1187, 60 mil guerreiros de Saladino derrotam 30 mil homens de Lusignan. Ridefort tinha insistido que tinha de finalizar a batalha. Morrem executados 230 Templários por negar-se a converter-se ao Islã. Ridefort é acusado de ter renunciado à religião cristã e sua atitude equivocada tranquiliza seus caluniadores.

As cidades de Gaza e Ascalón são rendidas sem apresentar combate a Saladino. Alguns dias depois da batalha do Hattin, Saladino se apodera de Jerusalém e transforma em mesquita a Casa dos Templários (de Aksa).

Ridefort faleceu no ano 1190 combatendo junto às muralhas de São João de Acre.

Escudo aquartelado, em 1º e 4º a cruz do Templo e em 2º e 3º sobre campo de ouro um leão de sabre, armado e lamparado de gules.

ROBERT DE SABRE (1191-1193)

Nascido em Maine, ocupou o posto de Mestre 18 meses depois da morte do Ridefort, tempo durante o qual a praça esteve vacante. Robert III, senhor de Sabre, esteve aliado com a ilustre família do Craon no Anjou. Quando foi eleito Mestre fazia muito pouco tempo que tinha entrado na Ordem. Pertenceu ao círculo íntimo do rei da Inglaterra, Ricardo Coração de Leão, que chegou à Terra Santa com a Terceira Cruzada.

O rei da Inglaterra, Ricardo, cedeu aos Templários a Ilha de Chipre, a qual acabara de conquistar, mas Sabre a devolveu, ante a rebelião dos gregos. Ricardo Coração de Leão acabou abandonando Chipre nas mãos de Guido de Lusignan.

As ações do Robert de Sabre foram irreprocháveis: apoiou o rei Ricardo em todas suas batalhas, negociou habilmente com Saladino e participou da retomada de São João de Acre, onde decidiu estabelecer a Casa da Ordem.

Morreu em 28 de outubro de 1193, em Acre.

Escudo aquartelado, em 1º e 4º a cruz do Templo e em 2º e 3º sobre campo de ouro, uma águia azul com bico de prata.

GILBERT HÉRAIL (1194-1200)

Acredita-se que era provençal ou originário de Aragão; se fosse, seria o segundo Grande Mestre espanhol. Terá de recordar que foi o candidato que disputou sem sorte contra Gerard de Ridefort a eleição de 1185. Tinha larga experiência dentro da Ordem, já que ocupou até o ano 1190 o cargo de Mestre da Espanha e depois, de 1190 a 1193, o de preceptor, na França.

O sentido da honra e a palavra empenhada eram duas coisas que para o Mestre Gilbert tinham um valor muito alto. Este fato explica que durante o tempo que dirigiu o Magistério da Ordem se caracterizasse pelo respeito dos acordos de paz que o rei Ricardo Coração de Leão tinha acertando com Saladino.

Durante seu mandato não se livrou de nenhuma batalha importante, mas a Ordem intensificou os contatos com as fraternidades do Oriente. Morreu em 20 de dezembro de 1200, enquanto tinha lugar a Quarta Cruzada, que culminou com o saque de Constantinopla em 2 de abril de 1204.

Escudo aquartelado, em 1º e 4º a cruz do Templo de gules e em 2º e 3º sobre campo de prata a cruz azur.

PHILLIPE DE PLESSIS (1201-1210)

O Mestre Phillipe de Plessi ou do Plessis nasceu no Anjou, na fortaleza do Plessis-Macé. Pertenceu à velha nobreza angevina. Ao que parece este Mestre ignorava por completo o círculo interior da Ordem, e a partir dele, o mesmo acontecerá com todos seus sucessores.

Durante seu mandato teve questões com a Ordem dos Hospitalares, o Papa tomou partido pelos hospitalares e reprovou os Templários que não obedecessem aos legados.

No ano 1201, a fortaleza do Gastin que a Ordem do Templo possuía na Antioquia foi arrebatada pelo rei de Armênia.

Durante esse ano viveram calamidades que assolaram a Terra Santa, primeiro a fome e depois a peste afetou mais de 1 milhão de habitantes do Egito. Pouco depois essas duas pragas afetaram a Síria. Em 1202, um intenso sismo devastou as cidades que a fome e a peste tinham respeitado. Desapareceram numerosos lugares e morreram muitas pessoas. Tal é o caso da vila do Naplouse onde não ficou mais que uma rua em pé.

Em 1205, o rei Amaury caiu doente e morreu em pouco tempo. Alguns meses depois, morreu sua esposa Isabelle, deixando como único herdeiro ao trono de Jerusalém um filho que a rainha teve com o nobre Conrad do Tyr.

Escudo aquartelado, em 1º e 4º a cruz do Templo e em 2º e 3º seis sinais de multiplicação de ouro em campo de gules.

GUILLAUME DE CHARTRES (1210-1219)

Nascido em Chartres, era filho do Milon III, conde de Bar-sur-Seine. O equilíbrio e a moderação despe Mestre foram capazes de manter intacta a coesão da Ordem em meio à tormenta de conflitos que aconteceram durante seu mandato.

É o responsável pela construção da formidável fortaleza do Château-Pèlerin, a qual logo mais tarde foi destruída pelo Baibars. Quando se preparou a expedição ao Egito contra o sultão Ao Kamil, por parte de Jean de Brienne e do Cardeal legado Pélage, De Chartres encabeçou com seus Cavaleiros a vanguarda do exército franco, embora tenhamos de dizer que não estavam de acordo em participar dessa guerra, pois a consideravam mal preparada, mas as pressões e imposições do representante do Papa (a quem deviam obediência) conseguiram convencê-los ao final e obrigaram os Templários participarem da guerra; se pôde salvar o exército cruzado de um desastre total, entretanto Chartres morreu no domingo, 25 de agosto de 1210, em decorrência da epidemia que se desatou em a Damietta e que causou verdadeiros estragos entre os soldados que participaram da desastrosa campanha.

Não podemos esquecer que no ano 1212 participaram da gloriosa batalha de Las Navas de Tolosa (Espanha), na qual os reis da Espanha premiaram-lhes por sua bravura e coragem no combate e como recompensa fizeram-lhes generosos donativos que contribuíram para aumentar o poder e as riquezas da Ordem dos Cavaleiros Templários.

Escudo aquartelado, em 1º e 4º a cruz da Templo e em 2º e 3º sobre campo de azur, três peças de ouro postos em bandagem, em segundo plano, bordo composto de oito peças de ouro e negro.

PIERRE DE MONTAIGU (1219-1232)

A branca Tropa do Templo, a Sagrada Irmandade, substituiu ante as muralhas de Damietta seu Mestre morto e escolheu um tenaz e bravo combatente: Pierre do Montaigu. Este Cavaleiro Templário emérito era originário de Aragón ou do sul da França e durante muitos anos foi um grande Mestre na província do Aragón.

Conseguiu o decreto Papal em que se dizia que a Ordem ficava totalmente isenta da jurisdição do Patriarca de Jerusalém.

Quando no ano 1229 chegou à Síria o Imperador Federico II do Hoenstaufen, sabemos que obteve sem lutar a Cidade Santa de Jerusalém, mas não a casa capitana da Ordem do Templo. Além de que a Ordem se encontrava com o problema de que Federico II tinha sido excomungado e por isso não podiam lhe servir oficialmente, por mais que fora o rei da Cidade Santa, e não esqueçamos que além disso tinha confiscado seus bens na Sicília e Pouilles.

Sendo Federico II originário da Alemanha, tinha mais predileção pelos Cavaleiros Teutônicos que pelos Templários. No ano 1229, o cronista Mathieu Paris recolheu uns comentários que o Imperador realizou sobre os Cavaleiros do Templo: "Acostumados aos prazeres dos barões do Oriente, os Templários estão ébrios de orgulho. Sei de boa fonte que a Ordem recebeu com grande pompa vários Sultões e seus séquitos, e que os Templários lhes permitiram celebrar suas superstições e que invocassem Mahoma". Mas essa acusação tinha pouca seriedade e, além disso, vem por parte de uma pessoa cujas antipatias pelo Islã não eram secretas para ninguém.

Escudo aquartelado, em 1º e 4º a cruz do Templo e em 2º e 3º uma torre de prata sobre campo de gules.

ARMAND DE PÉRIGORD (1232-1244)

Armand de Périgord era conhecido entre os irmãos da Ordem com o apelido de "Pedra Grande". Antes de ascender à categoria de Mestre, desempenhou o cargo de preceptor da Calábria e da Sicília. O primeiro que realizou depois de sua nomeação foi restaurar o Castelo da Safita na Síria, que tinha sido destruído pelos muçulmanos no ano 1219.

Durante seu Magistério teve muitas questões com as outras duas Ordens militares mais importantes que existiam na Terra Santa; primeiro com os Cavaleiros Teutônicos, que acabavam de tomar partido pelo Federico II do Hoenstaufen e cada vez mais manifestavam suas tendências pró-germânicas. As diferenças com os Hospitalares residiam na cruzada que o sr. Thibaud liberou induzido pelo Papa Gregório IX, quem terminou por impor um armistício entre as duas Ordens. Neste preciso momento os Templários preconizam uma aliança com Damasco, enquanto os Hospitalares optam pelo Cairo.

A Cruzada do Thibaud finalizou com a devolução de Ascalón pelos egípcios e o retrocesso do reino de Jerusalém, da Galileia e Tiberiades por Damasco.

Mas a princípios do mês de outubro os turcos passam à ação e se instalam em Gaza; esta batalha foi um desastre: 300 Templários caem com seu Mestre ante as muralhas da Gaza, esta era a forma de morrer que tinham os Cavaleiros da Branca Tropa de Cristo: "Vitória ou Morte".

Escudo aquartelado, em 1º e 4º a cruz da Templo e em 2º e 3º três leões de ouro rampantes e coroados de azur em campo de gules. Nele 1º e no 2º tinham a lenda "Périgors".

GUILLAUME DE SONNAC (1244-1250)

Ao que parece foi Guillaume do Sonnac quem aconteceu ao Armand do Périgord e dizemos ao que parecer, porque alguns historiadores nos falam de um tal Richard do Bures que teria desempenhado o cargo de Grande Mestre durante quatro anos, quer dizer, desde 1244 até 1247, e antes de ser Mestre teria sido Grande Comendador da Terra Santa, mas ao carecer de informações precisas e fidedignas, é muito mais verossímil que Sonnac fora quem acontecesse ao Périgord ou que o cargo permanecesse vacante durante estes quatro anos; se imaginarmos que Périgord não tivesse morrido na cidade da Gaza e tivesse permanecido prisioneiro durante quatro anos, quer dizer até 1247, que é a data que Sonnac aparece já oficialmente como máximo dirigente da Branca Tropa.

Sonnac é um Mestre excepcional; era sagaz e prudente, se destacava também na diplomacia e na arte da guerra e no combate. Durante seu Magistério se faz de domínio público que os Templários mantêm boas relações com os muçulmanos. O escritor Boulanger em seu livro *A Vida de São Luís* nos escreve: "O Mestre do Templo e o sultão do Egito selaram uma paz tão boa que ambos se fizeram praticar uma sangria na mesma tigela". Isto nos demonstra as boas relações que Sonnac mantinha com os muçulmanos, especialmente com o sultão do Cairo Ayoub.

Sonnac nasceu na cidade do Rouergue e ingressou na Ordem muito jovem, ocupando em poucos anos o cargo de Mestre na província de Pouilles. O Brasão que adotou foi o da Casa e pertenceu à Ordem Interior, foi um perito na Alquimia e mandou que os arquivos da Ordem fossem reorganizados, guardando-os depois em um lugar seguro.

Seu Magistério teve um trágico final na Primeira Cruzada do rei Luís IX da França. Em Damietta salvou ao rei Luís, mas não pôde evitar no dia 3 de julho do ano 1250 a catastrófica ação do Conde do Artois, que se saldou em desastre na batalha da Mansoura, na qual morreram mais de 200 Templários, incluindo o Mestre Sonnac.

Temos de mencionar que foi o Grande Comendador, o Irmão Gilles, quem pronunciou a frase: "Ordenem, monsenhor, os Templários não são covardes. Ordenem mas saibam que nenhum de nós sairá com vida desta batalha", e não Guillaume de Sonnac.

Uma lenda nos conta que Sonnac tinha sido recebido na Cavalaria muçulmana e que seus irmãos do Oriente choraram por sua morte dizendo: "Era como um dos nossos".

Seu brasão era aquartelado em 1º e 4º a Cruz do Templo e em 2º e 3º em campo de ouro; um leão rampante de sabre rodeado de uma orla de 12 losangos de gules.

RENAUD DE VICHIERS (1250-1256)

Recém-subido ao cargo de Mestre, Renaud de Vichiers ou de Vichy teve que resolver o assunto do pagamento do resgate de Luís IX. Depois de certas discussões quanto ao protocolo a seguir com o Senhor do Joinville, não teve mais remédio que ceder às pressões deste último e deixar que se procurasse a quantidade de dinheiro necessária para a liberação do monarca. A partir deste momento o rei teve um grande rancor para os Templários e humilhou em público o Mestre, obrigando-o a renunciar à aliança que tinha combinado com o sultão de Damasco.

Essa humilhação teve lugar diante das tropas e nesse mesmo dia Luís IX obrigou o Mestre Vichiers a expulsar da Terra Santa o Marechal do Templo Hugo do Jouy, que era quem tinha realizado o pacto com Damasco.

O Mestre Renaud de Vichiers era oriundo do Champagne e antes de ser Mestre foi preceptor da França e marechal na Terra Santa. Durante seu mandato Federico II ordenou em seu testamento que se restituíssem à Ordem do Templo os bens que lhes tinham tirado em seus estados e no Oriente.

Vichiers faleceu em 20 de janeiro de 1256 e jamais pertenceu ao círculo interior da Ordem.

Escudo aquartelado, em 1º e 4º a cruz do Templo e em 2º e 3º tinha quatro bandagens de lhes ver.

THOMAS BÉRAUD (1256-1273)

Também conhecido como Thomas de Berard. Parece que nasceu na Inglaterra ou na Itália, mas suas origens são incertas, como a sua carreira Templária, da que desconhecemos tudo.

Quando Béraud assumiu o Magistério da Ordem, a situação no Oriente era extremamente preocupante: os tártaros-mongóis acabavam de apoderar-se de Damasco, o reino de Jerusalém estava a ponto de perder todas suas posses e se resguardou em São João de Acre; as disputas entre o Templários e Hospitalares eram endêmicas e sem esquecer que os nos pise e os venezianos ajudavam ativamente a criar um clima anárquico.

Com todo este clima revolto, Béraud soube manter nas filas da Ordem uma disciplina sem fissuras e se guiou por uma aplicação estrita da regra. Daremos o exemplo de dois fatos para explicar os problemas da época:

O Mestre Thomas é feito prisioneiro em Safeta e os caluniadores da Ordem afirmam que foi liberado por renegar Cristo. Durante o processo se utilizou essa acusação indemonstrável e se disse que a partir desse momento os Templários converteriam essa falta em uma prática obrigatória durante a cerimônia de recepção para os novos membros da Ordem.

No ano 1263, o Papa Urbano IV convoca em Roma o marechal da Ordem Etienne do Sissey, e por razões escusas o Papa declara que Sissey é indigno do cargo que ocupa e solicita que seja demitido, ao que o marechal se nega e o Papa o excomunga. Então Sissey procura o apoio do Mestre, que o brinda sem mais e o mantém no cargo. Este fato demonstra o distanciamento que nesses momentos existia entre o Papado e a Ordem a que antigamente tinha enchido de Bens e de amparo.

O Templário de Tiro em sua crônica nos relata como teve lugar a sucessão do Mestre: "Morreu Thomas de Béraud, Grande Mestre de Templo, em 25 de março, dia da anunciação do Senhor. E o décimo terceiro dia de maio foi renomado Grande Mestre do Templo Guillaume de Beaujeu, que se encontrava em Ultramar e era comendador do Pouilles".

Escudo aquartelado, em 1º e 4º a cruz da Templo e em 2º e 3º, sobre fundo azul cinco cheurones de ouro.

GUILLAUME DE BEAUJEU (1273-1291)

O enigmático Templário de Tiro se chamava Gérard de Montreal e era o Secretário do Guillaume de Beaujeu. Além de sua crônica também redigiu as *Gestas dos Cipriotas*. O Templário de Tiro nos relata uma exposição sobre a pessoa do novo Mestre Guillaume de Beaujeu: "Era um gentil homem aparentado com o rei da França. Era muito generoso e caridoso, pelo que alcançou grande renome, e em seu tempo no Templo recebeu muitas honras e foi muito temido. Ao ser eleito Mestre era comendador no Pouilles e permaneceu em Ultramar dois anos mais visitando todas as casas do Templo nos reino da França, da Inglaterra, e da Espanha. Alcançou grandes riquezas e vinho ao Acre".

Beaujeu descendia de uma linhagem de nobres prestigiosa: era primo do Carlos do Anjou, rei da Sicília. Luís, seu irmão, foi condestable do reino da França. Sua família era oriunda do Beaujolais e Guillaume foi padrinho de uma das filhas de Luís IX.

O Mestre Beaujeu ganhou rapidamente a reputação de homem valente, mas altivo e orgulhoso. Era muito intransigente em tudo o que correspondia à integridade da Ordem, cuja vocação iniciática conhecia à perfeição.

No ano 1289, o sultão Kalawun do Cairo adverte a Beaujeu da iminência do ataque contra Tiro e Acre.

Em 1290, Malek Em Ashraf assedia as muralhas de São João de Acre. Estava disposto a apoderar-se da última cidade cristã do Oriente. Anuncia suas intenções ao Mestre Beaujeu a quem designou de: "Nobre Mestre do Templo, sábio e venerável".

Em 17 de maio, os muçulmanos penetraram em Acre, o último bastião de resistência se organiza ao redor do Castelo dos Templários. A dureza do combate alcança sua máxima intensidade, pois o mar enfurecido dificulta poder fugir por ali. O Grande Mestre à frente de seus homens dirige a defesa com bravura, mas de repente se retira cambaleando-se; seus homens rogam que não os abandone nesses duros momentos e ele lhes responde: "Não os abandono, Irmãos, estou morto, olhem a ferida!".

Seus homens o sujeitam no preciso instante em que as forças o abandonam e cai desabado, entretanto não morre imediatamente. Seus Irmãos o envolvem em uma manta, e tentam embarcá-lo, sem conseguir, em um dos navios da Ordem. Então, levam-no ao pátio da casa, onde morre; nesse momento as muralhas do Castelo começam a desabar pelos golpes dos Sapadores do sultão Ashraf. O Templário de Tiro nos conta seus últimos momentos: "Rendeu a alma a Deus e foi enterrado diante do tabernáculo, que era o altar onde se celebrava a missa. Que Deus o receba em seu seio, pois sua morte foi uma imensa perda".

Richard de Bures   Guillaume de Sonnac   Renaud de Vichiers   Thomas Bérard   Guillaume de Beaujeu   Thibaud Gaudin   Jacques de Molay

Escudo aquartelado, em 1º e 4º a cruz do Templo e em 2º e 3º em campo de ouro um leão rampante de sabre com lambeles de cinco pendentes de gules.

THIBAUD GAUDIN (1291-1293)

Conta-nos os Templários que escaparam de São João de Acre, refugiaram-se no Château-Pèlerin, onde permaneceram até o dia 14 de agosto do ano 1292. Durante esse curto espaço de tempo escolheram por maioria o novo Mestre, o Grande Comendador Thibaud Gaudin (ou Gaudini).

Apelidado "o monge" por seus irmãos da Ordem por ser especialmente piedoso, era de origem bastante incerta, pois se supõe italiano ou oriundo do Chartres ou de Blois.

Durante o curto período que durou seu mandato, realizou a retirada dos Templários da Ilha de Chipre, passando um ano na ilhota de Rouad, diante da Cidade da Tortosa, que se encontrava em poder dos muçulmanos e que tinha sido praça forte da Ordem do Templo.

Foi quem cometeu a insensatez de transladar a Casa Capitana a Paris (França) e faleceu em 16 de abril de 1293.

Seu brasão era aquartelado em 1º e 4º a cruz do Templo e em 2º e 3º sobre fundo azul um leão de prata rampante e armado.

JACQUES DE MOLAY (1293-1314)

Jacques Bernard de Molay era oriundo da Alta Saona, ingressou na Ordem por volta de 1265, foi eleito Mestre aos 55 anos e embora para Marion Melville fosse um homem de "curtos alcances", foi em realidade um homem empreendedor: da Ilha de Chipre organizou, entre 1293 e 1305, múltiplas expedições contra os muçulmanos, conseguiu entrar em Jerusalém no ano 1298 e 1299 se aliou aos tártaros mongóis para derrotar perto da cidade da Emesa o sultão do Egito Malek Nascer; no ano 1300 organizou uma incursão contra a Alexandria e tratou de apoderar-se da Tortosa na costa de Síria.

Além dessa intensa atividade militar, Jacques de Molay realizou várias viagens de inspeção pela França, Itália e Inglaterra, ante a inércia dos nobres e reis cristãos que se negavam a participar de uma nova Cruzada, depois de comprovar que as Ordens militares não podiam conquistar sozinhas a Terra Santa. Decidiu então instalar-se em Paris.

No ano 1305 chegou a Paris com um grande séquito de Cavaleiros e um grande tesouro de 150 mil florines e dez mulas carregadas de prata.

É fácil imaginar o que pensou o rei da França, Felipe, o Formoso, ante semelhantes riquezas e com um Mestre do Templo debilitado pelos combates e com mais de 60 anos.

Jacques de Molay evidentemente não era naqueles momentos um homem idôneo para a situação, já que se encontrava desmoralizado pelo desamparo que tinha tido para reconquistar a Terra Santa,

Morte de Jacques de Molay

por isso era patente sua falta de lucidez e firmeza na hora de tomar decisões, sabedor sem dúvida de que a nobreza estava mais preocupada com seu enriquecimento econômico que pelo espiritual. Molay estava cansado de lutar e desmoralizado, isso contribuiu para precipitar a queda da Ordem. Mas não esqueçamos que este rude Cavaleiro recuperou todo seu brio, coragem e dignidade no momento de ser condenado e já na pira funerária demonstrou ter toda a Moderação de um Grande Cavaleiro e como nos conta Godefroy de Paris: "E a morte o levou tão docemente que todo mundo ficou maravilhado. E das cinzas ainda quentes deste último Cavaleiro de uma linhagem ilustre de Mestres logo levantaria voo a ave Fênix de Heliópolis".

Escudo aquartelado, em 1º e 4º a cruz da Templo e em 2º e 3º sobre fundo azul uma bandagem de ouro.

Capítulo XXVIII

Os Reinos do Aragão e de Valência

Pensamos que não podíamos terminar este livro sem falar um pouco de dois dos reinos que também pertenceram a nosso rei Jaime I, o Conquistador; desta forma entenderemos que a Ordem do Templo e o rei Jaime eram um parte do outro, além de conhecermos melhor o reinado desse fantástico Cavaleiro:

REINO DE VALÊNCIA (POR IRMÃ+ CARMEN DIAZ): A PRESENÇA DA ORDEM DO TEMPLO NA COMUNIDADE VALENCIANA

A maioria dos dados nos dá a certeza de que depois da retomada por Jaime I se estendeu a presença da Templo nessa comunidade, chegando a possuir três Encomendas e várias fortalezas, além disso consta que vários povos pertenceram por completo à Ordem. Uns por doações, certamente depois do "Repartiment" do Jaime I, e outros foram vendidos à Ordem por seus proprietários.

Durante o sítio de Burriana, Jaime I outorga aos Templários as alquerias de Benhamet e de Mantilha, localizadas no término de Burriana; uma vez que o exército cristão toma a cidade, Jaime I lhes outorga parte dela, que inclui seis torres da muralha, e reiterará a doação do Chivert. Embora seja certo que mais adiante lhes outorgaria outra cidade que se encontrava também dentro do termino da Burriana.

Uma vez que foi conquistada a cidade de Valência, no ano 1238, os Cavaleiros do Templo foram premiados com a chamada "torre grande" que se encontra localizada dentro da rua do Barbazachar, além de várias casas que se encontravam próximas, terra para uma Almunia fora dos muros, na Xarea, além de umas 20 trampadas de terra boa para o cultivo.

Logo veio o sítio de Játiva do qual a Ordem participou a mando do Mestre provincial, no ano 1244, e recebeu como recompensa a metade do estaleiro de Dénia.

Chegados ao ano 1246, os Templários receberam em vez do subúrbio da Ruzafa as alquerias de Moncada e Carpesa, ambas situadas nas cercanias de Valência, recuperando posteriormente o castelo do Pulpis que se encontrava em mãos dos calatravos, que o tinham ocupado até a data. Não obstante temos de dizer que algumas promessas que os Templários receberam em vida dos anteriores reis não foram atendidas por Jaime I, tal é o caso dos castelos do Montornés, Culla e o Oropesa.

O número de Cavaleiros da Ordem do Templo que tomou parte no assédio e conquista do reino de Valência no ano 1238 se compunha de 25 (não devemos esquecer que pelo general e, como já citamos anteriormente, a cada Cavaleiro da Ordem lhe acompanhava um número de entre dois ou três sargentos, que lutavam também apoiando o freire). De todas as formas, Jaime I em sua crônica da conquista já nos destaca a eficácia, disciplina e mobilidade do contingente Templário.

Uma vez que o rei Jaime I alcançou em 1244 a linha marcada como fronteira entre as conquistas aragonesas e castelhanas, indicada no tratado de Cazorla do ano 1179, terminou para os Cavaleiros do Templo do Aragón e Catalunha a possibilidade de incrementar seu patrimônio territorial.

Embora seja certo que depois de tira da Múrcia (1265) Jaime I lhes outorgou como recompensa por sua colaboração em socorro dos castelhanos algumas casas e herdades desse reino, também é certo que no reino de Valência tiveram de esperar ao reinado de Jaime II (filho do Jaime I), que desejando recuperar plenamente seus senhorios em torno da cidade, ofereceu aos Cavaleiros do Templo em troca de seus direitos nessa zona o castelo e a cidade da Penhíscola, onde se incluíam Vinaròs e Benicarló, o castelo e a cidade de Are do Mestre e também a posse que governava na Salsadella, Villanueva da Alcolea, Albocasser, as covas do Vinromán, Tirig e Serratella.

Já no início do século XIV (1303), a Ordem a Templo adquiriu o castelo da Culla com toda a jurisdição que se incluía em seu território, como lugares do Boy, Vistabella do Maestrazgo, Corbó, Adzanegta, Benassal, Benafigos, Molinell, com as torres de Venha Rabina.

Embora seja certo que com o tempo adquiriram outras propriedades, herdades, casas, igrejas e fornos, estas consideramos que sejam de menor importância.

A província onde existem maiores vestígios é a do Castellón. Aqui chegaram a existir duas Encomendas: Are do Mestre e Alcalá do Chivert, sendo esta última cabeça de Encomenda.

ARES DO MESTRE

Povoado situado ao norte do Castellón. É uma população antiga, sendo iberos os primeiros habitantes. Foi conquistada pelos muçulmanos, que destruíram um antigo castelo do tempo dos romanos e levantaram em suas ruínas uma fortaleza muito mais potente. Essa fortaleza foi tomada por Alfonso II, em 1170, mais tarde voltou a passar às mãos sarracenas, até a conquista definitiva em 8 de janeiro de 1232 por Jaime I. Esta vila foi propriedade da Ordem do Templo passando posteriormente à de Montesa, que constituiu a Bailia de Are.

A partir daí, vem a denominação de Ares do Mestre. Segundo dados, existe uma fortaleza cuja estrutura é muito complexa, posto que se mesclam e sobrepõem construções de diversas épocas. A parte mais antiga do castelo é onde ficam vários lances de muralha de torreão e uma torre vigia, existindo outros restos mesclados ou incorporados à estrutura urbana.

ALCALA DO CHIVERT

Povoado também conhecido como Xiver, foi cabeça de Encomenda Templária, sendo conquista dos Templários em 1233 lhes dando carta povoa e separando o castelo da população mediante muralhas.

A quatro quilômetros da atual população sobre um monte da serra da Irta se encontra em estado de ruína o castelo do Xiver, conservando, apesar do passar do tempo, numerosos e importantes elementos de sua estrutura, um dos mais belos exemplos dos denominados castelos verticais.

É interessante sua parte sul, com duas torres circulares unidas por um muro. Também é possível apreciar vários lances de muralha, a maior parte da torre da comemoração e várias torres auxiliares, distinguindo-se ainda sua parte muçulmana, o recinto externo amuralhado dos séculos X e XI.

E sua parte cristã, do século XIII, a fortaleza Templária no topo.

ATZENETA DO MESTRADO

Esse povoado foi conquistado por Jaime I passando logo por vários proprietários, sendo vendido à Ordem do Templo em 1303. Ali, existia um castelo chamado castelo da Atzeneta, situado a três quilômetros da população, junto ao santuário de São João. A função de dito castelo era o fechamento e amparo do passo pela colina da Atzeneta, principal acesso à vila. Atualmente ficou reduzido à torre da comemoração, estando esta em bom estado de conservação. No centro da população se encontra a chamada torre do cárcere situada junto à igreja paroquial, nessa torre de origem incerta; podem apreciar-se claras similitudes com a igreja anexa construída no século XII.

ALBOCASSER

Esse território foi por algum tempo uma antiga herdade muçulmana, conquistado pelo Jaime I em 1233.

Passou em 1242 à Ordem do Templo até 1317. Lá havia um castelo que foi reconstruído e ampliado em 1289 pelo Artal do Alagón, o qual incluiu duas torres de defesa nas esquinas de sua fachada principal; atualmente ficaram muito poucos restos, alguns tecidos de muralha que foram incorporados a moradias, existindo dentro do núcleo urbano uma torre chamada de La Fondeta, de planta quadrada, coroada por coberta inclinada e parcialmente almenada. Seu estado parece ser relativamente bom, também se encontra nessa população uma igreja do século XIII chamada de São João.

BENICARLÓ

Esse local dependia do castelo de Penhíscola, até que adquiriu a categoria de vila em 1522.

Conforme consta, pertenceu à Ordem do Templo passando posteriormente a de Montesa. Nessa vila ficaram restos de muralhas da época cristã pós conquista, e também os restos da chamada torre dos mártires. Era uma torre de vigia a qual hoje se encontra em estado de avançada ruína.

BENASSAL

Esse povoado foi vendido à Ordem do Templo em 1303, sendo os Templários que iniciaram a construção da parte principal de sua muralha. Muralha potente, já que, ao não possuir castelo, devia-se apoiar nela a defesa de sua população. Em 1319, passou à Ordem de Montesa, que criou a Comanda do Benassal. As muralhas foram desaparecendo paulatinamente, ficando hoje em dia tão só alguns tecidos, e três torres situadas no núcleo urbano:

1. A torre d'en Garcés: esta torre é de planta quadrada, a qual infelizmente incorporaram recentemente dois balcões que alteram seu aspecto original.

2. A torre redonda: uma singular amostra de construção cilíndrica, chegou até nossos dias em relativamente bom estado de conservação, estando unida à torre d'en Garcés pelo lance mais bem conservado da muralha.

3. A torre da presó: esta torre que se acha no núcleo urbano da população é de planta quadrada, coroada por almenada terraço; segundo dados, foi uma das melhores torres de defesa encostadas à muralha.

PENHÍSCOLA

Nessa turística cidade da província do Castellón existe um belo castelo que foi construído pelos Templários no século XIII. Esta obra única é de uso aragonês, austera e nua de toda ornamentação. Com a "extinção" da Ordem do Templo passou às mãos da de Montesa, sendo conhecido na atualidade como o castelo do Papa Lua. Terá de dizer que foi reconstruído para servir de cenário à rodagem do filme *El Cid*.

VISTABELLA DO MESTRADO

Dizem que essa população foi uma aldeia muçulmana, a qual, depois da retomada, passou a fazer parte da "Tinenca ou Setena da Culla"(1). A vila chegou a pertencer à Ordem do Templo, passando posteriormente à de Montesa.

Dentro do núcleo urbano da atual população existia o chamado castelo de Vistabella, o qual estava convocado estrategicamente para a defesa das terras altas do Montlleó. De dita fortaleza ficaram apenas escassos restos.

A oito quilômetros do povoado se encontrava o chamado castelo do Boi, que estava situado na serra do Boi, a 1.200 metros de altura, próximo ao limite municipal do Culla. Conforme consta, foi um castelo roquero estando pendurado sobre paredões verticais de pedra em um estreito passo; estava situado estrategicamente e deve ter sido um posto de defesa ligado tão histórico militarmente quanto o castelo da Culla. Atualmente se encontra em estado de ruína, embora ainda conserve restos de tecidos de muralha, elementos de suas torres e distintos recintos e espaços interiores.

L'ORXA

Esse povoado foi cedido por Jaime I em 1260 a Gil Garcés da Azagra, passando em 1288 à Ordem do Templo e como tantas outras em sua "dissolução" passou à de Montesa. Foram os membros dessas Ordens militares que reconstruíram o chamado castelo do Perputxen, o qual tinha sido destruído durante a retomada. Em realidade, se tratava de dois castelos sobre uma mesma convocação, e, ainda hoje, apesar de acharem-se em ruínas, é fácil distingui-los. O castelo muçulmano dispunha de dois recintos com cisterna, sem uma grande construção interior. No castelo cristão se construiu em seu interior uma fortaleza, com uma grande torre e diversas dependências.

(A direção de promoção cultural e patrimônio artístico da Conselleria de cultura da Comunidade Valenciana insistiu com seus proprietários que realizassem as obras necessárias para garantir sua conservação, pois seus muros apresentam iminente risco de desabamento.)

SANTA MADALENA DO PULPIS

Esse povoado possui um castelo de tipo montano, de planta irregular, e recinto único de origem muçulmana que foi conquistado pelos Cavaleiros Templários em 1233, sendo eles seus primeiros proprietários passando posteriormente a ser propriedade da Ordem de Montesa, formando parte da Encomenda do Xiver.

Este castelo esta atualmente em ruínas, embora, conforme parece, seja parcialmente recuperável, tendo sido adquirido pela deputação do Castellón.

VALÊNCIA

A cidade de Valência foi Encomenda Templária e aqui temos um edifício chamado Palácio do Templo. Este conjunto é formado pelo convento, colégio e igreja, o qual depois do "desaparecimento" da Ordem do Templo passou à de Montesa. O atual edifício foi construído entre 1761 e 1770 por ordem do Carlos III, depois que um terremoto assolou o anterior monastério.

A igreja é de uma só nave com capelas laterais e cúpula sobre o cruzeiro, sua fachada é presidida por duas torres que flanqueiam um grande fronte triangular; no interior podemos observar a imponente ordem clássica dos muros e som de destacar o Templo do altar maior em forma de Tabernáculo e as pinturas com perspectivas fingidas. Atualmente este edifício é a sede da Delegação do Governo na Comunidade Valenciana.

A Catedral de Valência, que foi construída entre 1262 e 1356, é uma mistura de estilos, tendo três portas de entrada, e cada uma é de diferente estilo arquitetônico. A mais bela é a chamada dos Apóstolos, é de estilo gótico sofrendo ao longo dos séculos tanto o vandalismo fanático como a deterioração inevitável por causa do passar do tempo. Nessa porta é onde se reúnem toda quinta-feira os componentes do Tribunal das Águas. A porta principal é de estilo Barroco (Porta dos Hierros, existindo), outra porta lateral de estilo românico. O aspecto dessa Catedral não difere muito das construções monásticas cistercienses da Catalunha, tipo languedociano próprio do começo do século XIII, mas que a um gótico pleno. Tem uma torre de planta octogonal chamada do lhe Esfarele isso. Embora oficialmente não constem dados, acredito que é muito possível pela data do começo de sua construção que os Templários tivessem parte na construção deste templo.

MONTESA

Essa região ao sul da província de Valência tem um famoso castelo, o qual está em trabalho de restauração parcial, pois está muito deteriorado. Foi destruído por um terremoto em 23 de março de 1748 que também destruiu o monastério anexo a ele. Esse castelo era em tempos da retomada um dos mais fortes do Reino de Valência, afirmava-se que sua praça podia dar capacidade a mais de 2 mil soldados.

Pertenceu à Ordem do Templo passando posteriormente à de Montesa. O castelo e a vila adquiriram importância a partir da época islâmica em virtude de sua situação estratégica de domínio de todo o vale, e até conserva elementos típicos islâmicos como a entrada em cotovelo. No ano 1244 o caid do castelo de Xátiva negociou com Jaime I a entrega do castelo menor de dita cidade; dois anos mais tarde tinha que entregar o castelo maior. Em troca, o rei lhe oferece os castelos de Montesa e Cercada. Mas não foi até 1277 o ano que passou Montesa às mãos cristãs. Em 1312 e depois do "desaparecimento" da Ordem do Templo, o rei Jaime II iniciou uma série de embaixadas ao Papa para conseguir a criação de uma nova Ordem Militar com os bens que os Templários e Hospitalares tinham no Reino de Valência, contribuindo a vila de Montesa como sede da Ordem. No ano 1317, o Papa João XXIII promulga a bula da criação da Real Ordem de Montesa. Em 1321 se uniria à Ordem do Cister. A base territorial da Ordem ocupou extensas áreas das atuais províncias de Valência e Castellón. Os membros dessa Ordem podiam agrupar-se em duas classes: de uma parte os guerreiros (Cavaleiros Cruzados) e de outra os religiosos, dedicados às preces e ao serviço das paróquias da Ordem. Hierarquicamente, o chefe da Ordem era o Mestre e o território estava dividido em comanda à frente das quais havia um Comendador. (No ano 1592 Felipe II foi Mestre da Ordem.)

CULLA

Essa vila foi vendida à Ordem do Templo em 1303 por Guillen d' Anglesola, neto de Blasco de Alagón, pela quantidade de 500 mil salários. Aqui existia uma impressionante fortaleza, infelizmente hoje se encontra totalmente arruinada, apenas ficaram restos do que foi um castelo de planta irregular.

A Setena de Culla: era um agrupamento de municípios que comprou os direitos de exploração dos recursos pecuários e florestais à Ordem de Montesa, com a intenção de defender seus interesses boiadeiros comuns. O funcionamento da Setena de Culla perdurou até a metade do século XIX.

BIAR

Nessa vila situada ao norte da província do Alicante, sobre uma colina a mais de 750 metros de altura, se encontra o chamado castelo do Bihar, de origem muçulmana e estilo almohade, sendo uma das fortalezas mais impressionantes e mais bem conservadas da Comunidade Valenciana (sendo declarada monumento nacional em 1931). Nessa fortaleza esteve preso o Mestre (suponho que provincial) da Ordem do Templo e vários Cavaleiros.

LES COVES DO VINROMÁ

Nesse povoado estava o chamado castelo do Abenromá, que se achava junto ao núcleo urbano e embora, atualmente, se encontre em ruínas, parece que teve grande importância; pode-se apreciar alguns restos de suas muralhas e várias torres.

Ali, também existe a chamada Casa do Templo, ou dos Templários. Está na mesma população e era a residência dos membros da Ordem. Atualmente perdeu boa parte de sua original fisionomia de edifício fortificado, já que lhe realizaram sucessivas modificações.

A igreja do povoado parece ser a que formava parte das fortificações dessa população, sendo provável que pertencesse às dependências do castelo.

OROPESA DO MAR

Este turístico local passou depois da retomada a ser propriedade da Ordem do Templo. Ali havia uma fortaleza que desgraçadamente foi destruída em 1811 pelo exército do marechal francês Suchet.

VILLAFAMÉS

Esse povoado conquistado em 1233 por Jaime I pertenceu à Ordem do Templo, passando posteriormente ao Mestrado de Montesa. Ali existe um castelo que apresenta modificações de diversas épocas, a última delas das guerras carlistas.

Retificação: em honra à verdade e à história tenho de retificar que Are do Mestre não consta como ter sido Encomenda Templária, pertencendo esta honra em seu lugar à cidade da Burriana.

Infelizmente nessa cidade parece que não ficaram vestígios da presença do Templo (ou eu não pude ou soube encontrá-los).

Por razões de proximidade geográfica, me permiti incluir os lugares do Aragão e da Múrcia onde existiram Encomendas e fortalezas Templárias.

Encomendas do Aragão:

Anhesa um Castelo (em eixo dos Cavaleiros, Zaragoza)
Lua (até 1207 Zaragoza)
Novillas (em Zaragoza)
Boquinheni (em Gallur, Zaragoza)
Ambel (em Borja, Zaragoza)
Zaragoza (cidade)
Ricla-Calatayud (Zaragoza)
A Zaida (até 1272, Zaragoza)
Huesca (cidade)
Monção com Chalamera (Huesca)
Alfambra (Teruel)
Castellote (Teruel)
Cantavieja (Teruel)

Fortalezas de Aragão

Novillas, no Fauste (Zaragoza)
Ambel (em Borja, Zaragoza)
Alberite (em Borja, Zaragoza)
Novallos (na Tarazona, Zaragoza)
Monção (Huesca)
Alfambra (Teruel)
Livros (Teruel)
Villarluengo (Teruel)
Castellote (Teruel)
Cantavieja (Teruel)

MÚRCIA

Na Múrcia existia a Encomenda de Caravaca, da qual dependiam três fortalezas: a própria, a do Cehegin e a de Bulhas.

REINO DE ARAGÃO

No Reino de Aragão e Navarra, os Templários entraram pela mão do rei Alfonso I, o Batalhador, graças a um testamento ditado em outubro do ano 1131 em que se declarava a Ordem como herdeira do reino junto à Ordem de São João de Jerusalém (Ordem de Malta, na atualidade) e a do Santo Sepulcro:

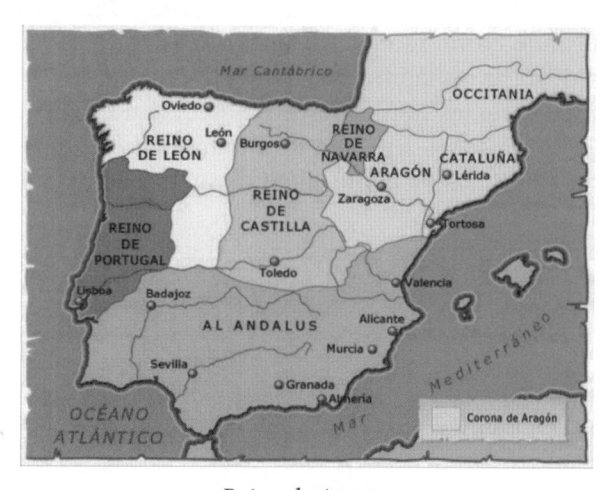

Reino de Aragão

"E portanto deixo como herdeiros e sucessores para depois de minha morte o Sepulcro do Senhor que está em Jerusalém e aos que os veneram e custodiam e ali servem ao Senhor; e ao Hospital de quão pobres está em Jerusalém; e ao Templo do Senhor com os Cavaleiros que ali vivem vigilantes na defesa do nome da cristandade. A estes três outorgo todo meu reino e também o senhorio que tenho no território de meu reino, e igualmente o principado e os direitos que tenho sobre os homens de minha terra, tanto sobre clérigos como sobre laicos... Acrescento também, para a tropa do Templo, Cavalos com todas suas armas..."

Assim é como designava o rei Afonso I a Ordem do Templo como herdeira de uma terceira parte de seu território; isso acontecia na Bayona, em outubro de 1131, que depois foi ratificado em 4 de setembro de 1134, três dias antes de sua morte, já que faleceu emdia 7 de setembro de 1134.

No dia anterior 17 de julho o exército do rei Afonso I tinha sofrido uma grave derrota nas mãos dos Almorávides; aos poucos dias dessa derrota o rei caiu doente e vendo-se em perigo de morte ratificou seu testamento na Bayona; isso nos indica sua firme vontade de transmitir seu reino às três Ordens citadas anteriormente incluindo a do Templo.

Não obstante, e apesar da firme vontade do já defunto rei, seus leais súditos se mostraram em desconformidade com o chamado testamento, já que entendiam que dessa maneira se fracionaria o reino (em três partes) e isso poderia provocar seu desaparecimento.

Por isso, os nobres de Aragão decidiram, depois da morte do rei Afonso I, proclamar novo rei o Irmão do falecido, Ramiro, que embora tivesse professado como monge e acabava de ser proclamado bispo de Roda, decidiu trocar os hábitos pela coroa.

Por outra parte, os nobres navarros decidem proclamar até novo rei, caindo a honra sobre a pessoa de García Ramírez, que era bisneto do rei Garcia III da Nájera e que, além disso, era neto do grande herói nacional, Cid Campeador.

Este fato provocou a separação do Aragão e Navarra, que continuaram como dois reinos cristãos independentes durante toda a Idade Média.

Ninguém se atreveu a reclamar a validade do testamento que, por outra parte, se considerava contrário à tradição que existia na maioria dos reinos do Ocidente, onde o reino devia passar às mãos do membro da família mais próximo.

Ante a problemática complexidade da situação criada a respeito da sucessão e o fato da pouca presença em Terras Navarras e Aragonesas, o Templo e as demais Ordens preferiram guardar silêncio, mas sem renunciar a seus direitos; de fato o Papa Inocêncio II como máximo defensor das Ordens, por ser ele mesmo sua máxima autoridade, escreveu uma epístola a Afonso VII e demais príncipes e nobres da Espanha em que solicitava que prestassem todo seu apoio ao cumprimento do testamento, mas nem assim se conseguiu que o testamento fosse aceito.

Enquanto acontecia tudo isso, o rei Ramiro contraiu matrimônio com Inês de Poitiers, que era filha do Duque da Aquitânia Guilherme IX; deste enlace, em outubro de 1136, quer dizer um ano depois mais ou menos das bodas, nasceu a infanta Petronila que ao cumprir 1 ano foi entregue em esponsais (promessa de futuro matrimônio) a Ramón Berenguer IV, Conde de Barcelona. Depois de realizados esponsais se assinou um acordo entre Ramiro II e o Conde de Barcelona pelo que este último começava a governar no Aragão com o título de príncipe, enquanto o rei Ramiro se retirava a seu priorado de São Pedro da Huesca, onde viveu até o ano 1157.

O novo herdeiro do trono se encontrou com o problema de que devia procurar uma solução ao conflito do testamento, para assegurar seu futuro reinado de uma vez, pois não lhe convinha inimizar-se com as Ordens militares, já que sobretudo necessitava da Ordem do Templo e da do Hospital para poder continuar com sua luta contra o Islã e seguir avançando na retomada.

Realizaram-se duas negociações: a primeira delas com a Ordem do Santo Sepulcro e a do Hospital (atual de Malta), logo depois se iniciaram as negociações com a Ordem do Templo, em dia não determinado mas que presumivelmente estará entre os anos 1137 e 1140. Ramón Berenguer IV escreveu ao Grão-Mestre do Templo ao qual solicitou que lhe enviassem dez freires, cuja manutenção correria a cargo do Conde. Além disso, lhes cederia a vila da Daroca, com seus términos, população e direitos reais, com a honra de Lope Sánchez do Belchite e seus dois castelos, Osso e Belchite, e a honra da Cutanda, com todos seus pertences, um vassalo cristão, outro judeu e outro mouro na Zaragoza; com terras de trabalho para dois casais de bois; com a quarta parte da vila do Cuarte, junto à Huesca; e finalmente com o dízimo que pudessem adquirir em conquistas em território muçulmano.

Também se encontrou outro documento datado em Girona em 27 de novembro de 1143, no qual Ramón de Berenguer realiza até mais doações a favor só da Ordem do Templo em que se pode observar que se mesclam Castelos e propriedades do Aragão e Catalunha sem realizar nenhum tipo de distinção; a respeito, não obstante Ramón Berenguer IV desculpa este comportamento alegando que realiza esta ação só a favor da Templo motivada pela grande devoção de seu Pai pela Ordem em que ingressou e em que morreu.

Assim mesmo, Ramón Berenguer IV outorga à Ordem do Templo e na pessoa de seu Grão-Mestre Roberto, para sua colaboração na luta contra os mouros, os Castelos de Monção, Mongay, Chalamera, Barberá, o feudo do Lope Sánchez do Belchite, Remolins e Corbins com todos seus vassalos, territórios, rendas, heredades e pertences. A respeito deste último Castelo (Corbins), temos de dizer que à data da assinatura do presente documento, ele ainda pertencia aos muçulmanos e o promete para quando o conquistar.

Outra mostra importante da simpatia que Ramón Berenguer sentia para com o Templo é o fato de que, além do já exposto, lhe outorga um dízimo de todas suas rendas, por qualquer conceito que seja, sem contar cem salários na Zaragoza cada ano, além disso que nos botas de cano longo que pudessem lhes corresponder detrás batalhar contra os mouros os exime de pagar o quinto do rei; e nesse quinto do bota de cano longo que todos outros pagam ao rei poderão os Templários perceber o dízimo desse quinto.

Isso se aplicava também, se por acaso fossem poucas as conquistas do território, já que tudo aquilo que os Templários conquistassem ficaria para eles, e de todas as novas terras ganhas pelo rei receberiam a quinta parte além de um décimo nas rendas. Neste documento também se exime aos Templários de pagar qualquer imposto, pedágio ou outro tributo normal do momento.

E como expediente final, além de autorizá-los a construir castelos ou outro tipo de fortaleza de que necessitassem, se compromete a ajudar na construção deles, lhes dando, além de sua palavra, que não fariam nenhuma paz ou trégua com os mouros sem seu consentimento.

A outorga ao Templo do quinto das novas terras conquistadas será a base jurídica da prodigiosa expansão territorial do Templo tanto em Aragón como na Catalunha.

Os Templários se instalaram em seus dez castelos recebidos até 1143 e muito em breve se destacarão em todas as ações militares organizadas por Ramón Berenguer IV, em um momento em que ele tinha poder militar almorávide na península mostrava um claro declive. Participaram da conquista da Tortosa, Lérida, Fraga e Mequinenza e no ano 1153 colaboram na rendição do Miravet; em todas essas conquistas receberam os Templários em quinto acordado.

Quando se conquistou Tortosa, o rei realizou a entrega do quinto em forma de rendas que seriam arrecadadas na cidade e em seu território, não assim na Lérida onde o Templo obteve o quinto do território tal e como se acordou, além do que esse mesmo quinto é subtraído ao senhorio da cidade outorgada ao Conde do Urgel, incluindo-se na porção do Templo Fontanet e Gardeny.

Já conquistados os vales do Ebro e do Segre, em 1153, Ramón Berenguer separa do território conquistado entre a Mequinenza e Benifallet um quinto dessa porção de terra cujo centro era o castelo do Miravet e outras fortalezas menores que se encontravam dentro desse grande termo como Algas, Bandeja, Gandesa, Corbera, Rasquera e Pinell e tendo além herdades no Flix, Ascó, Amora, Mequinenza, Tivisa, Garcia, Amora do Ébrio duas trampadas no Marsá.

Com o falecimento de Ramón Berenguer IV, lhe sucedeu no trono seu filho, rei Afonso II (1162-1196), que não cumpriu de igual forma o legado de seu pai; de fato mostrou certa predileção pela Ordem do Montegaudio, foi fundada no ano 1173 pelo nobre leão dom Rodrigo Álvarez Conde de Sarriá. Acredita-se que este câmbio no comportamento do rei podia ser pelo fato de que a Ordem do Templo se converteu igualmente em um reino dentro de outro.

Embora como tenhamos dito, não o cumpriu de igual, mas nem por isso deixou de compensar o Templo, embora preferisse para isso fazê-lo com promessas de futuro que incluíam a entrega dos castelos da Oropesa, Chivert e Montornés, em Valência, quando essas terras fossem conquistadas.

Também gostava de compensar o Templo de maneira econômica como com a entrega de mil maravedis anuais carregados sobre as contas do rei Lobo. O rei Afonso II, até sua morte em 1196, só fez entrega às Ordem do Templo de duas fortalezas, Encinacorba no Aragón, e Horta, na Catalunha.

Já no ano 1196 a Ordem do Montegaudio entrou em dificuldades e o rei Afonso, embora a princípio se opusesse à fusão dessa com a do Templo, teve que ceder finalmente e permitir a união das duas Ordens em benefício e supremacia do Templo.

Com a fusão dessa Ordem e a do Templo todos os bens e propriedades que tinha a mesma passaram diretamente a pertencer ao Templo. Esses bens compreendiam as terras do Malvecino, Camanhas, Miravete, Pereiras, Livros, Villel, Orrios, Castellote, Fontes Quentes, Cantavieja e Villarluengo, com o patronato de igrejas.

Já falecido Afonso II e no poder Pedro II (pai de Jaime I, o Conquistador), as doações que recebeu a Ordem estiveram limitadas ao Rincão do Ademuz que foi ganho no ano 1210, reclamando o Templo o quinto que lhe correspondia, mas Pedro II preferiu dar à Ordem em compensação o senhorio do Ascó e lhe devolver também o da Tortosa, que tinha ficado suspenso anteriormente, assim como outras rendas que foram intercambiadas, e lhe prometeu para o futuro a torre e a alqueria da Ruzafa, subúrbio de Valência, e o castelo de Culla.

Esse comportamento por parte do Pedro II nos demonstra que o rei preferia compensar a Ordem com rendas e direitos senhoriais do que lhe dar mais territórios.

Por último, queremos indicar as encomendas que o Templo teve no reino do Aragão, que foram 14; com o passar do Rio Ebro, na Zaragoza, nos encontramos com seis delas: Novillas, Boquinheni, Ambel,

Zaragoza, Dente do Ebro e a da Zaida; já ao norte do Ebro, localizamos outras três: Lua, Huesca e Anhesa; ao sul, encontramos Ricla, que foi transladada à do Calatayud, e, por último, em terras do Teruel encontramos as da Cantavieja, Castellote, Villel e a da Alfambra, como havíamos dito anteriormente, em total 14.

Em Valência só tiveram os Templários três encomendas: Burriana, a do Chivert, que logo foi transladada a Penhíscola, e a última na mesma cidade de Valência. Em Palma de Maiorca, a Ordem só teve uma encomenda que estava situada na fortaleza da Gomera.

Todas essas Encomendas dependiam diretamente de um Mestre provincial e estavam governadas pelo comendador, que era o responsável pelo governo delas e de outras casas do Templo de inferior categoria que dependiam imediatamente de sua Encomenda.

NON NOBIS

Fr. ✠✠✠✠ J. M. Nicolau

MADRAS® Editora — CADASTRO/MALA DIRETA

Envie este cadastro preenchido e passará a receber informações dos nossos lançamentos, nas áreas que determinar.

Nome _____
RG _____ CPF _____
Endereço Residencial _____
Bairro _____ Cidade _____ Estado ____
CEP _____ Fone _____
E-mail _____
Sexo ❏ Fem. ❏ Masc.   Nascimento _____
Profissão _____ Escolaridade (Nível/Curso) _____

Você compra livros:
❏ livrarias   ❏ feiras   ❏ telefone   ❏ Sedex livro (reembolso postal mais rápido)
❏ outros: _____

Quais os tipos de literatura que você lê:
❏ Jurídicos   ❏ Pedagogia   ❏ Business   ❏ Romances/espíritas
❏ Esoterismo ❏ Psicologia   ❏ Saúde   ❏ Espíritas/doutrinas
❏ Bruxaria   ❏ Autoajuda   ❏ Maçonaria   ❏ Outros:

Qual a sua opinião a respeito desta obra? _____
_____

Indique amigos que gostariam de receber MALA DIRETA:
Nome _____
Endereço Residencial _____
Bairro _____ Cidade _____ CEP _____

Nome do livro adquirido: ***Os Templários no Reino de Jaime I***

Para receber catálogos, lista de preços e outras informações, escreva para:

MADRAS EDITORA LTDA.
Rua Paulo Gonçalves, 88 – Santana – 02403-020 – São Paulo/SP
Caixa Postal 12183 – CEP 02013-970 – SP
Tel.: (11) 2281-5555 – Fax.: (11) 2959-3090
www.madras.com.br

MADRAS Editora

Para mais informações sobre a Madras Editora, sua história no mercado editorial e seu catálogo de títulos publicados:

Entre e cadastre-se no site:

www.madras.com.br

Para mensagens, parcerias, sugestões e dúvidas, mande-nos um e-mail:

marketing@madras.com.br

SAIBA MAIS

Saiba mais sobre nossos lançamentos, autores e eventos seguindo-nos no facebook e twitter:

@madrased

/madraseditora